世界趴趴旅
57

U0010263

TRAVELLER'S
曼谷泰享受

作者・攝影◎吳靜雯

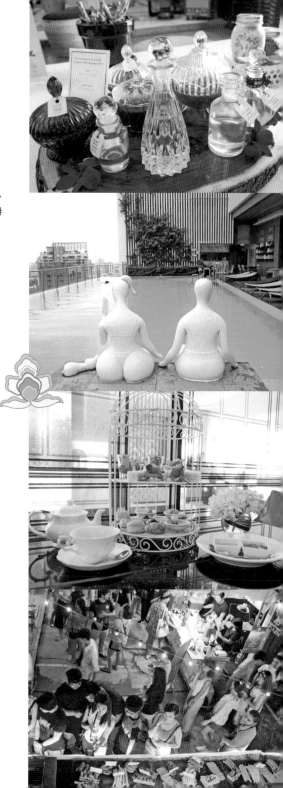

泰有印象

Thai Impression

「動感之都」曼谷，早已是亞洲最熱門的旅遊城市，也一直在全球各大知名旅遊媒體票選的年度全球旅遊和休閒業排行榜中，多次榮獲世界最佳旅遊城市第一名。曼谷名意為「尊貴又美麗的天使之城」，建於1782年，至今已有230多年，不但是泰國的首都，還以兼容並蓄的Thainess溫和步調，容納各國文化，讓曼谷成為「anything is possible」的國際大都會。似乎到了這裡，就可以盡情地享受人生，做自己想做、愛做、平常不敢做的事情：平民可以在這裡的SPA變公主，在文華東方的下午茶室變成英國貴婦，也可以入住精品設計酒店，成為高格調的雅痞，或者在高山路這背包客天堂甩開所有束縛，暢喊自由萬歲……再加上曼谷人總喜歡求新求變，新點子層出不窮，因此總有一群死忠曼谷迷，一再、一再地逃到曼谷 **放‧輕‧鬆**。

清萊
Chiang Rai

清邁
Chiang Mai

素可泰
Sukhothai

泰國
THAILAND

大城
Ayutthaya

曼谷
Bangkok

安帕瓦
Amphawa

芭達雅
Pattaya

沙美島
Koh Samet

華欣
Hua Hin

蘇美島
Koh Samui

喀比
Krabi

普吉島
Phuket

曼谷 BKK

地理位置：位於泰國中部的昭披耶河(湄南河)平原

人口：約1,400萬人居住於此，占全國人口的22%

面積：1,568平方公里

氣溫：全年平均溫度28度，3～5月最熱達35～40
度，6～10月多午後雷陣雨，11～2月最低平
均溫度為20度，最高平均溫度為30度

宗教：為佛教國家，有92%的人口信奉佛教

泰國地理位置：泰國東北接寮國，東南接柬埔寨，
西接緬甸，南接馬來西亞

泰國新年潑水節 Songkran Festival

泰國潑水節，原名宋干節(Songkran Festival)，在每年的4月13～15日舉行，一連3天會在各地舉行宗教慶典及慶祝活動，尤其是瘋狂的潑水活動。因為泰國人認為水是純淨的、生命的源頭，在新年第一天沐浴淨身，可以洗淨過去的壞運，迎接全新的一年。

其實原本並沒有潑水的活動，只是單純地為了紀念佛教紀元，全家穿著新衣到寺廟供奉和尚，向佛像灑水、清掃佛寺，家中的晚輩則以枝葉沾茉莉花水輕灑在長輩身上，祈求平安，後來漸漸演變成向路人灑水的習俗，甚至男生向女生灑水以示愛慕之意。鄰近的佛教國家，像是柬埔寨或寮國、緬甸，在這段時間也有這樣的慶典活動。

曼谷最瘋狂的潑水活動是在皇宮附近的皇家田舉辦

泰國水燈節 Loy Krathong Festival

每年泰曆12月15日月圓時(大約是11月中旬)，泰國各地都會舉辦迷人的水燈節，其中以曼谷、清邁及素可泰最為聞名。水燈節時民眾會穿著傳統服飾在河邊放水燈，通常也會有美麗的煙花秀及大型遊行、表演，充滿節慶的歡樂氣氛，可說是泰國最浪漫、迷人的節慶。

泰國水燈節的來源眾說紛紜，主要應該是因為泰國每年的雨季總會造成大大小小的水災，因此泰國人民想向河神祈求今年不要發生水患，把惡運統統都帶走。水燈節的主角「水燈」，是以芭蕉枝幹做成，將枝幹切成一段段厚約10公分、直徑約10～20公分的芭蕉圓盤，在上面放著用芭蕉葉編成一瓣瓣的蓮花葉，再灑上蘭花或菊花、點燃蠟燭、插上一炷香，有些人也會放點錢幣，虔誠地用雙手捧著水燈，拿到河邊默念祈福，再放入河流中讓它緩緩漂走。

曼谷跨年哪裡去？

鄭王廟：曾是曼谷觀光局打造的跨年地點，很值得期待。／**Asiatique夜市**：河濱跨年煙火及跨年晚會。／**昭披耶河遊船**：最浪漫的跨年方式，沿岸各旅館齊放煙火，美不勝收，當然代價也不低。／**Central World**：這裡就宛如台北的101，是曼谷最最擠的跨年晚會，不過其實規模還好，不一定要到這裡跨年。／**EmQuartier**：新購物中心也加入跨年煙火的行列了。／**高山路及RCA夜店區**：跟著各國背包客一起High過年。

寺廟 Wat

攤開曼谷的地圖，隨處可見「Wat」的字樣，Wat是寺廟的意思，因為泰國是佛教國家，所以當然到處是廟囉！而且泰國男生一生中都會出家一次，通常是7天～2個月不等，出家的經歷，可是泰國男人履歷表中的重要資歷喔！

佛像 Phra Kaung

路上的跳蚤市場最多的就是佛像，看起來舊舊的，好像沒什麼了不起，但是卻有許多泰國人認真拿著放大鏡選購，因為這些佛像可都大有學問：有些是失傳已久的佛像，有些可以求富貴、有些保平安、有些可以防小人，各有神奇的功用。

奉食給和尚

教我泰文的老師說假日會和家人到廟裡奉食給和尚，這才知道泰國人其實是會特地到廟裡奉食的。更妙的是，供奉的可不只食物而已，廟裡及超市還會看到賣著一桶桶裝著牙膏、罐頭、藥膏、雨傘等日常用品，讓民眾買來供奉和尚。還不只如此，聽說泰國人還會買棺材給無名屍。只能說：泰國人，你們真的很「搞剛」，我完全輸了。要是住在曼谷的古城區(如金山寺附近)，早上仍可看到和尚在路上化緣。

01,02: 泰國男人一生至少都會出家一次

花串 Paung Ma Lai

路上或市場都會看到許多賣花串的小販，每一串都串得好漂亮，因為這是用來獻給神明的，像是車子裡的後照鏡上、小攤販上都會掛上一串。

泰國地基主小祠 Phra Phum

　　幾乎每棟建築外面都會有座迷你廟，祀奉那裡的「地主」，希望祂們能保佑住在祂土地上的人，有些還裝潢得非常美麗，像是著名的設計旅館Dream Hotel外面的地基主小祠，是座超有設計感的玻璃屋。

藤球 Ta Kor

　　東南亞國家都好喜歡玩藤球，而且不只是小孩而已，許多大人也認真地把它當作一項運動來玩。它的遊戲方式有點像踢毽子，只能用頭、腳跟身體來踢。

請幫他們補尾音

　　泰國人講話輕聲細語，講英文時也常講著講著，尾音就默默不見了。譬如：Change，你只會聽到Chan，Massage只會響著Massa。所以只要自動幫他們補上尾音，就可以懂他們在講什麼了。

三碗豬腳的麥當勞叔叔

Sawadee Khurp

　　泰國的麥當勞叔叔真是入境隨俗，都是雙手合十來「歡迎光臨」的喔！

刺青

　　泰國人認為刺青能趨吉避凶，甚至刀槍不入，很多泰國人認為在背上刺加持過的佛經或佛像，就能永保安康，不過這種刺青都是用大鋼針刺，應該非常痛吧！

泰國黃潮

週一是已故泰皇出生的日子,週三是皇太后出生的日子,泰國人現在還是會在每週一忠誠地穿起黃色衣服,週三穿起藍色衣服。到訪泰國時,不妨在這兩個日子好好注意街頭人民的穿著。更神奇的是,無論是多偏僻的鄉間,馬路一轉彎,就會看到泰皇或皇太后的大肖像對著你微笑,下面寫著「Long Live the King」,不得不讓我立正站好,佩服泰國人對皇室的尊崇。

有機會到電影院看電影,開播前,別像我傻傻地坐著,所有的觀眾包括遊客都要起身站立聽國歌喔!

不過國王崇高的地位也真有其效用,因為泰國憲法第七條為:「當國家陷入緊急狀態,應按照以國王為元首的民主國家之傳統習俗來解決。」

酷愛混血兒

地鐵站內的電視廣告、平面廣告,幾乎都是美美的混血兒。泰國人非常注重美白,保養品幾乎都會強調美白效果。

人手一條薄荷棒

泰國人,夠了喔!走在路上一條薄荷棒放在鼻邊;坐公車,直接把薄荷棒插在鼻子裡。
我知道曼谷的空氣很差,
但你們也插薄荷棒插上癮
了吧!

有趣的數據

1882年曼谷市民不到5萬人,現在約有850萬名居民,但其實約有1,400萬人在這個城市過活著,其中包括:

日本人:82,000

中國人:56,000

其他亞洲國家:117,000

緬甸人:303,000

柬埔寨人:64,000

歐洲人:48,000

美國人:24,000

寮國人:18,000

澳洲人:5,300

非洲人:3,000

中國人主要住在耀華路Yaowarat周區的中國城,印度人則住在Phahurt區,日本人住在Phrom Phong周區,阿拉伯及非洲人主要落腳在Nana區。

01: 隨處可見的迷你廟
02: Dream Hotel超有設計感的地基主小祠
03: 藤球是泰國熱門的國民運動
04: 泰國人酷愛混血兒
05: 現任泰皇瓦吉拉隆功
06: 皇太后肖像

泰禁忌

雖然說泰國是個友善的國家，但是如果不小心踩到地雷的話，還是會惹毛泰國人。出國之前，讓我們先來看看有哪些禁忌碰不得。

禮儀

泰國人見面時會合掌說「沙娃滴」，將雙手提到胸前，雙掌合併但不貼合，就像掌心握著花蕊，雙手的形狀就有如一朵含苞待放的蓮花。這個動作稱為「Wai」。向同輩問好時，合掌後指尖不高過下巴；對長輩行禮時，則須低頭讓指尖輕觸鼻尖；對尊貴的人物示敬時，則把雙掌抬高至額頭；泰國人遇到僧侶或象徵佛陀的佛像，都會下跪，合掌，並以額頭觸地膜拜。人說禮多人不怪，互相尊重，會讓你曼谷行貴人不斷喔！

泰皇萬萬歲

泰國人民對皇室的愛戴是外人無法理解的，一定要好好地尊重他們的虔敬之心，絕對不可破壞皇室家族的肖像(曾有外籍人士因此入獄)。參加任何皇室成員出席的慶典時，最好先觀察一下四周群眾的行為舉止再行動。

榴槤、山竹

榴槤的味道重，怕經由空調系統跑到各處，因此不可帶進旅館或車內。根據最新頒布的法令，山竹也將禁止帶入旅館。

佛寺禮節

泰國是佛教國家，對佛教和其標誌都非常地尊敬，尤其是佛像，請尊重泰國人民的信仰。

進入供奉有佛像的寺廟或清真寺要脫鞋。如果當時有聚會，要先取得同意才入內。衣著要合宜，無袖、短上衣、高於膝蓋以上的短裙及短褲等都不適當，有些寺廟提供遊客沙龍或適合的褲子，否則就無法入內參觀。

女性不可以碰觸和尚。如果要拿東西給和尚，要先交給其他在場的男性轉遞給和尚，或是和尚會將衣服拉出一角，讓你直接把東西放在衣服上。

每尊佛像都被視為是聖體的象徵，所以不可以爬到佛像上或做出任何不敬、破壞的動作。

小心頭、腳

對泰國人來講，頭跟腳是指人身上最高和最低的部位，尤其是頭部，是最神聖的部分，所以就連和尚頭上都不戴帽，意喻著頭上只頂著天。絕對不可以摸人家的頭，即使看到小孩子很可愛，也要盡量克制一下。而腳的部分，不可以用腳指著某人或某物，這是極度不禮貌的行為，因此坐在任何人對面時，腳要記得收好。

必學的5個泰國單字、數字

看到那些蚯蚓般的泰文時，真的只能望蟲興嘆了。不過我們這些短暫旅行者，其實只要學會幾句泰文及數字，就可以假裝自己會說泰文了。以下是幾句我覺得很有用的泰文：**你好**：三碗豬咖(台語) /**謝謝**：扣本咖/**不要**：咩凹/**不是**：咩呆伊/**多少錢**：逃來咖。

泰文數字跟中國南部方言很像，基本上只要記住1、2、5、6、7這幾個發音，其他數字就交給台語了：**1**：卵(台) /**2**：song(源自「雙」) /**3**：台語的三(尾音收起來) /**4**：台語的四 /**5**：哈 /**6**：ㄏㄨˋ /**7**：jet節(台) /**8**：八(台語) /**9**：九(台語) /**10**：十(台語) /**百**：rai(像「來」的台語)。　＊女性敬語尾音為「ka」，男性為「khrup」，因此男性應將以上「咖」改為「khrup」。

防騙大作戰

　　出門在外，萬事小心，尤其是曼谷這個遊客如織的大都會，有時候也會碰上令人傻眼的情況，最常見的情況有：

狀況1. 超便宜嘟嘟車vs.超黑心珠寶店

詐騙手法
陷阱1：「超便宜嘟嘟車」，先讓貪便宜的遊客上鉤，帶去珠寶黑店。
陷阱2：「佛寺巧遇帥哥」，因為佛寺是個慈善之地，比較容易讓人上鉤。

防騙守則
★如果遊市區的價錢太低，那就有點奇怪了。
★到泰國買珠寶，請認明「TGJTA」標誌。

　　並不是每個人都有鑑定珠寶的能力，但是泰國又是世界有名的珠寶出口國，許多遊客喜歡到這裡購買珠寶，嘟嘟車更是熱衷於此，帶乘客到可以抽佣金的珠寶店。沒有興趣者，可以在上車前先跟司機講好不要去珠寶店。

　　萬一不幸購買到劣質珠寶，可以要求退貨，1個月內退貨可以取回90%的退款。當然這並無法保證，須視調查結果而定，而且很可能需要再跑一趟泰國退貨，非常麻煩。珠寶問題可Call：1166或2281-4510消保局CPA。

狀況2. 搭計程車，請注意！ 詳情請看P.252「曼曼行」的計程車部分。

狀況3. 在機場別當好心人

有些偷渡毒品的人會跟你稍行李太重，麻煩你幫忙託運。千萬別因為好心而讓自己入泰國監獄吃白飯囉！(請參見電影《BJ單身日記2》)

狀況4. 別讓「麻」煩上身

在一些舞廳或pub可能會遇到過來兜售毒品的人，別讓「麻」煩上身。

狀況5. 別跟無照導遊走

在一些景點參觀時，會有自稱是導遊的人過來，不要隨便跟人家走。因為這些導遊不是帶你到黑店購買，就是獅子大開口，要求較高的門票費或香燭錢。

狀況6. 海關規定別觸犯

除了非法物品之外，泰國海關還特別將一些古董、佛像、動植物、醫藥等列入管制項目，入境不限現金額度，出境不得超過5萬泰銖、酒不超過1公升、香菸不超過200支、雪茄及菸草不超過500公克。

泰文青

Design & Fashion

　　泰國設計在政府的推波助瀾之下，年輕設計人有了展現的舞台，各種泰式幽默與優雅的生活態度，全都展現在各種設計上。到曼谷，當然要大蒐特蒐各種便宜的創意設計！

Artbox 快閃藝術市集

Artbox為快閃創意藝術市集,會不定期出現在曼谷不同區域,各個攤位真是創意十足。規模雖然不像恰圖恰那麼大,但來這裡的真假文青們,除了買設計商品外,個個無法自拔地沉浸在創意美食、音樂之中,讓人一面逛一面忍不住叨唸著:「怎麼能這麼有創意、怎麼能這麼有創意!」

最新時間及地點請參見官方臉書:Artboxthailand或IG:@artbox_th。

01:這個市集的美食選擇相當豐富,雖然價格也不便宜,但大部分的盛盤都創意十足
02:市集內最熱門的冰淇淋,吃的時候嘴巴還會冒出陣陣煙呢

ICONSIAM曼谷河濱購物中心

占地75萬平方公尺的最新綜合式商場,於2018年底盛大開張。除了悠閒的河濱休憩區外,還包括豪華公寓、三越百貨、及SookSiam幸福暹羅區。SookSiam主要展出泰國各地的傳統工藝、表演,甚至將水上市集也搬進商場內,讓更多人有機會接觸泰國文化藝術。商場還引進了許多首度進軍泰國的品牌及旗艦店,Apple旗艦店外的河濱平台,還可以欣賞昭披耶河景觀。

■ **ICONSIAM曼谷河濱購物中心** Add 299 Charoen Nakhon Rd. Tel (02)495 7000 Time 10:00～22:00 Trans 由Saphan Taksin下的中央碼頭搭免費接駁船,或由BTS ThonBuri站搭免費接駁車

Talad Rot Fai & ChangChui Creative Space
火車鐵道夜市及昶隨文創園區

曼谷這個最有戲的火車鐵道夜市搬了好幾次，共有三處落腳處，一處是在較遠的Paradise購物中心後面(Srinakarin)，也是最好逛且超大的夜市。另一個則是交通較便利的泰國文化中心站、Esplanad購物中心後面的Ratchada拉差達火車夜市，規模雖較小，但美食區誠意十足，烤海鮮、酸辣陶鍋、烤肋排……一盤比一盤巨大！

ChangChui Creative Space是泰國潮牌Fly Now創辦人所創建的文創園區，以各種廢材打造各家店舖，整個園區充滿復古的頹廢感，距離市區雖有點遠，但有時間可以過去感受一下，尤其是週末夜。

01:既可逛夜市、又可輕鬆享受夜店氣氛，就是鐵道夜市的最大特色了
02:推薦這家便宜鐘錶設計店Sale Time(最裡面靠近店家的那排攤位)
03:席娜卡琳鐵道夜市(Srinakarin)非常受當地人喜愛，週末總是熱鬧不已
04:昶隨文創園區

■ **拉差達火車鐵道夜市** FB taradrodfi Time 每週四～日17:00～01:00(23:30商家開始收了，夜店繼續high到1、2點) Trans MRT線Thailand Cultural Center站3號出口，面向購物商場，往左手邊沿路停著機車的路走進去，夜市就在商場後方的停車場區(提醒：搭捷運者記得別錯過末班車，否則路口也有許多計程車)
■ **席娜卡琳(Srinakarin)鐵道夜市** Trans BTS線Udom Suk轉搭計程車前往，約20分鐘車程
■ **ChangChui Creative Space** Web changchuibangkok.com Time 16:00～23:00，週六～日11:00～23:00 Trans 由洽圖洽市場搭計程車約20分鐘車程

Lhong 1919 / 廊1919 歷史文創園區

以米糧生意致富的陳氏「鬱利」家族的倉庫及故居整修後，重現以往優美的壁畫、老建築，中堂還保留媽祖廟，並招募了許多優質骨董店、藝廊、按摩店、餐廳入駐。

Warehouse 30 文創基地

二戰時期的老倉庫改的新文創基地，與剛搬遷來的TCDC泰國創意設計中心連成一氣。內有藝廊、講座空間、販售泰國優質商品的選物店，週末也常舉辦小活動。

■ **Lhong 1919** Add 248 Khwaeng Khlong San Time 09:00～20:00，週一11:00～20:00 Trans 由Sri Phaya(N3)碼頭，轉乘船過河；或由Thongburi捷運站轉搭計程車約10分鐘車程
■ **Warehouse 30 文創基地** Add 50～60 Charoen Krung Rd. Time 週一～五11:00～20:30 FB TheWarehouse30 Trans BTS線Saphan Taksin站，再到Sathorn公船站搭船到N3碼頭Si Phraya，下船步行約3分鐘；或由中央碼頭步行約15分鐘

The Commons & The Jam Factory
有理念的社區商場及高級創意市集

曼谷高級夜店區Tonglo的17巷，開闢了一處讓曼谷居民在此優雅過生活的空間，並盡量以各種方式幫助社區低收入戶，希望能帶起互助互愛的社區文化。除了有講究食材自身表現的Roast餐廳、曾獲泰國咖啡師冠軍的Roots咖啡館，樓上還設了Kids Club親子餐廳，常舉辦各種兒童活動，週末也常舉辦各種手作工坊、活動。

The Jam Factory位於河濱區的River City對岸。原為廢棄工廠，在設計TCDC的泰國知名建築師Bunnag打造下，成為一處趣味十足的草地藝文空間。有高級餐廳The Never Ending Summer進駐，也有書店咖啡館及建築師自創品牌anyroom生活雜貨店，每月的最後一個週末會舉辦不同主題的市集，手作攤位的品質好又不貴，但也有些是需要有刷卡機的高級復古眼鏡攤。晚上的氣氛很棒，外面還有個熱鬧的早市喔！

01: The Commons / **02:**The Jam Factory

■ **The Commons** Add Thonglo Soi 17 Trans BTS線Thonglo站，由55巷口轉搭公車或摩托計程車，約5分鐘車程 ■ **The Jam Factory** Add 41/1-5 The Jam Factory, Charoennakorn Rd., Klongsan Trans 從Saphan Taksin搭船到Si Phraya站，轉搭到對岸的渡輪，就在Hilton河濱旅館旁

河濱古城文青路線建議

中央碼頭出發 → TCDC設計中心 → Warehouse 30文創基地 → Bangkokiam Museum曼谷博物館 → 中國城用餐 → 臥佛寺藍鯨蝶豆花咖啡館 → 曼谷國立博物館 → 金山寺 → 鬼門泰式炒河粉晚餐 → Phra Sumen路、Phra Arthit路或高山路酒吧
住宿推薦：便宜的Here Hostel或高雅的Villa Phra Sumen、高山路碼頭的Riva Surya設計旅館。
昭披耶河遊逛遊路線請參見P.206，空盛桑運河遊逛路線請參見P. 229。

BACC曼谷藝術文化中心

位於暹邏購物區的曼谷藝術文化中心，常有精采的藝術展覽，館內也有多家設計店及特色咖啡館，是藝術設計系學生最愛聚集的地方。

01: MBK及Siam Discovery對面的曼谷藝術文化中心

02: 館內也有許多設計商品店(如3樓的Happening)，可找到精采的設計品

03: 館內的紀念品店

Krung Thai Art Gallery
泰京銀行美術館

這座美術館是泰京銀行所創立的，就位於中國城耀華路一棟典雅的中葡風格建築中，展出各種短期藝術展。

01, 04: 美術館位於這棟懷舊的中葡風格建築中

02, 03: 有機會到中國城可進來看看，說不定會看到讓你感動的藝術作品

■ **BACC曼谷藝術文化中心** Add 939 Rama 1 Road, Wangmai, Pathumwan Tel (02)214-6630 Time 週二〜日10:00〜21:00 Web www.bacc.or.th Ticket 免費，但有些特展需要購票 Trans BTS線Silom線National Stadium站，或由Siam Discovery、Siam Center、MBK走天橋過來約3〜5分鐘 ■ **泰京銀行美術館** Web www.bacc.or.th Add 260 Yaowara Road Tel (02)222-0137 Time 週一〜五09:00〜17:00、週六10:00〜17:00 Ticket 免費 Trans 搭MRT線到Hua Lampong站，步行到耀華路約20分鐘，或搭船到Rachawongse碼頭站，距離600公尺，步行約8分鐘

Artist's House (Baan Silapin)
藝術之家

　　藝術之家雖然不在一般遊客常到的區域，但真的很推薦過來看看，因為這區有著很不一樣的曼谷風情，讓人以為來到其他泰國小鎮了。藝術之家的誕生是因為曼谷有些藝術家認為應該將傳統藝術繼續傳承下去，因此在這區的河畔租下許多棟百年老木屋，每天下午免費演出木偶劇，讓新一代也有機會了解泰國傳統藝術之美。建議週末早上過來，附近有個小市集。

01:抵達Wat Kuhasawan，面向寺廟往右走，再沿著河岸的小徑直走就可抵達 / **02:**每天下午免費演出木偶劇
03:超實用人車共道小橋 / **04:**除了木偶劇外，還有超便宜的咖啡館，店內也有許多文青派的明信片
05:近距離接觸泰國傳統木偶劇的最佳地點

■ **藝術之家** Add Soi Wat Thong Sala Ngarm, Phasi Charoen (315 วัดทองศาลางาม ซ.เพชรเกษม 28 ถ.เพชรเกษม แขวงคูหาสวรรค์ เขตภาษีเจริญ กรุงเทพ 10160) Tel (083)034-9858 Time 週一～二10:00～18:00、週三～五09:00～18:00、週六～日09:00～19:00 Trans 搭BTS Silom線到Wongwian Yai站，由此轉搭計程車。地處偏僻，可秀泰文地址給司機看 Info 參觀完後可面河左轉，過第一座小橋，由此搭雙條車到巷口的大馬路(5泰銖)，接著轉搭計程車或小雙條車到BTS線Talat Phlu站(車窗標有BTS，7泰銖)；人多的話，也可由中央碼頭雇一艘長尾船遊曼谷運河，停靠這裡再到鄭王廟(約700～900泰銖起)

TCDC 泰國設計中心

　　原設於Emporium購物中心內的泰國設計中心，2017年初於Charoenkrung的郵政大樓The Grand Postal Building重新開幕。泰國設計中心除了定期策劃泰國設計主題展之外，主要是為設計人提供一座設計知識庫——設計影音多媒體圖書館，共收藏了34,000本設計書籍雜誌。這裡不只有平面書籍，還有個人視聽室，只要向館方租借DVD，館方就會從內部播放，使用者直接在視聽室以遙控器控制。

　　這座看似學校圖書館的設計知識庫，其實裡面每張桌子、椅子、燈具……都是知名大師的心血，像是De Stijl的紅藍椅(Red and Blue Chair)、Jasper Morrison的Low Pad Chair等。館方仔細做了介紹牌，讓參觀的人可以免費體驗設計大師的作品，藉此激發設計靈感。

　　此外，TCDC還設有一個材質圖書館，這是亞洲第一座，目前只有米蘭、科隆、紐約、韓國大邱4個城市有這種性質的圖書館。

01:致力推廣泰國設計的TCDC
02:材質圖書館內收藏4千多種材質
03:每年會盛大舉辦曼谷設計節
04:設計系學生最重要的資源中心
05:TCDC也是泰國及國際設計師的展覽中心

> 遊客可以拿證件換臨時卡進圖書館；如想要借書或使用館內設備，可以付200泰銖辦理TCDC Tourist Pass。

遊客怎麼使用圖書館？

只要拿護照就可以換證件入館。如果想要使用館內的設備，則可以付200泰銖辦理TCDC Tourist Pass，即可使用圖書館、館內DVD、網路等(可連續使用10天)。憑此證件在商品店購物可享5%優惠。

TCDC TOURIST PASS
Ticket to the world of design and creativity

Museum of Contemporary Art, MOCA
曼谷當代藝術中心

　　創辦人主要是希望泰國人能開始走進博物館，欣賞泰國現代藝術，並藉由藝術家對於泰國傳統道德與宗教的詮釋，對人生與泰國文化有新的體思。整座博物館也以1樓的泰國當代藝術之父Silpa Bhirasri(Corrado Feroci，義大利佛羅倫斯的雕刻家)為起點，延伸出各個豐富的展館。

　　1樓為Silpa Bhirasri及其得意門生的作品，其中一位的作品可看到大量的泰北生活元素，利用傳統紙等傳統媒材創作，看泰國藝術家大玩平衡與解構藝術。2樓的收藏主要為泰國生活的現代創作，3樓為混合媒材展及故事展館，另一邊則是宗教想像畫。此外還有知名大師Thawan Duchance的完整作品收藏，這位大師善用黑白、光影來表現意境。最後則會看到一個白色的巨蛋，讓參觀者走入蛋中，彷如由這裡死去、在那裡重生，通道的盡頭是3幅巨幅畫作，代表著人間、天堂及地獄，意寓人其實可以由個人的善念與惡念，來決定自己的生命。

01:入口處為現代線條的白蓮花雕塑，呈現出泰國人最基本的宗教信仰。內部則大量採用自然光，並以泰國香米圖樣為主設計元素
02:可仔細欣賞這3幅畫，裡面充滿各種趣味、且貼近現代生活的元素

■ **TCDC泰國設計中心** Web www.tcdc.or.th Trans 由BTS線Saphan Taksin站步行約15分鐘，或轉搭1號公車約5分鐘車程 ■ **Museum of Contemporary Art, MOCA 曼谷當代藝術中心** Add 499 Moo 3, Vibhavadi-Rangsit Rd., Ladyao, Chatuchak Tel (02)953-1005～7 Time 週二～五10:00～17:00、週六11:00～18:00，週一休息 Ticket 250泰銖，學生票100泰銖 Web www.mocabangkok.com Trans BTS線Mo Chit站或MRT線Chatuchak Park站，轉搭計程車，到Ucom或Benchachinda building(往DMK廊曼機場路上) Info 紀念品店有博物館收藏設計，以及泰國年輕設計師作品

本土時尚品牌 Thai Fashion

Siam Square、Siam Center及Siam Paragon，四面佛對面的Gaysorn、Central World (尤其是Zen百貨)、Emporium及Emquartier百貨都設有泰國設計師專區。(參見P.124，BTS Sukhumvit線)

Naraya曼谷包

　　知名的「曼谷包」，又稱為「空姐包」，這是因為它的設計相當適合旅行收納，深受空姐的喜愛，一開始也是由空姊帶回台灣販售，因而得到這樣的稱號。曼谷包大部分為絲質、緞面或純棉的舒適材質，並以可愛的蝴蝶結為主要設計商標。

　　曼谷販售的產品樣式較多，像是背包、零錢包、化妝包、面紙盒、拖鞋、睡衣等大大小小的產品，且價位相當平價。

　　最熱門的Central World分店已重新整修好，對面的Big C也開設了分店。

Greyhound

　　創立於1981年，由李奧貝納的創意總監Bhanu Ingkawat及兩位好友共同創立，現在幾乎只要提到泰國服裝設計，就一定會想到「Greyhound」這充滿都會時尚風格的品牌。

　　Greyhound之所以如此成功，最主要是它的設計風格能抓住泰國中產階級對於品味與創意的追求，而且又能採用一些泰國傳統元素，巧妙地融合到現代設計中。在同時顧及設計感、價格與品質之下，成功在泰國及其他亞洲國家打下一片天。

Greyhound還創設了完全無地雷的時尚美食餐廳，曼谷必食

Jim Thompson

Jim Thompson泰絲

　　「Jim Thompson」是將泰絲推向國際的大功臣，而Jim Thompson品牌也是頂級泰絲的代表品牌，暢貨中心有時會讓人不小心大失血(可退稅)。

■ **Naraya曼谷包** Web www.naraya.com Trans Central World／Asiatigue夜市 ■ **Greyhound** Web www.greyhound.co.th ■ **Jim Thompson Outlet** Add 153 Soi Sukhumvit 93, Bangchak Tel (02)3326-530 Time 09:00～18:00 Web www.jimthompson.com Trans BTS線Bang Chak，5號出口，下天橋直走轉進93巷，步行約5分鐘

Flynow

「Flynow」創立於1983年，原本只是一家小型女裝店，1995年大膽聘請英國聖馬丁學院的講師Chamnan Pakdeesuk統籌設計，並在倫敦時裝週展出，頓時聲名大噪。

Flynow的設計看似簡單，但其中總有一些巧妙的小細節，呈現設計搶眼的包款及服飾。每間店的設計風格都相當獨特，如Siam Center的專櫃就很值得去看看。

Propaganda

堪稱泰國最知名的設計品牌，旗下的年輕設計師每每推出令人莞爾的設計品，像是Mr. P及芭蕾舞伶系列都是這些設計師以簡單的線條、亮麗的色彩、以及幽默的設計調性，將他們的作品成功地推向國際舞台，獲得各項國際設計殊榮。

圖片提供 / Propaganda

■ **Flynow** Web www.flynowbangkok.com
■ **Propaganda** FB propagandathailand

泰愛買

Shopping List

圖片提供／吳靜怡

在曼谷可說是無所不購,從地攤、市場、藥妝店、百貨公司、超市,隨處都有好樣的可買,而且許多東西都是不買不可,不買回家肯定會悔恨不已(就像現在的我)!

愉悅 身體貨

For Body

爽身粉
泰國人超愛擦的清涼爽身粉,也有紫色的薰衣草香味,現在還有清涼型濕紙巾。

虎油及虎皮膏
撕了不痛的無痛撕設計。

醒神瓶
造型復古的醒神瓶,裡面裝有清涼的藥粉,聞了馬上精神百倍。

吸、塗兩用薄荷棒
兩頭薄荷棒,除了聞之外,也可以噴在衣物、枕頭上(一條約17泰銖)。

舒緩肌肉膏藥
在曼谷走了一天後,可買來舒緩肌肉。有一冷一熱兩種膏藥,受傷時先用藍色消炎,再用紅色舒緩。

上標油
就像萬金油。

跌打損傷、無事擦擦藥品

五塔標行軍散
有止腹瀉腹痛等神奇藥效。

青草藥膏
蚊蟲咬傷、紅腫都適用。

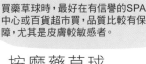

臥佛牌
小黑蚊叮咬超有用,現還有升級版藥膏。

買藥草球時,最好在有信譽的SPA中心或百貨超市買,品質比較有保障,尤其是皮膚較敏感者。

按摩藥草球
泰國獨創按摩藥草球,融合了10多種傳統藥草配方。

哪裡買便宜?
Asiatique的美珍香及水門Platinum Fashion Mall的Thai Herbal。

怡情養性貨

雜貨及飾品

小雜貨

Mr. P/ GUGU/ Herman/
Nandak Wang

泰國藝術作品
怡圖恰市集潛藏了許多有
才的藝術家。

手工皂

手編手環
可以在市集大把大
把買的伴手禮。

薰香座及藥草熱敷
加熱即可在家享受藥草熱敷

花雕蠟燭
香精蠟燭

BKK Original、
CC Bag、Posh
平價時尚包
品質普通，但顏色、款式時尚好搭

民俗風布包

26

內衣

到泰國一定掃、掃、掃,大掃貼身衣物。以華歌爾、黛安芬兩個在台灣相當知名的牌子來說,泰國的定價約為台灣的30～50%,一件華歌爾內衣約550～850泰銖,價差相當大。各大百貨商場均有售。

髮帶

市集可買到具設計感的平價髮帶。

Link Graphix手表

這是曼谷當地設計的手表品牌,樣式有點像Swatch,不過都是以泰國文化的圖騰設計,像是蓮花、門神、泰拳等,而且價格相當平價(Museum Siam紀念品店P.212及Loft、Asiatique都有設專櫃)。

鞋

泰國鞋有設計感,比較便宜的鞋190泰銖就可以買到了。

地板鞋

超舒服的地板鞋,建議多買幾雙,穿扁了還可以換。

可愛童錶

中國城市場有售(50泰銖)。

洋裝

無論是百貨公司或市集,都有超多美麗又有質感的洋裝設計。恰圖恰週末市集的洋裝只要490泰銖起。

新奇口味超市貨

 Supermarket

料理包
紅咖哩、綠咖哩、黃咖哩、海鮮酸辣湯，泰國名廚都幫你做成料理包了。

泰國零嘴
泰國Q版的零食。

牛乳片
藍色包裝為原味，棕色為巧克力口味。

手標茶
買回家自己泡泰國奶茶。

乾果
泰國有品質很好的乾果，尤其推薦Siam Paragon超市裡賣的。

棕櫚糖
較無負擔的天然糖，也是泰國料理不可或缺的調味料。

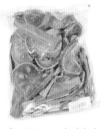

腰果

泰國風味茶包
Emporium百貨超市。

BB霜
便利商店都有這種小包裝的BB霜或保養品。

果汁
奇異果汁跟芭樂口味的果汁，很好喝喔！

魷魚絲

泰國大哥豆
大家逛超市搶貨目標之一，有椰漿(原味)、烤肉、雞汁、辣味、蝦味、鹹味、咖啡等口味。

平價燕窩
便利商店。

蘇打水

皇家蜂蜜及蜂脾

Doi Chaang
咖啡粉

超市排行榜

最齊全、最便宜：

Tesco Lotus／Big C

英國的大賣場特易購，在泰國相當受歡迎，與泰國最大的農產品運銷公司合作，稱為「Tesco Lotus」，稱霸全泰國。大哥豆、魷魚絲等零食、食品這裡買比較便宜。另外還有許多便宜的衣服、鞋子，賣場外面也設有小吃、餐廳。另一家規模相當的是Big C，尤其推薦26巷底，可買到許多當地人價錢的商品。Central World對面的分店遊客較多，營業到凌晨。

最親民：**Villa Market**

賣場規模比Tesco小，但設的點多，新鮮蔬果、日常用品、零食還算滿齊全的。

最高檔：

Siam Paragon、Emporium及 EmQuartier Gourmet Market

貨品優質又新鮮，還有一區是特別從各地選來的頂級泰國產品供遊客購買的紀念品，包裝也很精美，適合送禮。另外還有許多平價的Home SPA產品，像精油、藥草球等。

小而優：**Tops**

雖然規模不算大，但生鮮蔬果的品質都滿優的，大部分也是開設在較優質的區域。

泰國菜需要哪些配料，到這裡看看就對了

認識OTOP產品

曾到過曼谷及清邁機場的應該會注意到OTOP這家店。台灣其實也有OTOP，就是One Town One Product各區特色產品。在這樣的店都可買到當地各城鎮最棒的特色產品，而且機場OTOP商店的價格也較為合理。

■ **Tesco／Tesco Lotus** Trans BTS On Nut站捷運直通 ■ **Tops** Trans Thong Lo街上，Thong Lo站 ■ **Siam Paragon Gourmet超市** Trans Siam站 ■ **Villa Market** Trans Thong Lo站的J Avenue賣場內（較大）；Phrom Phong站5號出口 ■ **Big C** Trans Central World對面，Chit Lom站／26巷分店：PhromPhong站，轉乘摩托車約5分鐘

漂亮保養貨 For Beauty

天然保養品及
Home SPA精油
高貴典雅的Harnn

Mt. Sapola

　這算是泰國Home SPA產品中較平價的品牌，且品質及味道都相當天然。除了香精油外(如香茅精油)，還有薑及香茅的泡澡鹽(Ginger & Lemongrass)、山竹果(Magosteen)及檀香手工皂(Sandalwood)，另也推薦足部去角質產品及室內芳香瓶。

小竹籃包裝的產品，很適合送禮

Panpuri

　較頂級的泰國Home SPA品牌，品質較好的SPA中心會選用這個牌子的精油。較著名的產品有牛奶浴按摩二合一精油(Inner Peace Honey Milk bath & Body massage oil)及Catch Your Breath Essential Oil精油。

Thann & Harnn

　泰國國際知名的天然保養品牌，分為「Thann」及「Harnn」兩家。Thann以SPA產品為主，而Harnn以優質護膚保養品為主。他們精緻的包裝風格在各大百貨公司內很容易就引起大家的注意。(各大百貨及機場均有售)

Erb

　以天然水果與藥草為基底，產品主要可分為3種不同的主配方：Spice&Shine系列是金盞花、薑跟羅望子，具有深層清潔、滋潤效果(夏季適用)；Eastern Treat Blend是以茉莉花、米及薄荷調配。Glow Again Blend以沈金、香茅、伊蘭(香油樹)調配而成(乾性肌膚適用)。還有各種去角質產品。

■ **Mt. Sapola** Web www.mtsapola.com Info Siam Paragon及Emporium、機場均有售
■ **Panpuri** Web www.panpuri.com Info Siam Paragon及Emporium、機場均有售
■ **Thann & Harnn** Web www.thann.info Info Central World / Siam Discovery
■ **Erb** Web www.erbasia.com Info Siam Paragon
■ **屈臣氏貨及Boots貨** Info 曼谷市區隨處可見 / 機場也有Boots

01

02

03

04

05

06

屈臣氏貨及Boots貨

屈臣氏有些開架式化妝品,比台灣便宜約20%～30%。Boots則是個神奇的寶庫,泰國知名藥品、薄荷棒、各國藥妝、彩妝均有售。

01: 蠶繭臉部去角質(泰國蠶絲特別適合)

02: 泰國傳統面膜粉(加水敷臉約15分鐘洗掉)

03: 興太太古早味肥皂,去痘洗臉皂、綠色薄荷及金牌身體皂都相當好用(專賣店請參見P.154)

04: 曾獲選為東協國家紀念品的泰國傳統牙膏

05: 懶人晚安面膜

06: Boots的滾珠型精油,很適合送禮

殺價王道

★ **觀光地點,殺無赦:**

雖然說泰國消費普遍比台灣便宜,但乍看定價時會覺得好像也沒便宜多少,那是因為,你還沒殺價。尤其是夜市的商品,像是觀光客比較多的Patpong夜市,有些冒牌的太陽眼鏡竟然開價980泰銖,恰圖恰只要59泰銖就可以買到了,所以一定要多逛幾家比價。不過近年有些市集殺價的幅度縮小很多,一般會便宜個20～50泰銖左右。

★ **設計無價:**

在恰圖恰市場有時候會覺得很難殺價,尤其是遇到設計師本尊駐店,那更是設計無價的姿態,殺價等於是侮辱設計師的心血。

★ **大量購買:**

當然,如果是大量購買會較易殺價,像是在恰圖恰或水門市場,只要買3件以上,價格就比較好談。

★ **店家,照殺不誤:**

即使是有店面的店家或百貨公司,也還是要記得問問看可不可以給一些折扣(Discount),大部分的百貨公司都給遊客5～10%的折扣。

百貨購物商場比一比

曼谷天氣熱，民眾習慣逛商場，商場一家又比一家有特色，時間不多，逛哪家好呢？

Siam Discovery

EmQuartier

國民版 勝	設計感 大勝		貴氣版 勝	
MBK (P.178)	**Siam Discovery** (P.134)	**Siam Center** (P.136)	**Siam Paragon** (P.130)	**Central World** (P.145)
★★★	★★★	★★★★	★★★★★	★★★★
5～20% off	5～10% off 退稅服務	5～10% off 退稅服務	5～70% off 退稅服務	5～60% off 退稅服務
購物：超大型電子、平價商品及泰國紀念品，一般民眾最愛的百貨。	**購物**：以都會流行精品家具為主。 **景點**：蠟像館。(設計充滿前衛的未來感，必訪！) **美食**：時尚感美食街。	**購物**：裝潢時尚新潮。以泰國設計師品牌、年輕設計潮牌為主。 **美食**：平價走向美食街。	**購物**：本土設計品牌及頂級精品最齊全，裝潢格調高。 **景點**：海洋世界、KidZania兒童職能體驗城。 **美食**：4樓為美食餐廳區。	**購物**：內有3家百貨公司，貨品及種類齊全，但稍嫌太大。 **美食**：新開的美食區Groove超讚！ **景點**：CRU高空香檳吧。
平價超市，好買、價格實在	**無超市**	**無超市**	**B1超市，超讚，可退稅**	**7樓超市，有很多日式商品**
▓日本Tokyu東急百貨 ■平價版名牌包、行李箱 ▓Lemongrass House天然香氛保養品 ■伴手禮 ▓金飾店 ▓超炫KTV ▓保齡球館 ▓Mont Nom Sod 烤吐司老店	■設計家具 ■Loft ■Thann Sanctuary ■Brave Roasters 咖啡館 ■O.D.S.優選泰國設計雜貨區	▓1樓平價品牌(Forever 21) ■2樓泰國設計師品牌 ■Flynow III ■The Selected	▓精品名牌 ■2樓內衣服飾區 ■超市平價Home SPA ▓JO MALONE 香水 ▓3樓文具及設計區 ■1-2樓鞋區及服飾區 ▓COS國際品牌	■升級版的Naraya 曼谷包店 ■Zen鞋區 ■Thann & Harnn ■Viera皮件 ▓Jim Thompson ▓Zen家飾區

幾乎每家百貨公司都有一區泰國芳香保養品區

Siam Square

Trend Design
泰國設計區

平價版 **大勝**　　　　精品版 **大勝**

Terminal 21 (P.154)	Emporium (P.158)	EmQuartier (P.161)	Central Embassy (P.143)	Silom Complex (P.180)
★★★★★	★★★★	★★★★★	★★★	★★★
部分可退稅	退稅服務	5～11% off 退稅服務	5～11% off 退稅服務	5～70% off 退稅服務
購物：可說是冷氣版的恰圖恰市集，有許多平價的泰國設計服飾及雜貨，必逛！ **美食**：美食街更是路邊攤的價格。	**購物**：精品及平價泰國品牌、內衣、超市。規模較小，但貨品齊全。 **景點**：Imaginia兒童遊樂區、直排輪練習場。	**購物**：超強新百貨，國際精品為較獨特的品牌，也有類似H&M的平價品牌。 **美食**：Helix餐廳區、Roast餐廳。	**購物**：全部都是高價位的國際精品。 **美食**：多家知名餐廳進駐，例如以咖哩螃蟹聞名的建興，餐廳部分也較為高級。	**購物**：風格迷人、品牌親切。 **美食**：After You、Banana Leaf。
B1有小超市及藥妝店	**5樓超市，人少較好逛**	**超市，同Siam Paragon**	**超市，泰有特色**	**Tops超市，好逛**
■CPS ■男裝 ■女裝、飾品 ■平價鞋 ■The Grass擴香瓶 ■Posh平價包 ■興太太傳統皂專賣店 ■手標牌泰國奶茶專賣店	■泰國設計品牌 ■超市 ■5樓泰國生活雜貨及Home SPA產品 ■內衣 ■泰國設計雜貨區	■Another Story設計品 ■BAO BAO ISSEY MIYAKE	■BOYY精品包 ■Open House複合式書店	■100 Year Pillow生活用品 ■Central設計區

泰享受

SPA Joys

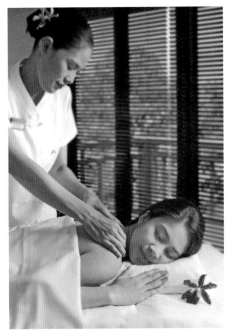

圖片提供 / Rarinjinda SPA

許多人到泰國都是為了按摩及SPA而來，無論是要平價有力的按摩，還是細緻溫柔的SPA呵護，曼谷通通給你。

SPA中心 常見療程

圖片提供 / Rarinjinda SPA

常聽到SPA，但是SPA到底是什麼意思咧？

SPA是拉丁文「Solus por aqua」的縮寫，也就是「水療」的意思。許多歐洲人深信水能補充身體能量，活化原生元素。不過現在的SPA已不再只是水療而已，還結合了瑞士按摩、印度、泰式及中醫療法，可以說身、心、靈全都幫你照顧到了。

> 努力寫稿中的我，心裡不停地呼喚著：「我需要泰式按摩！」

只要前腳一踏進SPA中心，後腳還沒併過來，SPA中心的服務生已經笑容滿面地請你坐下，端來一杯茶及療程清單。

但是，很多人拿到療程清單手可能就開始抖了，啊～全都是英文，要怎麼選啊？鎮靜！鎮靜！不要被英文字母敲昏了(現有許多SPA中心也提供中文清單)。其實各家的療程都大同小異，以下是常見療程的英文大分解：

Facial Treatment 臉部療程

Clean = 清潔

Mask = 敷臉

Moisture = 保溼

Exfoliation = 去角質

Massage = 按摩

Waxing = 除毛

Rejuvenation = 回春

Body Treatment 身體療程

Scrub = 全身磨砂去角質

Body Polish = 全身淨潔去角質

Body Glow = 全身亮膚去角質

Body Wrap = 身體裹敷

Body Mask = 身體敷膜

Thai Herbal Compress (Herbal Ball)
 泰式藥草按摩法

將10多種泰式草藥放在布包球中蒸熱，在穴道點上做全身(或腳)泰式按摩。

Hot Stone Therapy
 熱石療法

在身上的能量點放上熱石，並用熱石按摩全身，有活絡能量、排毒、促進血液循環及舒緩的功能。

Aromatherapy
 香精油療法

選擇自己偏好的精油按摩，是較為舒服、解壓的按摩方式。

Swedish Massage
瑞士按摩法

較輕柔的油推，全身放鬆，會讓人舒服得睡著。

Herbal Steam
藥草蒸敷療法

藥草裹敷之後，在蒸氣室享受藥草蒸氣。選擇精油按摩可加選這個，先蒸後按效果更好。

Hydrotherapy
水療

水能補充身體能量，有些是水按摩浴缸、按摩水池，有些更專業，還包括通腸排毒。現還有Floating SPA。

Traditional Thai Massage
傳統泰式按摩

依循身體經絡按壓，以促進血液循環，活絡內臟功能。

Mud
泥漿療法

全身裹上礦泥(含藥草成分)，能深層清潔、滋潤。

Head-Shoulder Relaxation
肩頸按摩

舒緩壓力所造成的肩頸酸痛。著重在肩、頸及頭部按摩，可搭配泰式身體或腳底按摩。

Foot Massage
 腳底按摩

以中醫來講，腳底有身體各部位的反射神經，而腳底按摩則可以舒緩身心疼痛問題。逛街後快速恢復的特效藥。

Four Hands Massage
 四手按摩

兩位按摩師四手同步按摩，可選擇一男一女的按摩師，感受真正的一陰一陽力道。

常見 精油效用

Lemongrass
香茅

具驅蚊、瘦腿、消炎及消除水腫的功能。

Chamomile
洋甘菊

鎮靜、安定的效果，可改善失眠問題、抗憂鬱，也有殺菌效果。

Jasmine
茉莉

抗憂鬱、安撫神經與情緒，及柔膚效果。

Rosemary
迷迭香

具活化腦細胞的效用，因此有助於醒腦、增加記憶力，也有緊膚的效果。

Rose
玫瑰

有助於平撫情緒，舒緩緊張與壓力，不過有通經的效果，孕婦最好避免使用。

Mint
薄荷

恢復疲勞、殺菌(治療青春痘)、回振精神、舒緩偏頭痛、止暈及止吐的效用。

Lavendar
薰衣草

具鎮定、安眠效果，並能促進新陳代謝、平衡皮脂分泌(治療青春痘)。

Ylang Ylang
依蘭

有助於放鬆神經、舒緩緊繃的情緒，並可調理膚質，高血壓、腸胃炎及生理痛。

Tamarind
羅望子

深層清潔，讓疲憊肌膚重現光澤。

★ 皮膚有傷口者避免水療，以免細菌感染。
★ 基於氣血循環的原理，中午或飯後30分鐘內不要做SPA或按摩。
★ 較熱門的SPA中心須事先預約，要特別注意取消預約的收費規定。
★ 費用後面若有「++」的字樣，通常是指服務費(10%)及營業稅(7%)。
★ 小費：平價按摩1小時／50泰銖起，中高級按摩1小時／100～200泰銖。
★ 大部分的按摩師都只會說簡單的英文，英文比較好的都在櫃檯，有什麼問題最好先跟櫃檯的服務小姐問清楚。

到5星級 SPA中心

Step by Step

1 提早15分鐘抵達，可先填寫問卷、換洗、放鬆身心。
↓
2 如果你住在該旅館，可以先在房間沖完澡，直接穿旅館提供的浴袍及拖鞋到SPA中心。如果SPA房內有泡澡浴池，就不需先沖澡。
↓
3 更衣。SPA中心會準備免洗內褲，通常只穿內褲做療程，身蓋小毯子。換好之後可以搖鈴請治療師進來。
↓
4 通常是先臉朝下趴著，臉靠在按摩床的小洞。接著按摩師會要求你翻身仰躺，快結束時須坐起來做頭部及肩頸按摩。當按摩師大力敲你時，就表示按摩要結束了。
↓
5 躺著不動體溫會降低，如果太冷可請治療師調高冷氣溫度(高級SPA會提供電熱毯)。
↓
6 做完療程後先不要沖澡，讓按摩精油留在身上幾個小時。
↓
7 療程完後，治療師會端花草茶或薑茶過來。大量飲用水及茶有助排毒。
↓
8 可以直接給小費，或簽帳單時在帳單上填寫要給多少小費，退房時一起結帳。

捨不得啊……

按摩師最常講的英文：

Face down
臉朝下趴躺

Face up (Turn)
仰躺(翻身)

Sit up
坐起來

最推薦SPA按摩：

平價按摩
臥佛寺按摩
at ease

中價按摩
Let's Relax Thonglo
Refresh@24

高級按摩
BHAWA、Cora

小費怎麼給？

體驗過泰式按摩的人應該就知道，按摩師其實是很累的工作，很多按摩師的手指不是變形就是受傷，按摩中心還要抽佣，他們分到的錢其實也不是太多，建議可以給一些小費及美麗的笑容。滿意的話，可以10%為基準，加加減減個整數。一般平價腳底按摩一小時可給40～50泰銖，較高級的按摩中心可給5～10%（抓整數）。

那麼多種療程，哪一種是最好的呢？

最簡單的方法是直接選Signature Treatment，也就是「招牌療程」。幾乎所有的SPA中心都會將自己最自豪的療程放在「Signature Treatment」套裝療程中，像是熱石按摩+精油按摩+臉部深層清潔等。如果不知道從何選起，那麼可以考慮這種療程。

細說 泰國按摩
Thai Massage

　　泰式傳統按摩神力從何而來？大名鼎鼎的泰國「古式按摩」(Ancient Massage)，它的創始人是2,500多年前的一位印度醫生Jivaka Kumar Bhccha，西元前2～3世紀時，將它傳進泰國，又分別在中部的曼谷臥佛寺按摩學校，以及北部清邁的按摩醫院播下兩顆種子。

　　它神奇的魔力來自瑜珈與經絡穴道的巧妙結合，先是刺激血液循環之後，讓身體自動產生能量，之後再做舒展動作，讓能量流到全身，修復身體內較虛弱的部位。這種先拉筋、後舒展身體的動作，是泰式按摩與其他按摩最大的不同處。

　　泰式按摩的種類大致分為皇室按摩(Royal Style)及一般平民按摩(Local Style)。由於泰皇成員是至高無上的，所以不可以像平民那樣任人在身上踩或按到較私密的部位，且按摩師要很恭敬地跪趴著按摩(應該是相當高難度的吧)。一般按摩中心都是平民按摩，有些則是結合兩者的優點，適合年紀較大的客人。

　　一般來講，療程會從足部開始做起，逐漸往上按摩，最後再做全身舒展的動作。按摩的部分則是結合點壓與按揉，打通全身血脈與關節。因此，即使是最基本的腳底按摩，也會包含簡單的肩、頸、頭及背部按摩。

按摩禁忌須知

1. **懷孕不要按摩或做SPA。有些接受4個月以後或者沒有害喜現象之後的客人。**
2. **月經期間可以做身體按摩，但不要做腳底按摩。**
3. **身體不適，不宜。**
4. **吃飽飯後至少等15分鐘再按摩(最好是半小時後)。**
5. **患有心臟疾病、高血壓或靜脈曲張者請先告知按摩師。**

真假分明！請認明泰國按摩SPA中心的身分證。

曼谷有那麼多按摩中心，到底要怎麼分別呢？泰國的按摩協會每年會到按摩SPA中心，對按摩師的技巧、知識及環境進行檢驗，通過便會頒發一張證書。所以進按摩中心請認明標章，品質才有保障。

傳統 泰式系 Traditional

臥佛寺傳統按摩學校

　　曼谷最正宗的按摩中心，因為這裡不但提供按摩服務，更是2,500多年前，按摩祖師爺在曼谷播下的種子學校，只要是出自這間按摩學校的按摩師，都是品質有保證的。

　　請容我苦口婆心地再呼籲一下，到曼谷一定要到這裡按摩，那雙孔武有力的神奇雙手，在半小時內，讓我走太多路而過度痠累的雙腿，又活蹦亂跳起來了。這絕對是逛完大皇宮、玉佛寺、臥佛寺之後要拜訪的神奇寶地。按摩室是打通鋪的設計，感覺很親切，還會聽到(或被聽到)隔壁的陌生人按得唉唉叫，滿好玩的。現在進臥佛寺按摩院都要買門票，若不想參觀的話，可到臥佛寺外2號店按摩。新按摩中心就在臥佛寺旁的Maharat Rd.上7-11便利商店旁的小巷，環境非常好，因此也很適合做藥草按摩或精油按摩。按完可直接到附近的藍鯨蝶豆花咖啡館，或到河濱餐廳用餐、賞日落。

臥佛按摩學校的新按摩中心環境非常好

Wat Po Sukhumvit 按摩中心

　　這若是沒時間到古城區，也可以到蘇坤蔚路39巷小巷內的Wat Po Sukhumvit按摩。這裡的設施雖然有點舊，不過按摩便宜，手法相當紮實，每次按壓都會讓腦子發出：「鬆了！舒服啊～」的訊息，難怪日本客人這麼多。(逛完Emporium及EmQuariter後可過來按摩)

■ **臥佛寺傳統按摩學校** Time 08:00～18:00(偶爾廟裡有大活動會休息，按摩中心的門口會張貼告示) Web www.watpomassag.com Price 藥草按摩1小時／520泰銖，腳底按摩半小時／280泰銖，泰式按摩半小時／260泰銖 Info 地址及交通請參見P.210 臥佛寺
■ **Wat Po Sukhumvit按摩中心** Time 09:00～23:00 Price 180泰銖／半小時，300泰銖／1小時 Trans 位於Phrom Phong地鐵站，由3號出口，39巷之前有條小小巷(巷口有些小吃攤)走進去，走到底即可看到；或左進39巷，第一個巷子左轉進去，就會看到這棟綠色建築

Mandarin Oriental SPA
文華東方

SPA起源於歐洲，「文華東方」竟然會想到要將泰式按摩、印度、中醫跟風行多年的歐式按摩結合在一起，研究多年之後，終於成功帶起亞洲SPA風潮，所以文華東方可說是亞洲SPA的源頭。

01: SPA中心就是坐落在這棟美麗的建築中

02: 可考慮這裡的招牌有機療程或The Oriental Signature Treatment，包括全身肌理舒緩及最後的藥草球肩頸按摩
(圖片提供 / The Oriental SPA)

Le SPA with L'Occitane
歐舒丹按摩中心

Sofitel Sukhumvit與法國歐舒丹合作，使用歐舒丹、Themae茶療，及泰國頂級SPA專用的Ytsara品牌產品。療程單就像餐廳菜單，有前菜、主菜、甜點等療程設計。推薦先做蒸氣(Steambath，800泰銖)及油壓Deep Tissue Intense Relief療程(2,700泰銖)，這是最能放鬆的療程。更棒的是，還有孕婦及新手媽媽療程。此外較特殊的有Four Teas Ceremony療程，先以純水泡澡，再用天然的Four Teas Elixir產品進行身體去角質，然後再行東方按摩，讓肌膚煥然一新、放鬆。

一般來講，高級服務很注重隱私，如開始按正面上身時，會小心地蓋好胸部才把被單拿起，所以不需要太害羞。不住這也可過來體驗高級旅館的服務。

SPA休息室

▇ **文華東方** Add 48 Oriental Ave. Web www.mandarinoriental.com Info 最好先預約，取消要4小時前告知，否則會收取50%的費用 Price 文華招牌按摩(The Oriental Signature Treament)4,500泰銖、臉部療程4,500泰銖、傳統泰式按摩1小時／2,900泰銖

▇ **歐舒丹按摩中心** Add 189 Sukhumvit Rd. (介於13及15巷之間) Tel (02)2126-9999 ext.2402／2403 Time 10:00～22:00 Web www.sofitel.com/Sofitel-BKK-Sukhumvit Trans BTS線Nana站或Asok站，兩站之間，步行均約5分鐘 Price 1,800泰銖起，套裝療程4,500泰銖起

BHAWA SPA慈善優質按摩中心

　BHAWA可不只是單純的SPA中心，更是個願意分享愛的小社群。來這裡感受過後，就會覺得自己也該追隨他們的腳步，幫忙將這份愛分享出去。

　BHAWA在印度文的意思是the status of being，他們秉持著從分享中，追求人與自然的完整、生命的意義、心靈的平和。因此他們將SPA及周邊產品收益的15%用於幫助泰國兒童的教育，並從員工的子女教育開始做起，進而延展到教導年輕學子具備SPA方面的專業知識，讓他們的未來多一個選擇。

　而這樣一個講求人完整存在(Being)的按摩中心，也將環境打造得溫馨可人，從接待、到按摩過程、結束，都感覺到親切溫柔的對待。

　療程的部分特別推薦熱石按摩及專為運動後舒緩肌理的Sport's Heaven，另外還有為懷孕媽媽設計的療程(接受3～6個月懷孕期)。熱石療程所使用的是具有療癒效果的碧璽水晶寶石(Tourmaine)。其他療程也大量使用具有新陳代謝及滋養效果的蜂蜜、對女性駐顏美容特別好的椰子、野玫瑰等天然療材。

　很推薦到曼谷旅遊期間，找一個上午或下午來做這裡的套裝療程，如：身體裹敷去角質＋按摩＋臉部療程、或排毒療程Detox、簡單的身體去角質＋身體泥敷＋精油按摩Serene Thai Pampering、著重在肌膚回春的Hydrating Skin Renewal療程。最重要的是，到這裡將BHAWA的溫柔感念入心。

01: 中心共分為兩棟，接待中心在最裡面，後棟的按摩房較為溫馨

02: 周邊產品目前只在這裡及清邁少數旅館販售，收益的15%也拿來做公益喔

03: 前棟的按摩房為較有布置的大房間，分別以Wealth、Power、Luck、Love為布置主題

■ **BHAWA SPA** Add 83/27 Witthayu Soi1 (Wireless Road) Lumpini Tel (02)252-7988 Time 10:00～23:00 Web www.bhawaSPA.com(上網加入會員可享折扣優惠) Trans Phloen Chit站5號出口從Okura大倉酒店的辦公室區出去，沿著Wireless路直走過Athenee旅館，在Indigo前一條巷子裡面(巷口有標示) Price 1,950泰銖起 Info 要特別提醒的一點是，這裡的療程至少100分鐘，且最好先預約

> 按摩的部分除了按壓外，還著重柔和的舒展。整個過程也很注重細節，做任何大動作之前都會先提醒，最後還有舒服的熱毛巾擦背及按摩。

Coran日系SPA按摩中心

Coran是曼谷開業已久的日系優質SPA中心，除了Ekmai 10巷裡的獨棟別墅型按摩中心外，也在蘇坤蔚路15巷的Dream Hotel開設了分店。

由於Coran的品質與環境都相當好，很適合臉部、身體去角質，及精油按摩的套裝療程(如Timeless或含中餐輕食的Morning Luxury療程)。療程中是使用富含礦物質及深層清潔肌膚的海鹽療程(Tarasoserape)。此外還有適合敏感肌膚的絲瓜綠茶療程、增加能量的芝麻、咖啡及巧克力療程、具美白效果的羅望子(酸豆)療程、抗敏的茉莉香米療程，所有療材均為天然產品。

臉部療程除了使用一般療材護理外(如膠原蛋白)，最後還會使用提拉皺紋或去斑的輔助機材。另還有為懷孕婦女及男性臉部設計的療程。

01: 精油按摩提供6種精油選擇，分別具有增加能量、平衡、放鬆、提神、浪漫功效

02: 療程前填寫的表格，還特別詢問希望的力道及按摩的步調

03: 大療程房的浴室超級寬敞

04: 換好衣服後，搖鈴請療程師進來

05: 日系平和放鬆的小天地

推薦購買

大推椰子身體去角質　　　　這款按摩油也很棒

01　03　05
02　04

■ **Coran SPA** Add 94,96/1 Soi Charoenmitr Ekamai 10 Sukhumvit 63 Road Tel (02)726-9978 Time 10:30～22:00 Trans BTS線Ekamai站，可事先預約Ekamai捷運站免費接送(3號出口到寺廟前大門等)，或搭摩托計程車約10～20泰銖 Info 這家SPA在Ekamai區，按摩後可到下一條巷子的Vanilla Garden(出門後右轉直走，左轉進第一條巷子就可走到12巷，再右轉直走即可抵達，或搭摩托車到巷口超可愛的Perhaps Rabits咖啡館

So SPA

　曼谷的時尚設計旅館Sofitel So，以大自然的五元素為主要設計概念，而其所附設的So SPA，就像一座位於人間與天堂之間的森林，充滿自然元素，氛圍又極為放鬆。夜間走進療程房，走道的光影就像晚上在森林中行走般，相當有趣。而內部設備更是先進，SPA床相當舒服，也有電熱功能。有別於一般昏暗的按摩房，這裡的賓客可選擇將窗簾拉開，在藍天綠地的陪伴下按摩。

　令人讚嘆的是，這裡的按摩技術相當專業，結合了泰國技術與法國頂級產品Cinq Mondes，有些療程還使用蜂蜜去除老舊肌膚，推薦So SPA獨家的So Exhilarating Massage及So Rejuvenating Facial療程(2,950泰銖)。這裡的招牌是Serenity of Five Elements五元素療程(4,000泰銖++)＊，結合了泰北的Tok Sen木槌按摩法(木)，先打通氣血，再以藥草球(土)及熱油(水)推揉(火)，接著再以鐵球冰緩(金)，無論在力道或療程設計上，都相當靈巧。　＊價格上標「++」，表示要加服務費10%及營業稅7%。

01: 身體去角質及藥草球按摩
02: 舒適度第一名的按摩床
03: 臉部療程大部分採用法國頂級品牌Cinq Mondes
04: 夜晚的光影映照，彷如走在森林中，極具時尚設計感

■ **So SPA** Add 2 North Sathorn Rd. Tel (02)624-0000 Time 10:00〜22:00，週日10:00〜20:00 Web www.sofitel.com/gb/hotel-6835-sofitel-so-bangkok Trans MRT線Lumpini站 Price 約2,500泰銖，臉部療程1,700泰銖

Let's Relax

　　Let's Relax在泰國開業近20年，是分店眾多的一家優質中價位按摩中心，難得的是，各家分店的品質還能維持得相當好。

　　在曼谷共有12家分店，多在交通方便的位置，Terminal 21、MBK、Siam Square One等購物中心均設點，其中最推薦的為Thonglo站Grande Center Point Hotel內的溫泉SPA中心，設有溫泉及桑拿設施，而Sukhumvit 39的分店還新增了美甲服務。

　　雖然Let's Relax也有基本的腳底及泰式按摩，但難得這麼好的環境，也提供優質的精油等超值專業療程，因此更推薦選擇按摩療程中的套裝療程，像是含熱石按摩的Golfer's Heaven、結合身體去角質及精油按摩的Body & Soul。

■ **Let's Relax (Sukhumvit 39分店)** Add 1300 Sukhumvit Soi 55 (Thonglor) Sukhumvit Road Tel (02)042-8045 Time 10:00～00:00 Trans 由BTS Thonglo站轉搭計程車或摩托計程車約5分鐘車程 Price 腳底按摩450泰銖/45分鐘、850泰銖/90分鐘 Info 網上預約或購買優惠券較便宜

柔美可親系 Friendly

Urban Retreat

　整家店的裝潢與服務都相當有質感，讓人覺得很超值。一進門時是白色與放鬆的灰色調，整體裝潢清雅，雖然櫃檯服務小姐的態度不是非常積極，不過按摩師相當敬業與溫柔，彌補了這項缺點。

　療程房間也相當優雅，可惜沖澡浴室較為簡便，隱私性不夠高，不過大致上仍在可接受的範圍內。而療程不論是使用的材料或按摩師的手法，都算不錯，許多小細節也仔細照顧到了。推薦四手按摩，兩位按摩師同時上下或左右按摩時，相當過癮。這家SPA中心也常推出優惠療程，出發前可先上網看優惠訊息。若是第一次體驗泰式按摩者，推薦2小時的Oriental Package套裝療程，包括腳底按摩、頭肩頸及全身藥草球按摩(約1,500泰銖)。

大象熱敷

平價按摩中心：Body Tune & Health Land

Body Tune跟Health Land應該是最知名的兩家平價按摩，兩家的環境都相當乾淨、有質感。Health Land是許多當地人喜歡去的店，不過整個程序有點像在醫院掛號，較為制式、沒有溫度，對於遊客來講有點減分(較推薦Ekkamai及Silom店)。Body Tune的環境跟價格算是相當超值，但有時要碰運氣，不是每位都能按到你心坎裡(Sala Daeng店交通最便利，就在地鐵站3號出口旁，蘇坤蔚路39巷分店也算便利)。最好事先預約，最後預約的時間是23:00。雖然一般會選腳底按摩，但這裡Harmony Plus療程中的手跟頭肩頸卻相當讓人驚豔，是頗為特別的按摩手法！

■ **Urban Retreat** Add Sukumvit Road Asok站 Tel (02)229-4701~3 Time 10:00～22:00 Web www.urbanretreatSPA.net Trans BTS Asoke站4號出口走出來就會看到了 Price 套裝療程約1,500泰銖起、1小時腳底按摩500泰銖、四手按摩1,500～3,000泰銖 ■ **Urban Retreat(Phrom Phong分店)** Tel (02)204-1042 Time 10:00～22:00 Trans Phrom Phong地鐵站5號出口 ■ **Body Tune** Add 56 Yada Building, 2F. Suriyawongse Tel (02)238-4377 Time 10:00～24:00 Web www.bodytune.co.th Price 430～790泰銖 ■ **Health Land(Ekkamai分店)** Time 09:00～23:00 Web www.healthlandSPA.com Trans BTS Ekkamai站，轉搭計程車或摩托車約5分鐘抵達

公主貴婦系
Queen & Princess

Divana SPA

01

「Divana SPA」是曼谷市區最知名的SPA中心之一。「Divana」的意思是「Passion for Love」，使用最自然、滋養的素材，細心呵護身心靈，這也是這家SPA中心療程的設計主軸。

它在曼谷市區共有3家分店，設計師設計之前都會先預想是什麼樣的主人住在這裡：25巷的第一家就像是一位溫婉的泰國傳統婦女，充滿家的溫暖，55巷分店，則像一位25～45歲的優雅女人，寧靜的氣質，散發著獨特的個人魅力；Divana V，就像一位備受尊崇的皇后，無論是低調奢華的環境或按摩技術，都讓人覺得自己是皇后公主！

02

後來開設的Divana Nurture SPA位於蘇坤蔚路11巷底，是座優雅的獨棟庭園建築，延續一直以來的公主風，為目前曼谷最熱門的按摩中心。在Thonglo的The Commons斜對面也設有分店。

不要以為這裡是女生專屬，其實也有專為男性設計的療程，適合情侶一起來做SPA。

03

若計畫到Surasak站的分店按摩，可將藍象烹飪課程或文華東方下午茶安排在同一天。

01: 小巷內的百年老宅
02: Divana V的環境可看到歲月留下的痕跡
03: 療程房間
04: 每個小細節都是他們精心的布置
05: 所有擺飾都是專為前來享受SPA的公主們所選的

04
05

■ **Divana Virtue SPA** Add 10 Sriwiang Road Tel (02)236-6788 Time 11:00～20:00 Web www.divanaspa.com Trans Surasak站1號出口，直走第一條巷子轉進去，再轉進第一條巷子，約10分鐘可抵達 Info 網路預約可享優惠

Suanploo Thai Massage 平價按摩

中央碼頭外、石龍軍路上的傳統按摩店。管理者坐鎮嚴格把關，環境乾淨整潔，按摩師也盡責地認真工作，品質有保證又平價。

at ease Massage平價按摩及 Si Esta日式指壓按摩

Phrom Phong站的EmQuartier百貨旁有條小小的33/1巷，這可是著名的日本街，假日時住在曼谷的日本人，總是全家大小過來這裡的超市採買。往日本超市的路上可看到一家低調的按摩店at ease，以紮實的按摩、平實的價格、乾淨又令人安心的環境來服務客人，因此假日總是客滿，最好事先預約。

姐妹店Si Esta位於Asok站的Interchange大樓內(Citibank那棟)，以日式手法專治腰、肩、背、偏頭痛等症狀。

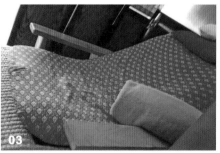

01: Suanploo Thai Massag外觀
02, 03: 平價、乾淨、安心、紮實的按摩，為at ease Massage及Si Esta的主要訴求

■ **Suanploo Thai Massage** Add 1345 Charoen Krung Rd. Tel (02)238-1541 Time 10:00～22:00 Trans BTS線Saphan Taksin站，步行約5分鐘 Price 1小時250泰銖起
■ **at ease Massage及Si Esta** Add 593/19 Soi 33/1 Sukhumvit Rd. Tel (061)682-2878 Time 09:00～00:00 Web atease-massage.com Price 泰式或足部按摩350泰銖／1小時、足部去角質＋足部按摩520泰銖／90分鐘

日式 訓練有素系
Well-trained

Asian Herb Association
日系按摩中心

店面裡也販售獨家
配方的藥草球

　　Asian Herb所使用的產品都是出自自家的有機農場，避免讓客人產生任何肌膚敏感的問題。療程中以獨家配方的藥草球按摩最受歡迎，藥草球內含18種泰式有機藥草，蒸熱後的藥草球放在能量點上按壓。喜歡精油按摩的朋友也不會失望，他們所採用的是自己研發的有機精油，精選自墨西哥荷荷巴Jojoba油，品質相當好；或者也可以選擇純精油腳底按摩＋藥草球按摩。

　　24巷分店移至前方200公尺處；位在Soi 55巷的分店另設有蒸氣房，蒸氣後再做油壓效果更好喔！

這家著名的日系按摩中心，療程套房設有漂亮的衛浴設備及按摩床。如果是第一次到泰國的按摩SPA中心，這裡的環境及服務會讓人有超值的感覺。不過可能是客人很多，有時候也會覺得這裡的按摩師有點制式化。

蘇坤蔚55巷的分店設有藥草蒸氣房，
蒸完後再做精油按摩，效果更好！

No. 38 Infinite Natural SPA
小清新按摩中心

　　原來按摩中心的裝潢設計也可以這麼像咖啡館，No.38的年輕老闆就是希望呈現出與傳統按摩中心完全不同的感覺。這裡最大的特色療程是熱燭油腳底按摩(Aroma Warm Candle Treat)。不過療程中也會使用按摩輔助器具，若不喜歡，可請按摩師用手按摩。

■ **Asian Herb Association** Add 50/6, Soi Sukhumvit 24 Tel (02)261-7401~3 Time 07:00～00:00 Web www.asiaherbassociation.com Trans BTS線Phrom Phong站2號或4號出口，轉進曼谷包店旁的24巷直走約7分鐘即可看到這棟橘色建築 Price 腳底按摩600泰銖。純精油按摩＋藥草球按90分鐘／1,600泰銖起。傳統泰式按摩＋藥草球按摩90分鐘／1,300泰銖
■ **No. 38 Infinite Natural SPA** Add 33/1 Sukhumvit 38 Tel (02)002-9614 Time 11:00～23:00 Web www.number38spa.com Trans BTS線Thong Lo站4號出口，走進38巷，步行約5分鐘，就在Face隔壁 Price 500泰銖起

Refresh @ 24 SPA按摩中心

在24巷閒晃時，被這棟滿有氣質的淡紫色大建築所吸引，進去看之後發現設備及環境相當舒適、寬敞，而價錢卻只算是中價位。試了它的按摩之後，更覺得應該介紹給大家。來自台灣的林小姐，從小全家移民曼谷，幾年前和泰國先生合開這家SPA中心，不但聘請了兩位專職的訓練師，更新或設計新療程之外，還定期檢驗所有按摩師的技巧及工作態度，因此這裡通過了泰國SPA按摩協會檢驗，有品質保證的喔！

特別推薦藥草球按摩，將獨家配方的藥草球浸上精油的 Aroma Hot Oil Compress，對於筋骨痛有舒緩的效果。此外，頭部按摩是採用品質最好的Coconut Virgin Oil，對於髮質保養相當好，對頭痛、睡不好的人也很有幫助。

01: 多加300泰銖就可以在這樣的私人套房中進行SPA療程，後面還有半露天的浴室

> 24巷就位在Emporium百貨公司旁，也是熱鬧的商圈，一路上有很多按摩中心。在Thonglo及Emporium逛累了，可以到這裡按摩放鬆。

02: 其實多人的泰式按摩區就已經很棒了

Rarinjinda Wellness SPA

「Rarinjinda Wellness SPA」連年獲選為泰國最棒的SPA中心，除了精油+藥草球按摩之外，還有設備相當齊全的水療按摩。

01: 採用純天然保養清潔用品及精油
02: 這裡的藥草球按摩也相當知名
(圖片提供 / Rarinjinda)

■ **Refresh @ 24 SPA按摩中心** Add 43 Soi Sukhumvit 24, Klongton Tel (02)259-7235~7 Time 09:30～01:00 Web www.refresh24SPA.com Trans 地鐵Phrom Phong站，轉進曼谷包專賣店Naraya旁的24巷直走約25分鐘，或者在巷口搭摩托車約5分鐘 Price 泰式按摩480泰銖，四手按摩2,000泰銖起，Signature Massage熱油按摩1,650泰銖起，週一～五09:30～13:30常有優惠價 ■ **Rarinjinda Wellness SPA** Add 8th F. Grande Centre Point(Centre Point Phloen Chit 另有分店) Tel (02)6705-599、(02)6705-000 ext.4441 Web www.rarinjinda.com

Ruen Nuad Massage Studio
平價泰風按摩

原位於Silom區Convent Rd.小巷內的木屋按摩，現遷移到蘇坤蔚路31巷，同樣是棟有歷史的泰式庭園建築，提供紮實又平價的按摩服務。

Ban Thai Massage

通常修訂新版時都會默默地把一些老店刪掉，但這家店卻又讓人想重新介紹給大家。

這是我首次體驗泰國按摩的店，當時有位男師傅技法非常好，讓我們對泰國按摩印象大好，真的是按完後走在路上忍不住都微笑了起來。

但後來幾年回去按覺得品質變差了，便沒多加介紹。原來，是後來老闆娘連開了4家店，幾年下來，老闆娘自己也覺得這樣根本就顧不好品質，因此把分店全收掉，專心經營這家本店。

所以，現在品質又超級棒了！

01: 按完後可坐在庭院區，跟老闆或隨意坐下來的旅人聊聊天，好高山路啊

02: 她，真的很棒

■ **Ruen Nuad Massage Studio** Add 18/1 31 Sukhumvit Rd. Tel (088)123-0888 Time 10:30～22:30 FB www.facebook/ruennuadmassage Trans BTS線Phrong Phom站，步行約7分鐘 Price 1小時泰式按摩／350泰銖，精油按摩／700泰銖 ■ **Ban Thai Massage** Add 66 Chakrabongse Rd. Trans 搭乘昭披耶河公船至Phra Arthit站，往高山路方向步行約10分鐘

泰慵懶

Thai Lazy

圖片提供／曼谷文華東方

工作壓力太大，想逃離高壓生活，但又不想花太多錢？讓我們
一起逃到曼谷解壓去吧！這裡有最具歷史風味的東方文華，以
及最有質感的華爾道夫都會風情奢華酒店，各種體貼入微的享
受，他們都幫你安排好了！

文人雅士的曼谷風情

曼谷文華東方 Mandarin Oriental Bangkok

　　1876年開幕至今已140多年的歷史，這是曼谷第一家高級旅館，同時也是曼谷最經典、最可體驗古暹邏文化的五星級旅館。也因為它的歷史背景，讓「文華東方」成為無可取代的豪華酒店。許多名人，像是黛安娜王妃、貝克漢，及眾多好萊塢明星，都選擇下榻文華東方；這裡更是作家的最愛，因此老建築區的房間，以各位作者命名，Author's Lounge下午茶室及旁邊的圖書室，讓文華東方充滿濃濃的人文味。

　　曼谷文華東方的房間，大致分為兩區，首先是「Author's Wing」，也就是一百多年的老建築，這區的經典套房均以作家命名，不但可以欣賞到河景，還可看到美麗的小庭院，深受常客喜愛。其中「James套房」樓中樓的設計相當溫馨，而日本電影《再見，總有一天》的拍攝場景則在Somerset房。另一邊則是較高樓層的新建築，這裡的房間也都可以欣賞到河景，設備及布置較現代化。

　　此外還要特別介紹一下文華東方的「High Tea」，12:00～18:00，推薦淑女們到曼谷可以安排行程來體驗一下遠近馳名的夢幻下午茶。因為，下午茶地點位在文華的百年老建築中庭，明亮的光線由天頂灑滿一室，襯顯出蒼翠綠竹在白色空間中的雅致感，而白色的藤椅則帶出濃濃的東南亞熱帶風情，及一股說不出的優雅，迴旋階梯上的吉他手，輕輕唱著午後的快活。來這裡喝下午茶，真有幸福滿滿的感覺喔！

　　建議在曼谷之行中挑一個午後到這裡享受一下英式優雅，我覺得文華東方的老暹邏風格之美，盡在下午茶室裡。喝完下午茶後也可以到後面的庭院走走，再搭美麗的木雕船到中央碼頭轉接地鐵BTS。

01: 高級的暹邏套房 / **02:** Deluxe River Wing房型 / **03:** 旅館對岸的泰國餐廳，仿如在皇宮享用御料理
(圖片提供／曼谷文華東方)

■ **曼谷文華東方** Add 48 Oriental Avenue Tel (02)2659-9000 Fax (02)2659-0000 Web www.mandarinoriental.com Trans 從BTS捷運Saphan Taksin站轉免費接駁船

我的文華東方慵懶行程

圖片提供／曼谷文華東方

07:00　上瑜珈課或健身，補足一天的能量

搭船到對岸的SPA中心燃起一日所需的能量，或者到對面的網球場、健身房或游泳池運動，開始健康的一天。

08:00　吃個睡衣早餐，享受難得奢侈！

早餐可到河畔，享用豐盛的自助式早餐。或者懶在床上睡到自然醒，讓Room Service推來兩大車裝著元氣早餐的銀盤。看著服務人員為你擺設早餐餐桌，將咖啡、一盤盤麵包、果醬、蛋捲、水果等端上桌，並細心地蓋上擦得晶亮的銀蓋保溫。當你舒服地坐在房內享用大餐，舒緩地看著窗外的河景，人生何不奢侈一次！

09:00　上上烹飪課，偷一點美味祕訣

每天早上在河岸對面的傳統建築中，由文華的主廚及助理群們教導泰國菜。

有些學生還是來自世界各地的餐廳主廚，特地到此取經

12:30　享受任意選擇的午餐心情

文華就是有辦法讓你一整天都出不了門，中餐可以選擇河畔的Lunch Buffet自助餐(週日的海鮮自助餐常是大爆滿)，或可品嘗上海師父的China House中國餐廳(全新打造，超有氣質的中國紅裝潢及仿中國功夫片的廁所)，又或者到對岸的Sala Rim Naam享用豐盛的泰式自助餐。

文華東方的下午茶提供相當正點的甜點，英式鬆餅烤得很有水準喔

15:00　來個文藝下午茶，讓自己深深陶醉吧！

文華東方的下午茶是所有公主貴婦到曼谷必訪之處。下午茶時間還有吉他手坐在2樓的階梯上彈吉他，好一個午後啊！

白色的殖民建築與迴旋階梯、優雅的藤椅沙發、階梯上的吉他手，構築優雅午後的元素

16:30　上SPA中心給自己久違的好氣色

曼谷文華東方專屬配方的身體或臉部療程。

或者，你是有氣魄的男子漢，對於SPA療程沒興趣，那也可以參加文化之旅，對泰國及曼谷文化做更深層的了解，讓你不但是有氣魄的男子漢，還是有深度的魅力男。這個行程最好玩的一點是，它還會安排與高僧會面，暢談人生，另外當然還包括探訪文化古蹟。來趟不一樣的曼谷之旅吧！

圖片提供／曼谷文華東方

洗手間裡的擺飾。很多泰國旅館、餐廳讓人感動的就是這些小地方，看到他們用心地布置每個小角落

19:00　吃晚餐配傳統歌舞，讓這個夜有個精采的開始！

文華東方在文化面的經營很用心，對岸的Sala Rim Naam餐廳，內部設計比照皇室建築辦理，高貴得恰到好處。每天晚上有泰國傳統歌舞及泰拳表演，表演的配菜是泰式套餐。因為這裡幾乎都是觀光客，所以餐點都是改良過的，如果你已經吃慣泰式重口味，可能會覺得這裡的餐點味道有點不痛不癢，記得依照個人情況跟服務人員反應。

這裡的表演倒很值得推薦，桌上有卡片仔細地介紹各種舞蹈的意義。其中最令我印象深刻的是燭火舞，每一位舞者手上拿著蠟燭，優雅地翻轉跳舞，在黑暗中看著燭火跳動，真是迷人。最後還有專門表演給皇室家族看的泰拳及傳統搏鬥。沒興趣看傳統歌舞表演者，可以到河畔餐廳吃BBQ自助餐。

21:00　和爵士女伶相約，感受不凡的高格調

Bamboo Bar在這家老旅館開幕不久即設立，一直都是曼谷最熱門的爵士天堂。這裡專屬的女爵士歌手非常棒，是曼谷相當有水準的爵士樂酒吧。藍色的主調設計，配合著迷人的爵士樂，一面看著窗外的河景，陶醉在美麗的文華之夜，聽起來是不是挺不錯的呢？

曼曼住

Hotel in BKK

文華的Authour's suit (圖片提供／曼谷文華東方)

推薦的訂房網站

▓ www.hostelbookers.com 不用預訂費的青年旅館網站 ▓ www.tripadvisor.com 方便看評價及比價。點選曼谷城市後，會自動排出網友評價排名。只要點選某家旅館，點選「Check Rates」，就會跑出各家訂房中心的價錢，比價變得好輕鬆 ▓ 另一個可比較的是www.hotelscombined.com ▓ www.hotels.com ▓ www. agoda.com ▓ www.booking.com

★ 如果價錢上標有「++」，表示要加服務費(10%)及營業稅(7%)。
★ 搬運行李或放在床頭的清潔小費可給20泰銖或1美金。
★ 大部分旅館都會分吸菸(Smoking)與非吸菸(Non-smoking)樓層，預訂時可以先指明。
★ 高級旅館在網路上訂房較便宜，但記得多比價，有些房價可能比較便宜，但手續費卻比較高。除了比較網站訂房中心的價錢外，也記得到各家旅館的官網看。
★ 旺季是11～2月(乾季、涼爽)、中國春節、潑水節、水燈節。雨季常有促銷價。
★ 外出記得攜帶旅館的名片，有問題也可打電話請旅館服務人員協助，迷路也可派上用場。
★ 3星級以下的旅館，一般都可請旅館給點折扣。
★ 雖然曼谷旅館型態選擇太多，大部分遊客會想換多家旅館，但要考慮到曼谷交通擁塞，常需要花很多時間在交通上。
★ 有些房型是共用衛浴，訂房時務必看清楚。
★ 網路訂房時記得注意取消規定及付費方式(到店或現刷不可退款)、是否含早餐、選擇大床或雙人床、加床費用等。

充滿皇家風味的Plaza Athenee套房

A 高級旅館

四及五星級旅館,全球高級旅館幾乎在曼谷都有設點。五星級旅館一間雙人房約5,000泰銖以上,四星級約3,200～5,000泰銖以上。房間設備及盥洗用品相當齊全,幾乎都提供免費無線上網。建議網路訂房或搭配套裝行程。

B 精品設計旅館

以設計感取勝,價格約2,000泰銖以上。有些用品採用知名的高級精品,這種旅館的酒吧通常很有特色。

圖片提供 / The Eugenia

C 公寓式旅館 Serviced Apartment

提供完善的家具、廚房、洗衣設備,像家的感覺,很適合全家大小或多人共遊。也可包月或包週(Weekly Mansion),住越久就越便宜(一個月約6,000泰銖以上)。

D 連鎖商務旅館

全球連鎖旅館,三至五星級都有,價格通常為中上價位(1,500泰銖以上),旅館內提供完善的商務中心。

E 民宿 B&B 或 Guesthouse

這兩種通常比較溫馨,設備也較簡單,不過有些也以游泳池為訴求。B&B是含早餐的民宿,Guesthouse沒有供應早餐,很多也附設家庭餐廳。

F 青年旅館 Hostel

提供6～10床的通鋪房型,一床約150～300泰銖。通常也有單人、雙人到四人房。有些有共用廚房、自助洗衣間,大部分都有休閒室。

圖片提供／YHA

五大奢華 經典旅館

Royal Offer

Okura Prestige Bangkok

在日本頗具規模的Okura大倉旅館，已在曼谷開設了首家Prestige系列旅館，其特點就是打破制式的日系旅館風格，融入當地文化。例如在大廳就可看到泰國的竹編籃裝置藝術，然而同時也保有日本文化的優良特質，如房間的動線規畫與舒適度都相當良好，開床禮是日本紙鶴，還贈送摺紙，可看著上面的說明摺紙鶴帶回家紀念。辦好入房手續，服務人員帶客人到房間後，也會泡上一壺日本茶迎賓。

此外，曼谷大倉還設置了以日本御料理聞名的Yamazato山里日式料理，這是日本境內首家在頂級旅館開設餐廳的品牌，雖然價位不便宜，但在曼谷卻可以品嚐道地的御料理，主廚及壽司師傅均來自日本，服務人員也身著和服。

此外還有Elements創意西式料理，主廚擅長運用世界各地的食材，變幻出各種創意食品，但創意的背後，在備料方面卻是極為細緻，例如肉品的醃製可能就需要兩天的時間，均屬於較輕盈的菜色，適合淑女享用。而Up & Above Bar的午茶套餐更是超值又優雅。

01: 高樓無邊際泳池
02: 日系酒店的服務體貼入微啊
03: Elements豪華房房型
04: 餐廳戶外用餐區
(以上圖片提供 / The Okura Prestige Bangkok)

■ **Okura Prestige Bangkok** Add 57 Wireless Rd. Tel (02)2687-9000 Time 10:00～22:00 Web www.okurabangkok.com Trans BTS線Ploen Chit站2號出口直通Okura這棟大樓，Boots旁有側門可進入大廳(辦公室區1樓有7-11便利商店及高級食品咖啡店) Price 約6,500泰銖起

華爾道夫奢華酒店
Waldorf Astoria Bangkok

　　Hilton與泰國Magnolias Ratchadamri（MQDC）集團共同打造的曼谷新奢華旅館，就位於四面佛附近，超級市中心的便利地點。

　　旅館還特地請香港知名建築師─傅厚民（Andre Fu）設計，整座建築宛如雅致的木蘭花，而這也正是MQDC集團的標誌。內部則以Andre Fu最擅長的極簡線條，勾勒出時尚的都會感，同時又可從玻璃水燈、家具等細節，充分感受建築師對泰國傳統工藝致敬的心意。

　　而酒吧的部分則是紐約設計公司AvroKO操刀，完整重現紐約華爾道夫風情，調酒更承自華爾道夫經典雞尾酒配方，不但可欣賞優美的高空景觀，還可品嘗美味調酒。

01: 衛浴備品為義大利精品Salvatore Ferragamo的產品
02: 曼谷華爾道夫奢華酒店 (圖片提供／曼谷華爾道夫奢華酒店)

■ **華爾道夫奢華酒店 Waldorf Astoria Bangkok** Add 151 Ratchadamri Rd. Tel (02)846-8888 Web www.waldorfbangkok.waldorfastoria.com Trans BChitlom捷運站或BTS Silom線Ratchadamri 捷運站，步行均約5分鐘

下午茶、早餐推薦

甜點兼容法泰風格

酒店的午茶地點，位於充滿華爾道夫經典元素設計的Peacock Alley孔雀弄廊。而甜點則出自法國甜點師傅之手，保留法國甜品精神外，還融合了泰式口味，創造出獨具曼谷特色的茶點。

內容豐盛多變化

早餐相當豐盛，食材新鮮美味，無論是中式、西式、泰式餐點均相當到位。其中特別推薦泰式辣味的Chiili Eggs Benedict。

01: 茶點精緻豐盛
02: 奢華的香檳酒吧及高空牛排餐廳
03: 時尚格菱紋設計的泳池
04: 56樓的The Loft酒吧，可在此賞景、品嘗承自 Old Waldorf Astoria Bar Book的經典雞尾酒

五大奢華經典旅館

Sofitel So Bangkok

　　Sofitel So Bangkok為Sofitel旗下的So品牌首間在市區開設的設計旅館。地點非常棒,就位在倫披尼公園對面,可以完全無遮蔽地眺望最熱鬧的Siam區,夜間的天際線相當優美,因此晚上總是吸引曼谷潮男潮女到頂樓的Park Society酒吧小酌一杯,與朋友度過歡樂的時光。Sofitel So的整體感覺年輕、歡樂(Fun & Funky),想要呈現出Play for Luxury的感覺,就像Sofitel經典旅館系列的小老弟。

　　但Sofitel So外觀卻是相當低調,當你走進象徵古宮殿門的黑色大門,卻是強烈的設計感,給予一種Intensive Living的感覺,就連服務人員的服飾都是知名法國時尚設計大師Christian Lacroix的作品。

　　整間旅館的設計也由Christian Lacroix與不同的泰國建築師合作,並由對面的大綠園擷取靈感,將大自然的五元素納入建築中,整棟建築就好像5個區塊堆疊而成,分別為金、土、木(房間)、水(泳池)、火(餐廳)。

　　最令我印象深刻的是登記入房的程序,服務人員會請客人先到旁邊的沙發休息,接著服務人員會帶著神奇飲料過來現調給賓客享用(驚喜!),客服經理會拿著旅遊資訊及iPad過來介紹旅館設施及曼谷旅遊資訊,讓你入住後不錯過旅館內的任何享受。設施方面包括按摩及設備No. 1的SPA、可眺望倫披尼公園的無邊際泳池、So Fit健身房、桑拿房(還有個開放的屋頂綠地)。

　　以週末早午餐聞名的Red Oven屬性為火,因此大量採用深紅色為基調,並以世界廚房為概念,

將各國食物擺放在此,讓人彷彿走進一個熱鬧的市集,歡樂享用餐點。這裡是早餐及週末自助餐區,均可選擇自助餐或是單點方式(單點約400泰銖起)。

房間的部分也相當有趣,共分為土、鐵及水3種房型:土就像設計師住過的洞穴,打破制式的色彩,以深藍為強烈的視覺效果,並繪製洞穴裡看到的動物。每一種元素區均自成一格,廊間都設有個類似堂區的空間。譬如:土元素的堂區立著黃色火焰造型,就像部落聚集之處。而鐵的設計擇將走廊漆得黑沉,但一打開門卻是大驚喜的全白。木元素:房間大量採用溫暖的木質效果並擁有大量採光,以傳統泰屋的遮光窗為浴室隔牆,讓線條延伸到戶外的綠園。

房內提供免費網路,還有高科技的Apple Mac mini solution,讓你可直接在數位電視上網、看影片、照片、看電視、聽廣播等。房內的Mini Bar都是免費的,也提供illy咖啡機。

此外,1樓大廳還有個小小的巧克力工坊Chocolab,可在此享用巧克力下午茶或學習如何製作巧克力甜點。可可食材都是由法國進口,更有趣的是,巧克力的設計也很時尚喔!

01: 早晨的景致 / **02:** 早餐非常豐盛,有很多特別料理
03: 1樓大廳的巧克力工坊 / **04:** 法國餐廳的料理漂亮又美味
05: 大廳較有設計感 / **06:** 樸質的木房型,設計感覺較溫馨
07: Park Society高級法國餐廳 / **08:** 大廳酒吧

■ **Sofitel So Bangkok** Add 2 N Sathon Rd. Tel (02) 624-0000 Web www.so-sofitel-bangkok.com Trans MRT線Lumpini站,步行約3分鐘

暹邏凱賓斯基 Siam Kempinski

想找一家購物、交通便利，同時又有度假氛圍、服務專業的度假旅館？那麼位於暹邏百貨公司區的暹邏凱賓斯基應該是你的首選。

這家旅館可說是位於中心的中心，但卻又呈現出濃濃的度假風，在細節中處處隱顯泰國文化，可真堪稱為「城市綠洲系旅館」。而凱賓斯基也真的努力為遊客創造出最棒的度假中心，廣大的泳池環繞著旅館，有些房間只要打開落地窗就可直接跳進泳池，此外這裡還有曼谷市區最大的兒童俱樂部Kids Club(4～12歲)，還包括旅館揭祕之旅(Back of the House Tour)，一窺旅館內部廚房、洗衣房、機房等到底是怎麼運作的。

旅館內有丹麥米其林主廚開設的Sra Bua泰式分子料理餐廳，完全翻轉大家對泰國料理、甚至小吃的刻板印象。但即使外觀形式完全不同，骨子裡的味道卻神奇得道道地地。

這家旅館最適合最後1～2天住宿，旅館側門出去就是Siam Paragon、Siam Center百貨群，要享用美食、購物都超級便利，從這裡叫車到機場也較有保障。

01: 大廳的5根柱子象徵著5根手指，就像泰國人向客人打招呼

02: 房間布置雅致，設備真是舒適無比

03: 市中心鬧區的度假型旅館，有些房間可以直接從房間跳進泳池

04,05,06: Sra Bua是丹麥米其林主廚開設的泰式分子餐廳，道道是驚喜，外表完全看不出是哪一道泰國菜，吃到嘴巴嘗到味道後，卻讓人可以馬上辨識出來，可見主廚的功力

07: 這裡的早餐實在是太強了，記得點菜單上的驚喜早餐喔

01 / 02 / 03 / 04 / 05 / 06 / 07

■ 暹邏開賓斯基酒店 **Siam Kempinski** Add 991/9 Rama I Rd. Tel (02)162-9000 Web www. kempinski.com Trans Siam站3號出口，穿過Siam Paragon百貨，由後門出來即是旅館

香格里拉 Shangri La Hotel

同樣位於昭披耶河畔的旅館,是所有河畔旅館中最靠近BTS地鐵站的,香格里拉旅館共有866間客房,每間都可看到河景,它還是綠色環保聯盟的會員,強調旅館內都採天然產品及建材,有些房間的盥洗用品是用法國的歐舒丹產品。房間設備算是中規中矩的五星級設施,偏泰式風格。但服務非常專業、貼心,讓人備感尊榮,忍不住要大力推薦。

■ **香格里拉 Shangri La Hotel** Add 89 Soi Wat Suan Plu, New Rd. Tel (02)2360-7777 Fax (02)656-1666 Web www.shangrila.com Trans BTS線Saphan Taksin站3號出口,步行約2分鐘 Price 6,800泰銖起

01: 經典旅館的專業服務
02: 昭披耶河畔的旅館
(以上照片提供╱Shangri La Hotel)

其他奢華旅館推薦

The Siam

泰國傳奇家族所創立的河濱旅館,整座旅館就像是古董展覽空間,另還提供各種當地文化體驗。

St. Regis

來自紐約的St. Regis,選擇在四面佛附近落腳,提供最頂級的超五星級服務。

Anatara Siam

原四季現改為Anatara Siam,服務及旅館設施都不變,還提供Smart Phone的智能服務。

Peninsula

昭披耶河畔的半島酒店,在曼谷市區打造優雅的度假環境。

Plaza Anthenee

位於安靜的Wireless路上,高貴不貴,就像一朵隱而不彰的蓮花。

Sukhothai

泰國的經典旅館,完整呈現泰國文化的典雅與內斂。

Phranakorn Nornlen 樂活住宿

曼谷開設多年的民宿,在曼谷安靜的角落,默默提供一個充滿樂活文化的住宿環境。業主租下這棟泰國皇室所屬的老房舍後,花了2～3年時間慢慢整理,共有32間房,並請畫家朋友為各間房間彩繪;聽說這位藝術家的風格其實是很黑暗的,但是旅館主人為了發掘他不同的畫風,特地請他畫出較輕鬆、明亮的感覺,當你踏進房間時,絕對是驚訝連連。

一抵達旅館,馬上是真誠的笑容迎接你,辦完入房手續後,服務人員會拿出地圖,為客人詳細地解說曼谷有哪些景點、要如何防騙等;接著帶你到房間,輕輕打開老木門,詳細解說各種設施,並為你設定好CD播放器,讓房間充滿輕柔放鬆的音樂。

這裡的頂樓還有個有機農場,供應酒吧及早餐的食材。我自己特別喜歡它洗手乳的味道,一問之下,才知道旅館內所使用的各種盥洗用品,都是員工自己做的。後來採訪才了解:他們把員工當作是這家旅館最有價值的資產,鼓勵員工自我成長,嘗試各種不同的領域,發掘各種才能。因此,員工把這裡當作是自己的家,把每位房客當作自己的朋友,讓整座旅館成為一個有生命的有機體。入住這裡還能體驗烹飪等當地文化行程。

民宿的地點雖然較為偏僻,但如果你想安靜享受曼谷小日子,這是一個可以放鬆、自由呼吸的空間,想到曼谷解壓清空腦袋,來吧!

這家應該算是我對曼谷最難捨的牽掛,怎麼說呢?因為這裡有教我兩堂泰文課的老師、有讓我一踏進門就不想離開的庭院與房間、有五彩繽紛的有機早餐,以及最親切的問候。

在曼谷採訪的我,一家旅館搬過一家,一直到入住這家小旅館之後,才終於有種安定的感覺,看似隨意的庭園,讓人覺得回到老家似的。1樓的公共空間,都是木質桌子,上面放著充滿泰國風味的抱枕,木桌上則是藝術家朋友所彩繪的圖案,對面開放式的小屋,一邊是吊著老風扇的免費上網區,另一邊則是按摩區(只要向服務人員提出要求,就會請來超有力的媽媽級按摩師,1小時300～350泰銖,功夫超讚!)。

■ **Phranakorn Nornlen 樂活住宿** Add 46 Thewet soi 1, Phranakorn, Bangkhunprom, Krung-kaseam Tel (02)628-8188 Fax (02)628-8600 Web www.phranakorn-no rnlen.com Price 雙人房2,600～2,800泰銖,單人房2,200泰銖,家庭房4,200泰銖 Trans 搭昭披耶河公船至 Rama 8 Bridge站,步行約15分鐘或轉搭計程車

01: 一踏進旅館大門，就是這片庭園，好舒服、自然的空間

02: 陽台的小空間，可以看雲、吹風、發呆

03: 各種散發自然氣息的彩繪

04: 每間房間都是藝術家精心彩繪給人一種自由的清新感

05: 公共空間設有免費電腦及圖書

06: 早餐就是在這麼清新的地方享用

07: 舒適又溫馨的房間布置

08: 用餐桌也是專屬藝術家的彩繪作品

09: 雖然是老建築，但衛浴設備都很現代化

五大當地特色設計旅館

Hua Chang Heritage
現代暹邏公主系旅店

> **01**

　　一踏進位於Siam Discovery對面的白色旅館，就可看到穿著現代暹邏設計的服務人員親切地問候，而這也是這家旅館的主軸，在浪漫甜美的風格中，還傳承著古老的暹邏文化。就像百年前當西方人剛來到泰國時所住的好家庭，整體布置充滿了復古、溫馨的感覺。

　　Miss Siam餐廳也很值得一嘗，提供各種古老的傳統泰食。而Ivory Lounge的超值泰式下午茶更是推薦(請參見P.102)。此外，每週五、六19:30在庭園區還有現場音樂演出，在這區逛街逛累了，可以到這裡用餐、聽音樂。

> **02**

01,06：位於市中心購物商圈的白色浪漫天堂
02：房間設計完全抓住女孩們的浪漫夢想，打造了公主房。
　　而房間內還有許多貼心的小設計，如門鈴竟然是泰國音樂
03：Miss Siam泰式餐廳不但環境優雅，還有許多即將失傳的老泰菜
04：庭園的酒吧區每週五、六有現場音樂表演
05：房間設備全採智慧操控

> **03**

> **04**

> **05**

> **06**

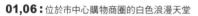

■ **Hua Chang Heritage** Add 400 Phayathai Road, Pathumwan Tel (02)217-0777 Web www.huachangheritagehotel.com Price 3,000泰銖起 Trans Siam站或National Stadium站

Hotel Muse Bangkok

一走進Hotel Muse,大束白色迎賓花朵、親切可人的木質接待小桌、溫暖的沙發與大廳氛圍……讓人立刻感受到拉瑪五世時期濃濃的異國旅行氛圍。拉瑪五世是首位將歐洲文化帶入泰國的國王,因此在旅館設計中可看到歐洲主體及泰國細節,營造出獨有的暹邏美學,彷彿入住充滿異國風情的歐式皇宮。

房間的設置也相當優雅,床更是舒適無比,會讓人離開後還懷念不已。餐廳部分除泰式餐廳Su Tha Ros(也是早餐用餐處),還有注重食材、以慢食料理方式烹煮的義大利餐廳Medici Kitchen & Bar,中餐推出價格親切的套餐。1樓大廳旁的Le Salon則充滿了旅行元素,完全是讓人全身分子躍動,提供價位合理的下午茶,傍晚也有許多客人喜歡在戶外的高腳桌上喝香檳。而頂樓的The Speakeasy屋頂酒吧,其慵懶的氣氛、高雅的布置,成為曼谷市區新興的屋頂酒吧區,週末總是充滿曼谷時尚人士。

01: Lobby充滿優雅歐風的大廳(圖片提供/Hotel Muse)

02,06: 舒適的房間設置

03: 大廳的Le Salon茶室

04: 小巧的游泳池

05: 大廳的公用電腦桌(圖片提供/Hotel Muse)

■ **Hotel Muse Bangkok** Add 55/555 Langsuan Road, Ploenchit Road Tel (02)630-4000 Web www.hotelmusebangkok.com Price 約5,000泰銖起 Trans BTS線Chit Lom站4號出口,下樓梯後往回走轉進Lang Suan路,直走約10～15分鐘 Info 可以要求不要住12樓

Indigo新潮設計旅店

　　Indigo的精神是要讓人不只是入住一家旅店，而像是住進一個有生命的小社區。在這裡，不但有當地文化元素的新潮設計，還有貼心、親切的服務。我們在曼谷Indigo大廳所看到的亮黃色三輪車，就是Indigo精神的表現，而入住過程的親切問候及最後的抽獎遊戲，更讓人小小感受到入住Indigo的趣味。

　　旅館規模其實並不大，提供簡單的泳池及健身設施，2樓的酒吧是許多西方遊客喜愛喝點小酒的地方，而泰式餐廳週末更提供超值吃到飽晚餐。

01：這輛黃色的三輪車可說是Indigo精神的體現／**02：**房間設置簡潔，床很舒服
03：電梯及公共區域也有些好玩的小設計，整體感覺新潮而有活力

Bangkok Marriott Hotel The Surawongse 萬豪蘇拉旺酒店

　　相較於萬豪馬奎斯皇后公園酒店，2017年底開幕的蘇拉旺五星級酒店，從外表看顯得小巧許多，不過旅館內部其實很深長，並以泰國傳統手繪圖裝飾，展現出雅致的現代泰式風格。除了一般客房外，也規劃了設施完善的公寓式客房，適合家庭旅遊。

■ **Indigo** Add 81 Wireless Road Tel (02)207-4999 Web www.ihg.com Price 約4,000泰銖 Trans BTS線Phloen Chit站5號出口，沿Wireless路步行約7分鐘 ■ **Bangkok Marriott Hotel The Surawongse** Add 262 Surawong Rd. Tel (02)088-5666 Web marriott.com Price 4,300泰銖起 Trans BTS線Chong Nonsi站或Surasak站，均約15分鐘路程 ■ **Riva Surya** Add 23 Phra Arthit Road, Phranakorn Tel (02)633-5000 Web ww.snhcollection.com/rivasurya(官方網站常推出不同的優惠方案) Price 約3,200泰銖 Trans 由Saphan Taksin站中央碼頭搭昭披耶河公船到13站Phra Athit站，下船後走出碼頭，到大馬路右轉直走即可看到

Riva Surya河濱浪漫系旅館

　　Riva Surya就位於高山路附近的Phra Arthit船站附近，入住這區可遊逛高山路、金山寺運河區，也可延伸到大皇宮、臥佛寺等古城景點，晚上還可暢享各種小吃，旅館對面更是這區知名的現場音樂小酒吧聚集區。由於這家旅館就位於河濱，水燈節期間入住更增添過節氣息。

01：大廳入住辦理區，服務親切有禮／**02：**淡雅的房間設計
03：搭乘電梯的地方小有圖書館的氣質／**04：**面河的泳池及用餐區

其他特色設計旅館推薦

Pullman Hotel G
重新整修過的設計旅館，房間設計清新舒適，頂樓的餐廳更是搶眼，也是絕佳的賞夜景地點。

W Hotel
全球連鎖設計旅館，融入了許多泰國當地的特色文化，房間內的枕頭還是泰拳手套呢。

Hansar
在簡潔利落的風格中，融入自然元素，旅館隨處可見的綠意，竟然還延伸到房間裡的整面牆。

Mode Sathorn
近年最夯的設計旅館，就在Surasak捷運站旁，交通相當便利。

71

Hilton Sukhumvit Bangkok及 DoubleTree by Hilton Sukhumvit 有故事的兄弟旅館

「希爾頓素坤逸」及「素坤逸希爾頓逸林」這兩家兄弟飯店前後緊連著彼此,之間有步行通道相通。這兩家旅館跳脫希爾頓的商務旅館形象,特別請來知名的PIA Interior設計團隊打造(Hotel Muse也是他們的作品),讓這兩家旅館成為有故事的旅館。

一踏進大廳就可看到兩座白色雕像,原來是移民到美國紐約的義大利人Jay與他親愛的Daisy。整座旅館設計就是以他們假想的故事延展開來的,例如2樓的Scalini義大利餐廳可看到貨櫃元素,象徵著漂洋過海的移民背景。當時無酒不歡的義大利人,就是把酒藏在這些貨櫃中。這裡週日還提供豐盛的早午餐。

而24樓的會議室更是特別,就好像來到紐約的富豪閣樓中,完全沒有嚴肅冰冷會議室的感覺。房間布置以舒適為最大訴求,備品也緊繫著設計主軸,選擇紐約頂級品牌PETER THOMAS ROTH,高級房型還貼心地備置按摩皂及洗面皂。

後側的逸林旅館則是年輕中價版,公共區域的布置散發著濃濃的復古氛圍,尤其是餐廳的設計,令人眼睛為之一亮,看到自助式吧台上那豐盛的海鮮,眼睛可瞪得更大了!再仔細往上看,餐廳天頂的盞盞掛燈,呈現出泰國特有的水燈節文化。

希爾頓是寵物友善旅館,每一間房都可帶一種動物入住。另也專為孩童設計各種活動,因此也很適合家庭旅遊。希爾頓尤其注重回饋社會,每年定期都會捐善款幫助弱勢團體及附近社區,賓客若願意,旅館也可以代為安排。

■ **Hilton Sukhumvit Bangkok及DoubleTree by Hilton Sukhumvit** Add 11 Sukhumvit Soi 24 Tel (02)620-6666 Web www3.hilton.com Price 3,500泰銖起 Trans Phrom Phong站2號或4號出口,往Naraya曼谷包這條巷子直走約5分鐘 Info 推薦附近的按摩店at ease 及Refresh@24

01: 集結交通便利、設計、頂級旅館於一身的希爾頓，可是一座有故事的旅館

02: 充滿綠意的窗邊座位是旅客最喜歡的用餐區

03: 高級套房，房間及衛浴都相當寬敞

04: 優質的早餐也值得你早起慢慢享用

05: 逸林早餐

06: 逸林充滿年輕氣息的泳池，旁邊還設有兒童遊戲室

07: 2樓的餐廳設計充滿漂洋過海的移民元素

08: 逸林酒店豐盛的自助式餐點

09: 逸林悠閒一隅

10: 在旅館內隨處可見的雕像Jay & Daisy。Jay是一位移民到美國致富的義大利人，與親愛的Daisy一起旅行到曼谷，在這座旅館展開他們的甜蜜生活，旅館設計就是緊繫著這個主軸，隨處可看到一些小故事正在發生著

Amara Bangkok
華麗夜景盡收眼底

　　Surawongse路上新開的四星級旅館，距離著名的帕彭夜市不遠。房間布置簡潔利落又舒適，尤其推薦升級住Club Room，可享用20樓Club行政樓層的免費餐飲、傍晚的雞尾酒餐飲、行政樓層專屬的早餐用餐區，還提供每天3件衣服免費燙洗、免費電子報章雜誌。

　　半露天的地下樓層則是美味的現代泰式餐廳Element，料理口味相當正統，除了提供一般遊客常點的經典菜肴外，也有一些較特殊的料理，擺盤與分量都相當有誠意。樓上的泳池酒吧，則適合餐後過來小酌、欣賞曼谷市區夜景，19:00～21:00還推出酒品買一送一優惠。

Well Hotel Bangkok
地點極佳清雅旅館

　　位於蘇坤蔚Asok站與Phrom Phong站之間的Well Hotel，是曼谷熱門旅館。因為這裡的地點好，無論到Terminal 21或EmQuartier都方便。房間布置清新中又顯浪漫，價格也相當合理，因此總能獲得精打細算旅人的青睞。更好玩的是，若是訂ExecutiveSuites高級套房，房間客廳還設置私人跑步機、瑜伽設備，不出房門就有專屬健身房了。

01: Club房型
02: 屋頂酒吧AkaAza Rooftop Bar（圖片提供／Amara Bangkok）
03: 現代泰式餐廳中餐為自助式餐點，晚餐為單點式正餐（圖片提供／Amara Bangkok）
04: Well Hotel Bangkok清雅的大廳設置
05: Well Hotel Bangkok的床舒服，真能Sleep Well

Renaissance
地點最便利時尚旅店

位於四面佛旁這座高貴又不太貴的旅館,可說是購物狂的首選,斜對面就是Central World購物中心,暹邏百貨商圈、水門區也都在步行範圍。地點便利之外,旅館還充滿著時尚的設計風格。房間收納做得相當好,也提供一些貼心的服務。早餐更是豐盛,傍晚還可到高樓泳池沁涼賞景。

蘇坤蔚15巷另有一家差不多價位的五星級旅館Movenpick Hotel。

01: 這家高貴不太貴的時尚旅館,就位於四面佛旁的Erawan百貨隔壁
02: 旅館成功營造出時尚氛圍
03: 房間動線相當舒適

■ **Amara Bangkok** Add 180/1 Thanon Surawong Tel (02)021-8888 Web bangkok.amara hotels.com Price 3,300泰銖起 Trans 距離BTS線Chong Nonsi站及MRT線Sam Yan站約600公尺,10分鐘路程;距離BTS線Sala Daeng站約800公尺 Info 3站均有免費接駁車往返
■ **Well Hotel Bangkok** Add Sukhumvit Soi 20 Web www.well hotelbangkok.com Trans MRT線Sukhumvit站步行約10分鐘
■ **Renaissance Bangkok Ratchaprasong Hotel** Add 518/8 Ploenchit Road Tel (02)125-5000 Web www.marriott.co.uk/hotels/travel/bkkbr-renaissance-bangkok-ratchaprasong-hotel Trans Chitlom站2號出口,下樓梯後往回走進停車場,穿過停車場即可抵達大廳入口(從捷運站天橋就可看到標有R的玻璃大建築) Price 4,500~5,000泰銖起

IBIS Bangkok Siam /
Mercure Bangkok Siam
百貨商圈平價選擇

　　想住在設計品牌雲集的Siam Center及Siam Discovery、逛不完的MBK、Siam Paragon貴婦百貨、泰版西門町的Siam Square環繞的旅館？那麼IBIS Siam及進階版的Mecure Siam應該是不錯的選擇。旅館就位在捷運站旁，走上天橋就可輕鬆又安全地抵達各家百貨。雖然房間幾乎是全球統一規格，沒什麼驚喜，房間空間也不是太大、設備簡單，但這也反應在價格上了。入住這家旅館就是取其平價及便利性，否則可以考慮緊鄰的Mercure Bangkok Siam，設施都升了一級。

01: 具現代設計感的平價商務旅館 / **02:** 雙人大床，房間坪數不是很大，但很乾淨、有設計感

■ **IBIS及Mercure Siam** Add 927 Rama 1 Road Tel (02)659-2888 Web www.accorhotels.com Price IBIS約1,800泰銖起，Mercure約2,500泰銖起 Trans BTS線National Stadium站
■ **Novotel Bangkok Platinum Pratunam Hotel** Add 220 Petchaburi Road Tel (02)160-7100 Web www.accorhotels.com/zh/hotel-7272-novotel-bangkok-platinum Trans BTS線Chitlom 站往Central World方向出站，下樓梯到1樓往水門市場方向走約12分鐘(會經過小吃區及小橋) Price 3,500泰銖起

Novotel Bangkok Platinum Pratunam Hotel

　　水門區的購物中心實在是逛不完，要不直接入住緊鄰的旅館？那麼Novotel水門鉑金酒店當然是首選。旅館就緊連最好逛的Pratunam Fashion Mall，兩棟相通的購物中心，愛逛多久、就逛多久。還不過癮，可再走到後面的Central World四面佛商圈，繼續拼戰！Siam Square另有一家Novotel分店。

其他購物交通最便利旅館推薦

Hotel Clover Asoke

在Asok地鐵站就可看到的平價旅館，位置超棒，最適合愛在外面趴趴走、不重睡覺的旅人。

S15及S31 洗練設計旅館

最早的一批設計旅館，都位於蘇坤蔚路上，交通都算便利，房間也有一定水準(約2,500～3,500泰銖)。

Compass Skyview 時尚旅館

位於Phrom Phong站、Emporium百貨旁的24巷，具設計感，頂樓的酒吧也相當推薦。

The Continent Hotel Bangkok by Compass

這家高貴不貴的5星級旅館就位於Asok及Sukhumvit捷運／地鐵站旁，交通相當便利(約3,000泰銖起)。

萬豪公寓式旅館

位於Thong Lo捷運站不遠處的57巷口，頂樓設有氣氛很棒的高空酒吧。

Holiday Inn Bangkok

旅館位於四面佛斜對面的Chitlom站，方便步行到暹邏百貨商圈或水門區。

U Sathorn 市區度假旅館

　　U Hotels近年積極拓點，曼谷更是一口氣推出兩家風格全然不同的旅館：U Sukhumvit及U Sathorn。

　　為何說U Sathorn最適合家庭旅遊者呢？因為旅館開設之前，先認真調查了旅行者的需求，制訂了各項獨特的Unique Concepts，例如：最棒的24小時入住方式，例如你下午3點入住，就可以住到隔天下午3點；每次入住還可以享受一次任何時間、任何地點的早餐服務；每週三提供免費的倫披尼公園慢跑活動、週六早上的單車行程等(需提前預約)；一般Mini Bar都要收費，但入住這裡卻可以在Mini Bar選擇一種飲品，作為免費歡迎飲料。

01
02
03
04
05

■ **U Sathorn** Add 05 Ngam Duphli Alley, ซอย โปร่งใจ Thung Maha Mek, Sathon Tel (02)119-4888 Web www.uhotelsresorts.com Price 2,800泰銖起 Trans 旅館位於難找的深巷內，記得請計程車打電話請櫃檯說明如此抵達；旅館提供免費接駁，每小時一次到MRT線的倫批尼地鐵站，距離Sala Daeng站約10分鐘車程 Info 週末很滿，最好先預訂；建議從官網訂，若需要做任何更改會比較方便

　　這麼悠閒的入住方式，最適合家庭或任何想要輕鬆度假的旅遊者了，根本就可以在旅館內放鬆一整天不用出門。而且入住這裡，旅館會從每一晚的入住費中抽1美元出來放進U make different的善款中，每年總能累積為數不小的金額捐給需要的團體。

　　U Sathorn雖然在曼谷市區，但卻宛如坐落在小島的度假旅館一般。整體設計還承襲著這區的老法國氛圍，散發著浪漫的法國風。就連餐廳都特別聘請法國米其林主廚到此開店，週日還提供Sunday Brunch。這裡的超值下午茶更是推薦！

01: 隱藏在曼谷商業區中的度假旅館
02: 辦理入住手續時，服務人員還會捧來一盒香皂，讓客人自己選擇喜歡的香皂味道及茶包口味
03: 房間在淡雅中帶著迷人的氣質 / **04:** 庭院的房型還提供免費下午茶
05: 每次入住可享一次任何地點、任何時間的豐盛早餐
06: 健身房24小時開放，還配有最新科技免費單車，讓客人探索鄰近區域(這裡很靠近倫披尼公園)
07: 鋼琴掛在天花板上的法國米其林餐廳 / **08:** 早餐就在米其林餐廳裡

Eastin Grand Hotel Sathorn

　　Eastin集團開設的五星級旅館，Surasak捷運站直通，交通非常便利。而且以價格來講，算是相當超值的五星級旅館。房間雖然是一般商務旅館布置，但寬敞而舒適，早餐相當豐盛。

■ **Eastin Grand Hotel Sathorn** Add 33/1 South Sathorn Road Tel (02)210-8100 Web www.eastingrandsathorn.com Trans BTS線Surasak站 Price 3,800泰銖起

五大最適親子家庭房

Villa Phra Sumen

　　除了交通便利的蘇坤蔚路或Silom區，其實近年來曼谷的古城區也發展得越來越有趣，不再只是大皇宮而已。很推薦大家可以找一、兩天入住這區，逛逛老街巷，探尋各家老屋改成的咖啡館、小藝廊、老商家，在這裡可以體驗到很不一樣的曼谷。

　　Villa Phra Sumen位於最有趣的Phra Sumen街上，是一家靜謐的度假旅館。隱私性高，進門之前都會有守衛先確定，因此裡面相當安全，可以讓小朋友快樂在草地上奔跑，而且全館也是非吸菸旅館，9歲以下的小朋友都可免費入住，房間還可加床變為寬敞的家庭房。此外，旅館還會推出一些文化之旅，每個月有一次免費主題導覽。

01: 最頂級的房型相當寬敞、還有半露天按摩浴缸 / **02:** 位於老城區隱私性高的小型度假旅館
03: 藉由房內一些小點及細節布置，將泰國文化與客人分享 / **04:** 整體風格很符合這區的泰式懷舊慢生活
05: 孩子可以在這片綠草地上自由奔跑 / **06:** 旅館內的特色商店

■ **Villa Phra Sumen** Add 457 Phra Sumen Rd. Tel (080)085-0085 Web www.villaphrasumen. com Trans 從水門或體育館站(Jim Thompson後面)搭乘空盛桑運河到最後一站Panfa Leelard，出碼頭後往白色堡壘走，過馬路從Queen's Gallery旁這條路走進來，直走約5分鐘即可抵達 Price 2,300泰銖起

Oriental Residence

　Oriental Residence以公寓旅館的方式經營，可短租也可長租，且所有的服務均比照五星級旅館。從彷如清新百合的大廳風格到房間設置，完全是家Lady Friendly的旅館。無論是朋友同行或家庭旅遊，都相當適合。每間房間除了有寬敞的衛浴設備外，還有廚房及洗衣設備。Café Claire還提供精緻的早午餐及超值的下午茶。(請參見P.101)

01

03

04

05

02

01: 大廳清新幽雅的設計，彷如一朵清香的百合
02: 雅致的房間設計
03: 寬敞的衛浴設備，完全符合淑女的需求
04: 每間房都有廚房及洗衣設備
05: 全天供餐的Café Claire

■ **Oriental Residence** Add 110 Wireless Rd. Tel (02)125-9111 Web www.oriental-residence.com Trans 位於BTS線Ploen Chit站及MRT線Lumpini站之間，約15分鐘步行時間，旅館提供免費接駁車到Chit Lom站 Price 約4,000泰銖

五大最適親子家庭房

Centre Point Terminal 21

Grande Center Point位於Terminal 21商場樓上，是公寓式旅館，很適合家庭旅遊者，也設有兒童遊戲室及廣大的庭園式戶外泳池區。血拼後可直接回房放東西、休息，想用餐直接下樓到商場的美食區，就可享用超值泰國餐點。

Terminal 21樓上的旅館、捷運直通，最適合推嬰兒車者，住在這種主要地標，搭計程車回旅館也較沒問題

■ **Centre Point Terminal 21** Add 2,88 Sukhumvit Soi 19 (Wattana), Sukhumvit Rd. Tel (02)681-9000 Web www.grandecentrepointterminal21.com Trans Asok站或MRT線Sukhumvit站直通旅館，旅館入口位於商場後面，商場內也有門直通 Price 3,500泰銖起

其他家庭旅館推薦

Centara Watergate Pavillion

除了經濟超值的一般房外，還設有親子房，就位在水門購物區(不過距離捷運站有一小段路)。類似等級的還有Galleria 12 Sukhumvit。

圖片提供／Centara Watergate Pavillion Hotel Bangkok

Somerset Lakepoint

這家旅館雖然距離捷運地鐵站有一小段路，但旅館提供免費接駁，且為公寓式旅館，設施也較為高級，相當適合帶父母同遊者(只是早餐應該可以更好)。

Cape House Serviced Apartment 公寓式旅館

典雅的公寓式旅館，管理及服務專業，所在區域也相當安全。

Evergreen 長榮酒店

台灣長榮酒店開設的曼谷分店，氣氛溫馨，若是帶父母或親子同遊，會多點安心感。附近的The Pad Silom則是設有1～2房的公寓式旅館。

Urban House 民宿

民宿老闆娘超級細心、溫暖，可以很安心入住，適合帶父母同遊者。(請參見 P.83)

五大高CP值 經濟旅館

Best Value

超親切的老闆娘，民宿就位於安靜的小巷內。

Urban House 溫馨民宿

雖然說最近曼谷的民宿選擇多了許多，但再次入住，還是相當推薦Urban House。最主要是民宿女主人實在是太好了，讓人感受到泰國人的溫柔接客之道，住進這裡，就有種完全安心的感覺。而且以房間的設施及清潔度來講，房價根本就是佛心來著。

本棟的房間重新整修過，推薦大家到曼谷可以住住泰國民宿，稍微感受一下泰國文化。巷口還有一家布置相當溫馨的公寓式民宿，設備完善、舒服，老闆娘會說一些房客需要知道的重要中文單字。

由於這一區後面是財經商業區，中午的時候隱身在大樓內的上班族都會走出來吃午餐，往民宿的小巷子竟然擺滿了賣衣服、飾品的小攤販，小巷與Saladaeng路的轉角還有一區市集美食區，裡面販售各種日常生活用品、衣服、鞋子跟小吃，這是可以便宜吃一餐或Shopping的好地方，可別錯過喔！

01: 房間總是清理得非常乾淨
02: 明亮的共用客廳
03: 巷口公寓的公寓式套房，共有兩張雙人床，床頭都有超多插頭
04: 房內設有廚房設施

■ **Urban House** Add 35/13 Soi Yommarat, Saladaeng Road, Silom Tel (081)492-7778 Web www.urbanh.com Trans BTS Sala Daegn站4號出口，往回走到第一條巷子Saladaeng Road轉進去直走，看到Zanotti之後，轉進小巷子，再轉進第二條小巷就是了 Price 雙人房1,350泰銖起

Citadines Apart'hotel

　　Citadines隸屬於新加坡Ascott集團的中價位公寓式旅館，在曼谷市區設有好幾家分店。整體設計明亮、現代化，房間設備完善，還提供簡單的廚房設備。有些房型設有2房，適合家庭入住。蘇坤蔚路Soi 11巷的分店適合喜歡夜店者；Soi 8分店位於巷底，但房費通常較便宜些；Soi 16分店的位置最便利，距離BTS的Asok／MRT的Sukhumvit站近；23巷的分店較安靜些，但也同樣搭旅館的嘟嘟車接駁才方便。

　　此外，若週末想逛恰圖恰市集者，也可考慮Vic3 Bangkok，就位在捷運站旁的小巷，由機場捷運轉搭BTS線過來很方便，到恰圖恰市集也只有3站。

01: 蘇坤蔚路Soi 8巷底的Citadines／**02:** 房間設置雖簡單卻很實用
03: 明亮現代的客廳設計(圖片提供／Citadines)

什麼是公寓式度假旅館(Serviced Apartment)？

　　歐洲流行多年的度假公寓，在曼谷也越來越多，這樣的住宿環境通常分為1～4房的公寓，內含廚房與烹煮器具、客廳、洗衣設備等，多了一股家的溫馨感，成功抓住短暫商務旅行或全家大小一起旅行的客群(Centre Point及Somerset也提供公寓式旅館)。

■ **Citadines Apart'hotel (Sukhumvit 11)** Add 22/22 Sukhumvit 11, Sukhumvit Road Web www2.citadines.com Trans BTS Nana站搭旅館免費嘟嘟車，約5分鐘車程 Price 每天價錢約2,900～4,600泰銖(網路價約1,900～3,200泰銖)，每月約39,900～71,400泰銖

Two Three A Homely Hotel
無印系寧靜旅館

位於MRT Sukhumvit站周區小巷裡的安靜旅館，純白色的外牆建築搭配木質裝潢，散發著清逸又有質感的無印風。旅館雖位於巷弄裡，但距離主要道路及Terminal 21並不太遠，是個安靜的休憩地點。有些房型也提供簡單的廚房設備，適合家庭旅行者或長住者(可以向旅館詢問長住優惠價)。

■ **Two Three A Homely Hotel** Add 100 Sukhumvit 23 (Prasarnmit), Sukhumvit Rd. Tel (02)082-7070 Web www.twothreehotel.com Trans 由MRT Sukhumvit站步行約7分鐘 Price 1,700泰銖起

五大高CP值 經濟旅館

Best Value

Centre Point Silom 河濱公寓式旅館

入住中央碼頭旁的Centre Point Silom後，真覺得這是一家被低估的旅館。這家旅館雖然開設較久了些，從房內的家具可以稍微看到歷史的痕跡，但也因為是早期開的旅館，房間坪數大，且直通Robinson百貨。

部分房型設有廚房、洗衣、烘衣設備，泳池也充滿熱帶風情，還設有桑拿設施。旅館外則知名小吃雲集，前往中國城及古城區景點也方便。

01: 可以打太極拳的寬敞空間

02: 公共設施包括戶外泳池、室內三溫暖

Villa Mungkala 古城懷舊木造豪宅體驗

Villa Mungkala就位於古城區Dinso街附近的小小巷中，周區就是古城老餐館的一級戰區。而旅館外觀更是特別，在低矮民房的巷弄間，矗立著優雅的乳白色木造建築。一踏進屋裡，彷彿自己是往昔遠渡重洋，來到陌生南洋土地的旅人，循著光影細細欣賞屋裡的擺設。由於旅館位於古城小巷內，不是旅人的第一選擇，所以價格親民。但我卻認為相當值得來體驗一晚，不但方便參觀古城景點、高山路，還可拋開蘇坤蔚路的飛速現代化，回到老曼谷的懷抱，靜靜感受小巷人家的日常、溫度、聲音。

03: 彷彿回到了優雅的老暹羅年代

04: 房價很親切，可以訂最大房，房間及衛浴間均相當寬敞，還有美麗的浴缸

■ **Centre Point Silom** Add 1522/2 Soi Kaysorn 1 Charoengkrung Rd. Tel (02)266-0521 Web www.centrepoint.com/silom Trans BTS線Saphan Taksin站旁，門口位於Robinson百貨側面車道進去，旅館內也設有直通商場的出入口 Price 2,000泰銖起／4～8人房，可在官網上預訂及付款
■ **Villa Mungkala** Add 25 Trok Silp, Dinso Road, Bawoniwes, Pranakorn Web villa-mungkala.bangkokshotels.com Trans 搭空盛桑運河到Phanfa站，步行約12分鐘 Price 1,200泰銖

Yusabay(Adagio Bangkok)台灣民宿

　　民宿位於Prompongt站外的便利地點,民宿泰文名稱就是「住得舒適」的意思,除了提供住宿外,也希望能協助住客在曼谷旅遊更順心。

　　尤其推薦Yusabay兩房一廳的四人房,相當寬敞而舒適,並備有廚房,適合家庭或多人共遊者。不過這也是最熱門的房型,一定要先預訂。此外,每一層也都設有洗衣機,並可預訂當地行程。

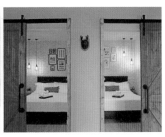

以上圖片提供 / Yusabay

SilQ Bangkok Hotel

　　僅管SilQ在曼谷已開設多年,但房間品質仍保持得相當好,且地點便利,靠近BTS及MRT共鐵站,又位於Terminal 21購物中心旁,是家經濟的優質住宿。

　　如果你想找更便宜的旅館,Terminal 21對面巷內的Red Planet是不錯的選擇,不到1千泰銖的價錢,就可以住到雖然不大、但簡潔現代的房間。

01: SilQ Bangkok Hotel
　　　外觀新穎
02: SilQ Bangkok房內
　　　一隅

■ **Yusabay(Adagio Bangkok)** Add 1/50-51 Sukhumvit Soi 39(Prompong) Tel (02)258-0526 Web www.yusabaybkk.com Trans BTS線 Prompong站3號出口,步行約1分鐘 Price 1,500泰銖起 Info 可代訂票券
■ **SilQ Bangkok Hotel** Add 54 Sukhumvit Soi 19　Tel (02)252-6800　Web www.silqbkk.com Trans 由Asok站步行約5分鐘 Price 1,700泰銖起

One Day Pause
浪漫文青系青年旅館

　　這家在Phrom Phong站附近開設的青年旅館,是由曼谷著名的Casa Lapin所打造的文青中心。樓下是自家的招牌咖啡,店前還有家美麗的花店,咖啡館後面則是計時的Forward共用工作室。

　　而青年旅館的部分完全展現設計人的品味,房間提供多人房及私人房。個人比較推薦多人房,雖然是共用浴室,但至少比雙人共用浴室房還要靠近浴室。而有浴室的房型,由於空間不是很大,通風也不夠好,所以若是跟朋友共住,有時會覺得有點不便。

01: 整體布置散發著時尚的工業風 / **02:** 房間布置相當有品位
03: 共用浴室設計得非常淑女,還提供舒適的空間讓人吹頭髮、化妝 / **04:** 1樓的共用空間最吸睛
05: 共用廚房是這樣美麗 / **06:** 早餐是在美麗的Casa Lapin咖啡館享用的

▉ **One Day Pause** Add 51 Sukhumvit Soi 26, Khlong Tan Tel (02)108-8855 Web onedaybkk.com Trans BTS線Phrom Phong站4號出口,往曼谷包店的反方向走,轉進26巷步行約5～7分鐘 Price 多人房500泰銖起,私人房1,500泰銖起

The Yard Hostel
自然嬉皮風青年旅館

這座有點嬉皮風的青年旅館,就位於曼谷最為嬉皮的Ari區。青年旅館內有片大草坪,還貼心準備草蓆、躺椅,讓住客隨意在草地上喝喝啤酒、彈彈吉他。甚至還提供烤肉器具讓客人辦個烤肉派對。另也可租腳踏車探尋這有趣的區域,小巷裡有許多設計咖啡館及小店(一天50泰銖)。

這裡也很適合晚班機抵達DMK機場者,若搭A1公車到MoChi站,直接轉BTS捷運到Ari站,僅一站的距離。若是週五到最是理想,隔天早上還可以直接到恰圖恰週末市集逛逛,中午回到附近的泰式吃到飽餐廳(超熱門,記得先預約),下午按摩或騎腳踏車探尋這區,傍晚續戰恰圖恰市集。

01: 共用閱讀室
02: 貼心地提供草蓆讓住客在草地上放輕鬆
03: 入住時還給這樣的一個玻璃罐讓住客裝水
04: 床頭掛著可愛的收納包

■ **The Yard Hostel** Add Phahonyothin Soi 5 , Phahonyothin Rd. Tel (089)677 4050 Trans Ari 地鐵站1號出口,出捷運後步行約7~10分鐘 Price 550泰銖起

Here Hostel 懷舊風格系青年旅館

Here Hostel位於空盛桑運河終站附近的小巷,就在古城區出入門戶的Rattanakosin歷史展覽廳後面,前往鬼門炒麵及高山路均不遠,搭運河快船到Siam區也僅20分鐘船程。

這區或許不如蘇坤蔚路交通便利,但卻有著自己的生活步調及懷古街景,Here Hostel外竟然還吃得到一碗30泰銖的湯麵。早上在路上行走,還會看到和尚們,這才真有到佛教國度的感覺。

而Here Hostel設計更是亮眼,連溜滑梯都出現在旅館內了。旅館本身就是座老建築所改建的,但卻一點也沒有老舊的感覺,充滿泰國的觸感,浴室設計更是令人喜愛。

多人房每個床鋪都貼心地提供布簾,鋪上有放置行李的空間,因此雖然入住多人房,卻有個完整的私人空間。旅館人員的服務也相當親切、友善。

01: 每個床位都有簾幕,即使住多人房也可以睡得很自在 / **02:** 從旅館2樓溜到1樓囉,旅館內竟然有溜滑梯
03: 青年旅館的衛浴設計可一點也不輸設計旅館 / **04:** 近百年的老建築改建的青年旅館,改裝得好有文青氣息

■ **Here Hostel** Add 196/3-8 Ratchadamnoen Klang Road Bowonniwet Phranakorn Tel (090)987 7438 Web www.herehostel.com Trans 搭空盛桑運河到最後一站Panfa Leelard,出船站往白色堡壘方向走,過馬路走進寺廟旁的小小巷直走即可看到(就在黃色大建築Rattanakosin展覽館後面) Price 450泰銖起(6～12人房及私人房)

ChingCha Hostel 鞦韆青年旅館

　　位於古城區曼谷市政廳廣場旁的鞦韆青年旅館，就是以廣場上著名的大鞦韆命名的，整座旅館的設計也緊繫著這個主題，而且還設有可欣賞古城景色的屋頂酒吧。

　　房間分為多人房及私人房，整體設計散發著古城新風潮，設施也舒適，即使是平價的多人房，房間內即設有專用衛浴，且位於房間最底端，使用時也較為自在。

　　4樓則為私人房房型，最前面兩間可眺望大鞦韆及蘇泰寺，一間為雙人房，另一間則為三人家庭房，均含衛浴。若是多人同遊，可考慮訂這兩間房，不過缺點是車聲較明顯，不適合怕吵者，或可自備耳塞。

　　即使不住面向廣場的房間，也可到屋頂酒吧Swing Bar賞景，屋頂酒吧設有樓上樓，最推薦最頂層屋台。酒吧不只提供飲品，泰式及西式料理選擇也豐富，且價格合理。

　　青年旅館每個月會提供兩次免費古城徒步之旅，帶領住客參觀周區景點及品嘗小吃，這區小吃雲集，著名的米其林炭燒蟹肉蛋捲、泰式炒河粉就在附近。

01: ChingCha Hostel鞦韆青年旅館 / **02:** 以大鞦韆為設計主軸 / **03:** 雙人房空間不大，但設施齊備
04: 頗具設計感的衛浴間 / **05:** 屋頂酒吧可欣賞古城風光及日落，建議先預訂最頂層的座位

■ **ChingCha Hostel** Add 88/4-89 Siripong Rd. Tel (063)231-2017 Web www.chingchabangkok.com Trans 空盛桑運河Phanfa站，步行約10分鐘；距離高山路約15分鐘路程 Price 房價300泰銖起，餐點、飲料130泰銖起

泰好食

Thai Cuisine

泰國菜早已揚名國際,在世界各角落都可看到泰國餐廳。許多泰國餐廳雖然裝潢得富麗堂皇,不過價錢卻相當合理,每人約500泰銖就可享受到頂級服務,中等餐廳約300泰銖。當然,路邊的小吃攤可也別放過喔!雖然有些較辣,但卻是最夠味的泰國美食。

經典 泰國菜 Thai Cuisine

涼拌木瓜絲

通常會有青木瓜絲、四季豆、蝦米、櫻桃番茄、花生、萊姆、棕櫚糖、魚露及大蒜等，一起放在缽中搗碎攪拌。另有柚子沙拉、青蘋果、青蓮霧、青芒果沙拉。

柚子沙拉

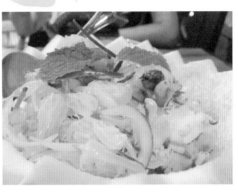

涼拌青木瓜絲，是泰國人幾乎每餐都會吃的餐點，街上有很多涼拌木瓜攤販

螃蟹青木瓜絲沙拉：敢吃生醃螃蟹者，這樣的青木瓜絲更是鮮美！

泰式咖哩

泰國咖哩跟日本咖哩不一樣，材料包括辣椒、南薑、香茅、檸檬葉、香菜子、荳蔻等，煮的時候還加了椰奶調味。泰國咖哩分為紅咖哩(Gaeng Pet，加入大量的紅辣椒)、黃咖哩(Gaeng Garee，加入黃薑粉)以及綠咖哩(Gaeng Keow Waan，加入香茅、檸檬葉)。通常咖哩會搭配牛肉、豬肉、雞肉、鴨肉料理。紅咖哩的味道比較豐潤，綠咖哩的味道較原始奔放(香茅的味道較重)，黃咖哩介於兩者之間。

曼谷市區小吃區哪裡找？

曼谷到處都可找到小吃攤，尤其是辦公室聚集的區域，一定有個像小市集的中午用餐區。

以下列出幾處攤位較密集的小吃區：

■體育館站往Phaya Thai地鐵站的高架橋邊（Hua Chan旅館旁），晚上可找到香茅烤魚、陶甕海鮮鍋小吃攤。

■SalaDaeng站外及附近的Convent Rd.。

■Saphan Taksin中央碼頭的Robinson百貨周邊。

■中國城耀華路，尤其是T&K海鮮攤的周邊。

■古城金山寺附近的Maha Chai Rd.及勝利紀念碑前的Dinso Rd.。

想到那入口即化的豬腳飯、清爽夠勁的涼拌木瓜絲、Q滑的泰國米粉湯麵，啊～又該到曼谷解饞了

紅咖哩

經典泰國菜

Thai Cuisine

芒果糯米飯　Nan-com

咖哩螃蟹　酸辣海鮮湯

泰國經典調味料

海鮮
沾醬

酸辣醬

蝦醬 Kapi 使用前可以先烤過或煎炒。

羅望子醬 Tamarind 用來增加酸味的醬料，可用來煮湯或加在各式泰國料理。

魚露 Nahm Pla 小魚發酵而成的，是泰國人用餐不可或缺的調味醬。

椰漿 Hua Kati 將熟的椰仁擠成椰奶，之後椰漿會自己浮在椰奶上。

棕櫚糖 Nahm Tarn Peep 棕櫚汁做成的，用來增加甜味，可加在甜點、咖哩或醬汁中。

另外還有泰式打拋醬Kra Pow、泰式香茅沾醬Prik Nam Pla Takrai、泰式沙爹醬Satay Sauce 等。

豆腐火鍋

泰式烤魚

酸辣生蝦

👍芒果糯米飯

泰國人最愛的甜點,很難想像,芒果、糯米跟椰奶竟是如此速配。

Nan-com

經典泰國前菜,將蝦米、花生、炒過的椰乾、腰果以及切丁的萊姆包在胡椒葉Cha Pu上吃,敢吃辣的可再加泰式小辣椒(推薦藍象餐廳P.118)。

鳳梨炒飯

鳳梨更能襯托出泰國米香,通常會加上腰果、葡萄乾等一起炒。

黃金蝦餅

台灣泰國餐廳常見的月亮蝦餅,應該不是泰國美食,泰國較常見的是一種圓胖的蝦餅或魚餅。

👍酸辣海鮮湯
Tom Yam Kung

直譯為「冬蔭功」,Tom Yam就是「酸辣」的意思,到泰國必嘗的一道菜,不過記得點小辣喔!

蝦醬炒空心菜

蝦醬初聞會覺得有點臭,但和空心菜炒卻出奇的香。

👍酸辣生蝦

生蝦淋上泰國酸辣汁,真是美味無比。

👍打拋肉

大蒜、魚露、打拋菜、豬絞肉、辣椒炒的(Pa Ka Paw)爆香泰國菜。

👍泰式烤魚(鹽烤鱸魚)

鹽烤爐魚,鮮、嫩、香。

泰式檸檬魚

鱸魚淋上檸檬汁蒸煮,真適合泰國炎熱的氣候吃。

👍咖哩螃蟹
Crab in Curry Sauce

將螃蟹切塊與咖哩拌煮,讓蟹肉的味道更豐富。是遊客到泰國餐廳必點的一道菜。

95

必食小吃
Local Food

泰國米粉湯　海南雞飯　泰國炒麵

烤米腸　烤肉　炸雞

海鮮炒泡麵　泰國甜薄餅　香蕉煎餅

炸魚　涼拌蛋沙拉

泰國小吃攤每桌一定放著調味界的四大天王：辣椒粉、辣油、糖、魚露。

海鮮碳烤的話則通常是一紅、一綠的辣椒醬，都一樣辣，不過綠色辣椒醬的味道很棒，有提海鮮鮮味的效果。

👍 泰國米粉湯

這是最普遍的小吃，各家湯頭不一樣，可選擇放牛肉、豬肉或丸子。

海南雞飯及豬腳飯

泰國的海南雞飯及豬腳飯也相當普遍，而且大部分都做得很好吃喔，通常還會配碗雞骨熬成的鹹菜湯。

泰國炒麵 Pad Thai

是最常見的小吃，一般用寬麵條炒青蔥、蛋，再加生豆芽及花生。

烤米腸

有點酸酸鹹鹹的，內包冬粉及米飯。

烤肉飯

國民小吃，沾上辣醬烤，真香。

豬腳飯

大部分豬腳都滷得入口即化。

媽媽牌泡麵

泰國最著名的泡麵品牌，小吃攤會拿來煮湯麵或炒麵。

泰國甜薄餅 ROTEE

有點甜，不過餅皮還滿香的。

👍 香蕉巧克力薄餅

將餅皮煎成方塊狀(可加蛋)，包上香蕉、淋上巧克力醬。

樹薯

有些是烤的，有些則是做成甜點。

泰國冰茶

👍 炸魚

泰國炸魚太香酥，絕不可錯過的美食！

沙爹 Satay

咖哩調味烤肉串。

烤香蕉

泰國人最喜歡吃的小吃。

素食餐點

「Mang Sa Wai Rat」是泰文的「素食者」。點 J 餐，就是素食餐的意思。小吃攤寫著「齋」字的就是有素食餐點。

麵攤怎麼點菜？

一般小吃攤老闆通常都不會說英文，怎麼辦咧？可先選麵條，再選料：

細扁米粉 Saen Mee
黃色雞蛋麵 Ba Mee
中細米粉 Saen Lek
寬米粉 Saen Yai
冬粉 Woon Sen
魚丸 Look Chin Pla
牛肉丸 Look Chin Nua
豬肉丸 Look Chin Moo
湯麵 Naam
乾麵 Haeng

乾麵

泰國食物是辣得出名，所以如果在一些比較道地的餐廳或小吃店，記得跟老闆說「ao ped nitnoi」(小辣)。

飲料冰品 Local Food

香茅茶

紫蝶花茶　　　　木蘋果茶Bael Fruit　　檸檬冰沙

椰子汁

香蘭茶　　　　　泰式奶茶　　　　泰國傳統咖啡

泰國傳統咖啡 O Liang

曼谷雖然也有很多現代的咖啡館，但我還是覺得傳統的泰國咖啡最香濃好喝。有些老闆看你是外國人還會刻意泡雀巢咖啡(Nestle)，千萬別讓他／她破壞你美好的泰國咖啡體驗。

> 這是我每天的元氣來源，早上出門一定先到路邊咖啡攤報到，看著老闆熟練地沖著我的咖啡，精神就一點一滴跟著上來。

檸檬冰沙

最香，而且是最適合配泰國菜的涼飲。

SPY

調味氣泡酒。

泰式奶茶

泰國奶茶同樣是以濾網沖泡的，因為加很多冰塊，所以一開始會覺得真是甜死人不償命，不過泰國茶還真有獨特的風味喔！

椰子汁

泰國是產椰子大國，境內的椰子汁多又甜。

香茅茶

泰國人大量使用香茅，不只是烹飪的香料，還可當果汁喝。

香蘭茶

有種特有的香氣，冰冰的喝最美味，另外還推薦紫蝶花茶、木蘋果茶及洛神花茶。

常見水果

榴槤 Tu Rian
6～7月產季

山竹 Mung Khood
6～10月產季

紅毛丹 Ngoh
5～7月產季

椰子 Ma Phrao
全年盛產

芒果 Mango
全年盛產

市場 常見食品 Market

綠茄子

羅望子

南薑、香茅、萊姆葉

常用於咖哩中的小茄子

市場上裝在小竹盤中的魚

粉紅蛋是皮蛋

蒸糯米用的小竹簍

萊姆、辣椒

常見香料

大蒜 Garlic 泰國大蒜較小、較辛辣。

辣椒 Chili Pepper(Prik)
泰國辣椒種類很多種,越小的辣椒越辣。

胡荽 Coriander
或稱為香菜。味道較重,在每道菜中幾乎都可以看到,也可和大蒜、胡椒磨碎來醃肉。胡荽根也會用到,適於磨碎放在各種醬汁中。

香茅 Lemon Grass
帶點檸檬香,可用來煮湯及當沾醬。不但是泰國菜的招牌味,也是很健康的食材及茶飲。

南薑 Galangal
較不辣,常用來煮湯,也是咖哩醬的重要食材。

薑 Ginger
跟台灣的薑一樣,很多料理都會用到。

聖羅勒 Holy Basil 最常用到的香料之一。

甲拋 Sweet Basil 又稱「打拋葉」,跟九層塔的味道很像,不過較溫和,常用來煮打拋肉。

中國芹菜 Chinese Celery

萊姆葉及萊姆皮
Kaffir Lime Leaves

葉片中含檸檬味,可整片放在咖哩中。萊姆可切片加在沙拉上,可去腥、增添檸檬香及酸度。萊姆皮很酸,但也很香,擠在涼拌沙拉上時,最好是帶皮擠汁,萊姆油脂也會一起擠出來。

羅望子 Tamarind

直譯為「塔馬林」,是酸豆樹的果實,酸酸的,將果肉放在熱水中,再放到棉布擠出汁。用來增加酸度,可加在涼拌菜、煮湯或咖哩,也可當飲料喝,另外也製成酸子糖。

Brunch
早午餐特輯

度假就可享受睡到自然醒，悠閒享用早餐的奢侈時光，曼谷市區有許多旅館推出豐富的早午餐，讓我們來瞧瞧各家的特色。

Sofitel So的世界廚房
Red Oven

曼谷設計旅館Sofitel So的Red Oven概念就好像你走進一個充滿活力的市集，可以從這攤吃到那攤的歡樂氛圍。在這市集裡有泰國料理攤、義大利火腿、法式煎烤、日式料理亭及燒烤區、有機蔬果區及法式甜點區，還可現場煎炒冰淇淋喔(約1,900泰銖)！

01: 現場煎炒的冰淇淋區
02: 日本區有生魚片、鐵板燒等料理
03: 當然也有很多道地的法國及地中海料理
04: 豐富海鮮和沙拉

Anatara Siam頂級搶手
週日早午餐Sunday Brunch

第一家將旅館內所有餐廳的菜集合在一起，生動地辦場豐富週日自助餐的旅館，並聘請爵士樂隊在此表演，讓家人朋友可在此歡度週日。菜色設計就像是讓賓客來一趟環球之旅，包括地中海、中東、豐富的海鮮(生蠔及龍蝦)、日式、印度、美式、泰國小吃、法式甜點及早餐。而且所有食材都是最頂級的，最特別的是，還有服務生站在池中提供頂級魚子醬！所有飲料都包含在內，包括以泰國食材調製的雞尾酒，是這裡必嘗的飲品。

約2,999泰銖++，11:30開始，至少一週前預約，或試著直接過去問是否有人取消。服裝：Smart Casual。

01: 泰國前菜及街頭小吃沙嗲也在美食之列
02: 各種泰國調酒，也是必嘗飲品
03: 頂級魚子醬盡在此
04: 甜點主廚現做甜點，桌上都有桌號卡，只要給單子，不用站在那裡等

Oriental Residence的
優雅早午餐Cafe Claire

　　如果你不是個大胃王，想找個可享用精緻早午餐的地方，那麼Cafe Claire是個理想的選擇。一走進Oriental Residence就是甜美的優雅，但踏進Cafe Claire又有種美式小咖啡館的輕鬆自在。除了泰式及中式料理外，這裡的早午餐還提供較特別的是火腿口味的Egg Benedict以及Croque Madame法式三明治。

Roast

　　Roast餐廳為曼谷知名的西式輕食餐廳，以其慎選的食材及優質咖啡聞名，在EmQuartier百貨以及The Commons社區商場均設有分店；尤其推薦到The Commons享用早午餐，整座建築的規劃，堆砌出悠閒的用餐氛圍。

Okura Prestige

　　Okura Prestige大倉酒店在Up & Above全新開張的自助餐早午餐，以推陳出新的菜色，以及最重要的「新鮮」食材來抓住顧客的胃，在設置鮮活的烹飪台，讓你手裡的盤子穿梭於泰菜、日式料理、海鮮生蠔、地中海菜、酥烤羊排、澳洲牛肉、甜點等美味佳肴間(2,800泰銖++)。

圖片提供／Okura Prestige Bangkok

圖片提供／Okura Prestige Bangkok

Chu曼谷優質早午餐、
巧克力熱飲

　　這家以巧克力聞名的咖啡館，也以各種優質早餐料理，擄獲曼谷人的胃。最主要是因為這裡所用的食材都是精心挑選過的，因此即使只是簡單的料理，都能增顯出每道菜肴的好味道。再搭配一杯號稱曼谷最棒的黑巧克力，那可真是頓幸福的早餐啊！(**Add**／Asok站旁的Exchange Tower，天橋直通)

01: 當然不可錯過這裡著名的巧克力飲品
02: 所採用的食材都相當優質
03: 附近上班族最愛的早午餐店

Afternoon Tea
下午茶特輯

下午時分，何不找家優雅的咖啡館，坐下來享受泰國的慢氛圍。

Okura

除了經典的文華東方下午茶外(請參見P.53)，大倉酒店的經典午茶及巧克力午茶，是相當划算的五星級午茶地點。由於這是日系旅館，因此茶飲的品質相當好。

01 圖片提供／Okura Prestige　02

03

01: 巧克力Box
02: 俏雅的三層式茶點
03: 日系旅館對於茶的品質相當注重

Hua Chang

最女孩的Hua Chang旅館，在美麗的Ivory Lounge提供超特惠泰式下午茶。許多小點還以逐漸失傳的古法製作，兩人套餐才650++，是四面佛旁的知名泰式下午茶漲價後的另一選擇。

01　02

03

01: 下午茶提供不同的茶飲選擇
02: 泰式小點既好吃又可認識泰國文化
03: 這般美麗的超值下午茶，不來吃怎麼行，每個泰式小點都是主廚以古法做成的

Divana Signature

知名SPA按摩中心Divana在Central World百貨全新打造的浪漫茶館，以綠藤隧道帶領顧客走進浪漫茶室，也用心設計出讓女孩兒驚喜不已的各式餐點。

Audrey

這家由泰國明星所打造的浪漫下午茶，可真是緊緊抓住女孩的心。而且菜單上的甜點琳琅滿目，讓人忍不住狂點，再到冰櫃指著這朵、又那朵的美麗花蛋糕啊！(各大商場都有分店，最推薦EmQuartier分店)

Bangkok Marriott Marquis Queen's Park

曼谷萬豪酒店的旗艦店，接待大廳奇大無比，這裡的茶室也氣勢十足。茶飲較特別的是，由侍茶師推著滿車的茶品到桌邊讓顧客選擇，或依顧客口味調配。茶點依季節而有不同的主題。

01: 號稱泰國第一名的花朵蛋糕，還可買回家送禮
02: 嗚～太罪惡的冰淇淋煎餅
03: 這店裝潢會不會浪漫得太犯規

01: 裝盛茶品的容器十分精細雅緻
02: 茶點主題隨季節更替而有所變化
03: 豐盛的茶點

曼谷華爾道夫
Peacock Alley孔雀羿廊

傳奇的紐約奢華旅館華爾道夫，於2018年中在曼谷開設了第一家分店，而Peacock Alley孔雀羿廊的下午茶，是最能體驗華爾道夫經典設計與服務的好地方。這裡的茶點均為法國甜品師傅的精心之作，在法式手法中融入了泰式食材，搭配法國瑪黑茶及創意飲品。

01: 古典優雅的用餐氛圍
02: 茶點均為法國甜品師傅的精心之作
03: 甜點融合法泰巧思(圖片提供/曼谷華爾道夫)

夜泰美

BKK Night Life

L' Appart Bar Sofitel Sukhumvit傍晚景色

曼谷夜生活相當多樣化，你可以選擇到劇場欣賞撼動人心的泰國傳統戲劇，也可以到令人血脈賁張的拳擊場看泰拳，或是到傳說中的人妖秀欣賞另類表演；而曼谷時髦的夜店、各大夜市更可逛得過癮、吃得開心。

撼動人心 看戲劇
Thailand Show

暹邏劇場 Siam Niramit

「暹邏劇場」像個小村落，內有小河，還有長尾船穿梭其中，四周則是小吃店、商店，還沒看戲前可先飽餐一頓。劇場表演由150位演員穿著500多件傳統服裝，訴說泰國神話與歷史，還有各種燈光變化，而且大象會從觀眾席間走上舞台，重現古神話的點點滴滴……

暹邏劇場內宛如一座泰國小村落

泰國傳統歌舞秀

文華東方及Sheraton Orchid(每天19:00，需事先預約02-266-0123)這兩家旅館都位在昭披耶河畔，都有泰國傳統歌舞、泰拳表演秀，可以一面享用大餐，一面欣賞大秀，另也可安排招披耶河夜遊船(請參見P.111)。而Ruen Thep Thai Theatre餐廳位在Silom Village小商圈，每天19:30也提供傳統歌舞晚餐秀。

文華東方晚餐秀

倥劇表演

Khon倥劇是泰國的傳統宮廷面具舞，融合了舞蹈、音樂、詩歌、武術及皮影藝術。主要題材多取自對泰國信仰影響甚深的印度史詩《羅摩衍那》。現在固定在國家戲劇院演出，詳細時間及地點可參見：www.khonperformance.com。

當地行程、秀票哪裡訂便宜

網上預訂：台資KKday或港資Klook客路

旅行社：台灣人開設的JingjingBKK、專營曼谷旅遊行程的曼谷幫(bangkokgoplay.pixnet.net)、Vacio及阿Ben的曼谷民宿Yusabay、高山路知名的Mama Tour(但只能在現場報名，通常一天前報名即可)。JingjingBKK包車旅行社熟悉一些台灣人較少去的區域，若想安排特別的旅程，也可以跟他們討論(jingjingbkk.com)。

■ **暹邏劇場 Siam Niramit** Tel (02)649-9222 Time 06:00～22:00，秀20:00演出 Web www.siamniramit.com Trans 曼谷捷運泰國文化中心站，1號出口，18:00～19:45有免費接駁公車 Ticket 約1,500泰銖，旅行社代購票價約900泰銖 ■ **Mandarin Oriental 泰國傳統歌舞秀** Info 基本資訊請參見P.53文華東方酒店 ■ **Ruen Thep Thai Theatre** Web www.silomvillage.co.th Price 含秀的晚餐自助餐700泰銖，海鮮自助餐950泰銖

浪漫夜首選

Romantic

曼谷夜空除了星光、燈光閃閃外，還可坐上超高樓露天酒吧，把酒話天下、悠賞日落美景。

Vertigo TOO & Moon Bar

位於Banyan Tree悅榕酒店61樓的「Vertigo TOO」和「月光酒吧Moon Bar」是曼谷浪漫的用餐地點，可以一面用餐一面欣賞曼谷最美麗的夜景。

月光酒吧是曼谷最棒的賞景地點之一，除了市區景觀外，也可看到壯觀的昭披耶河河景。若幸運遇上美麗的日落晚霞，那更是浪漫了。Vertigo TOO則是後來重新打造的餐廳，可享用高空下午茶，週末還安排了現場音樂，晚上則可在室內享用晚餐。不過這裡的服務人員有點挑客人，服裝最好不要太隨便，餐廳內裝雖更新了，但服務專業度沒有跟著到位，可惜了。

Sala Rattanakosin

Sala系列旅館在泰國已開設多家旅館，近年在臥佛寺河濱區，正對著鄭王廟開了新據點，1樓的高級餐廳及頂樓的屋頂酒吧，提供絕佳的360度古城日落景觀。多人共遊，不妨到此開瓶香檳、氣泡酒，慢賞日落美景。

The Deck

到曼谷，當然要到鄭王廟對面的The Deck欣賞醉人的曼谷日落景致，這可是曼谷行不可錯過的行程喔！(請參見P.209)

01: 傍晚來到月光酒吧，有機會看到絕美晚霞
(圖片提供／Banyan Tree Bangkok)
02: 鄭王廟對面的The Deck有絕美的傍晚景色
03: Sala Rattanakosin

■ **Vertigo Too & Moon Bar** Add 21/100 South Sathon Rd., Banyan Tree Hotel Tel (02)679-1200 Time 17:30～01:00 Web www.banyantree.com Trans Lumphini站步行約10分鐘
■ **Sala Rattanakosin** Add 39 Maha Rat Rd. Tel +66 2 622 1388 Web www.salaresorts.com/rattanakosin Trans 由Saphan Taksin站的碼頭搭昭披耶河公船到8號碼頭，出碼頭走到大馬路後右轉直走約5～7分鐘，再轉進小巷底的河濱旅館 Info 屋頂酒吧沒有電梯，需爬5層樓 Price 約250泰銖起

最夯的 國際知名夜店

The Dome at Sky Bar

位於Le Bua旅館頂樓的Sky Bar圓頂高空景吧，仍然是曼谷景觀最棒的頂樓酒吧，就連《醉後大丈夫》都來這裡取景。

Red Sky & CRU 香檳吧

位於Central World裡面的Centara Grand旅館55樓，分為餐廳及酒吧兩部分。外面以彩虹為造型，變化著各種繽紛的色彩，從戶外座位區可一面享用餐飲，一面欣賞市區夜景。這家的價位算是很合理，服務也很親切，在這裡逛完後可以到這裡放輕鬆。現在Red Sky在往上一層樓又開了新的香檳酒吧CRU，景色更開闊，飲品也相當有創意。

Escape Bangkok @ EmQuartier

EmQuartier商場以飛瀑綠園著稱，如今還在高空庭園打造了一處小樂園。酒吧位於繁忙的商業區，但整體風格充滿了歡樂的熱帶叢林度假風，亮麗的粉紅主調搭配簡樸的木質家具，真是個可放鬆小酌之處。有趣的是，想要走進酒吧，先要有點膽量，得走過嵌設了一片圓形透明玻璃地板的天橋。

夜店注意事項

★ 夜店大約是22:00開始營業，營業到02:00，22:00～01:00是最熱鬧的時段。

★ 泰國規定要20歲以上才能上酒吧，入門前會檢查身分，最好帶身分證明(例如護照影本)。

★ 尋找夜店資訊的管道有：「BK Magazine」、「Bangkok 101」、「Bangkok」等刊物，列有夜店、酒吧、音樂活動資訊，在旅遊服務中心、咖啡館及旅館可免費取得。

★ 服裝：上夜店最好穿戴整齊，穿著短褲、拖鞋等較不正式的衣服可能會被擋在門外喔。

★ 曼谷的捷運營運到00:00，計程車是午夜過後最方便的交通工具，記得要請司機按錶(Meter)計費，或使用Grab Taxi叫車。(請參見P.251曼曼行的計程車篇)

■ **The Dome at Sky Bar** Add 1055 Silom Road Tel (02)624-9999 Time 18:00～01:00 Web www.lebua.com Trans BTS Saphan Taksin站，步行約10分鐘 ■ **Escape Bangkok @ EmQuartier** Add 5th floor, The Glass Quartier, EmQuartier Tel (02)003-6000 Time 17:00～00:00 Trans BTS線 PhromPhong站，直通商場 ■ **Red Sky & CRU** Add 999/99 Rama 1 Road Tel (02)100-1234 Time 17:00～01:00 Trans BTS Chit Lom站

血脈賁張觀拳擊

很多窮苦的小孩從小就被送去練拳，為了賺錢辛苦養家(但其實他們的收入很大一部分都被經理人拿走)，每場比賽都卯足全勁，但最後往往卻只賺來一身傷，泰國政府準備禁止13歲以下的孩童進行拳擊比賽。

冠軍選手介紹: www.muaythai2000.com
泰拳分爲兩種: Muay Thai及May Kra-Ding

Muay Thai

拳擊手身著短褲及手戴手套，只要不咬人，其他就沒有什麼規則。共有4位裁判，一場拳擊不超過5局(不少於3局)，每局3分鐘，每局裁判最高可給5分，局與局之間的休息時間爲2分鐘。20秒倒地不起就輸了，數到10秒起身即可繼續比賽。

May Kra-Ding

拳擊手身著長褲及手戴手套、腰繫銅鈴。

專業的泰拳賽，比賽開始時拳手會舞一段拜師舞

■ **Muay Thai Live** Add Asiatique The Riverfront Tel (02)108-5999 Time 週二～日20:00～21:30 Web www.muaythailive.com Trans BTS線Saphan Taksin站2號出口，在Sathon Pier碼頭候船，Asiatique免費接駁船時間為16:30～23:30 Price 500泰銖起

Muay Thai Live泰拳表演秀

　　這齣史詩般的泰拳秀,從大城時期早期的傳奇人物虎王開始,以有趣而又完整的表演方式,訴說泰拳的發展史,其中最精采的還包括詳細解說各種拳式,觀賞之後,讓原本對泰拳可能沒太大興趣的人,也想好好看場實戰了。而泰拳秀也滿足觀眾的想望,表演結束後安排了兩場實戰賽,讓外行人也開始學著看門道!

01: 秀場設備新穎、華麗 / **02:** 開賽前,選手Boxing 2表演結束後還有兩場泰拳實戰賽
03: 史詩般的泰拳秀,完整演繹泰國珍貴的文化遺產 (以上圖片提供 / Muay Thai Live)

曼谷兩大拳擊場

■**倫披尼泰拳場Lumpinee Boxing Stadium** Add Ram Inthra Rd.Km2, 靠近Royal Thai Army Sports Center Tel +662-2514303 Web www.muaythailumpinee.net Trans 訂票時可預訂去程接送或搭計程車 Price 200～2,000泰銖

■**Ratchadamnoen Stadium** Add Ratchaddamnoen Stadium, Ratchaddamnoen Nok Avenue Tel (02)281-4205 Web raja damnern.com Time 週一、三、四(最精采)、日18:00 Trans BTS線National Stadium站轉搭計程車約15分鐘,或搭空盛桑運河到最後一站Panfa Leelard,轉搭計程車約5分鐘 Price 1,000～2,000泰銖 Info 提供泰拳訓練課程(包括小孩)

■恰圖恰地鐵站附近的Chanel 7 Tower,每週日12:30～15:00可免費看泰拳比賽

搖擺賞妖媚
Cabaret

很多第一次到泰國的遊客都會去看著名的人妖秀，曼谷市區有3家人妖秀場，芭達雅也有大型的Tiffany人妖秀場。價錢是500～1,000泰銖，除了一般座位之外，也有VIP座。出場時美麗的人妖會在出口排排站跟客人拍照，不過拍照要給小費(50泰銖起)。當然，越大牌的，就須給越多小費。可向旅行社購買優惠票，通常可享有5折優惠(請參見P.105)。

Calypso Cabaret

已搬到Asiatique夜市，可搭免費接駁船直達。以亞洲客群為主，因此表演包括各種亞洲語言的流行歌舞，中文、廣東話、日語、韓語都有。第一次看人妖秀的人其實會覺得整體歌舞氣勢還滿震撼的，這家雖較貴，但秀場品質也較好。

Golden Dome Cabaret Show 金東尼人妖秀

秀場靠近匯皇夜市，看完還可到夜市吃小吃，而週四及週日，也可搭MRT線到泰國文化中心站的鐵道夜市。另一家為離市區較遠的曼波Mambo人妖秀，頗有百老匯的感覺。建議購買含接送的票。

人妖的身世：人妖在泰國是被接納的「第三性」，一般稱為「Lady Boy」，有些是從小服用女性賀爾蒙並去除男性生殖器官的真女人；有些則是上半身為女人，下半身依舊是男人，講話仍為男聲。

人妖的煩惱：很多人妖過了30歲之後，就會急速變老，一般人妖的壽命也不長。除了身體之外，人妖也比一般人還難找到幸福的愛情，養小白臉的風氣很盛。

幸運的泰國人妖：泰國是個很包容開放的社會，在百貨公司內也可看到許多選擇自己性向的人，漂亮地打扮自己、快樂地工作著。

■ **Calypso Cabaret** Add Asiatique夜市 Tel (02)653-3960 Time 20:15、21:45 Web www.calypsocabaret.com Trans BTS線Saphan Taksin站，轉搭Asiatique免費接駁船，船程約15分鐘 Price 1,000～1,700泰銖含餐(旅行社代訂票約550泰銖，網路有特惠價) ■ **Mambo** Add 59/28 Sathu-phararam 3 Rd. Time 19:15、20:30 Trans 搭BTS到Chongnonsi或Surasak Station站，再轉搭計程車，約60～80泰銖 Info 在當地旅行社購票會比現場買便宜很多，小費可給50泰銖 ■ **Golden Dome Cabaret Show** Add Soi Ratchadaphisek 18(Soi Latdawan), Huai Khwang Tel 089-494 1656 Time 16:45、18:00、19:15、20:30 FB Golden Dome Cabaret Show Trans MRT線Sutthisan站3號出口，出站後可步行，或轉搭摩托計程車或計程車到Ratchada 18巷

昭披耶河夜遊船

Night Market

　　昭披耶河晚上有許多夜遊船，多為19:00～19:30出發(有些是18:00)，21:00～21:30結束。大部分都是在River City旁的Gate 1或2登船，需提前15分鐘抵達。水燈節、耶誕節、跨年夜的遊船價格至少為平日的雙倍以上。另也有早上出發的大城一日遊船。每家特色不一，來挑挑自己喜愛的昭披耶河之旅吧！

01: 夜遊昭披耶河，看鄭王廟美麗夜景（圖片提供／Banyan Tree Bangkok）

02: 遊船上供應精緻的美食

悅榕莊遊船 **Apsara River Cruise**	為正式泰式餐飲，服務專業，設備頂級。相當熱門，建議至少兩週前預訂。(約2,250泰銖起) 網址：www.banyantree.com
香格里拉 **New Horizon**	為高級遊船，並有獨家路線，國際式自助餐飲相當有水準。(約2,250泰銖起) 交通：由香格里拉碼頭出發 網址：www.shangri-la.com
大珍珠號	分Grand Pearl(約1,650泰銖起)及較新的Wonderful Pearl號(約2,100泰銖起)，Wonderful Pearl為三層式船餐，提供國際自助餐飲，船上還有泰式舞蹈及現場樂團。 網址：www.grandpearlcruise.com 　　　www.cruise-thailand.com/Wonderful_Pearl
白蘭花號 **White Orchid River Cruise**	提供國際自助式晚餐，回程時還有現場樂團，有時客人會開始跳起舞來。此外，船上還有人妖秀！(約1,100泰銖起) 網址：www.whiteorchidrivercruise.com
昭披耶河公主號 **Chao Phraya Princess**	最經濟實惠的選擇，適合著重在賞景，而不是餐點跟服務上的遊客。(約1,100泰銖起) 網址：www.thaicruise.com

怎麼到River City搭遊船

BTS Saphan Taksin站1號出口，走到Sathon Fang Pha Nakhon Pier碼頭搭船到Marine Department Express Boat Pier(N4)。

吃吃喝喝逛夜市

各大夜市評比

Artbox快閃型超藝術夜市

最新、最好玩的夜市,吃得花樣多、而且呈盤根本就是在拼比創意,也可買到許多文創商品。(請參見P.14)

勝
Talad Rot Fai Train Market 夜店型火車鐵道夜市

最有戲、氛圍最鮮明的夜市,周區為熱力十足的現場音樂,裡面的攤位也可找到許多特色商品,價格也較親民,美食區也相當精采。(請參見P.15)

霓虹夜市

位於水門區的霓虹夜市,每天營業且方便抵達,攤位販售的大多是針對觀光客的商品,可買到些平價服飾及紀念品。

Asiatique the Riverfront精品級夜市

高級版夜市,美食餐廳或小吃的價格都超高級(最好在Saphan Taksin附近先吃飽再過來),不過人妖秀、泰拳、木偶劇進駐後,娛樂性十足。可以買到一些特色產品及便宜的紀念品。(請參見P.186)

Potpong臉紅心跳級夜市

除了周區有許多香辣的Go Go Bar讓人臉紅心跳之外,這裡的攤販價格也是讓人臉紅脖子粗,多為專賣觀光客的商品。

RCA
夜店聖地

Ratchadaphisck夜店區

　　坐落在Rama 9路上的夜店區「RCA」(Royal City Avenue)，可說是當地年輕人的夜店聖地。而且這邊的夜店可不是清粥小菜般的小排場，而是有如泰式料理的重口味。這一區就足足有十多間大型夜店，每一間不是比豪華，就是比時尚，再不然就是比辣妹洗車秀，真是一處夜夜笙歌的太空城。

　　最迷人的是，這裡的音樂是那麼的多元化，有些大型夜店甚至分成好幾個不同的區域，無論你是想聽現場搖滾樂，還是嘻哈，任君選擇。有人到這裡是直奔舞池熱舞，也有人是安靜的喝個小酒，只要你願意，這裡有持續不斷High翻天的歡樂！

高山路 Khao San Road

　　高山路是背包客的天堂，它有一種特殊的氛圍，彷彿只要走上這條短短的街道，就可以卸下所有的束縛，自由奔放無國界。高山路沿路都是背包客流連忘返的酒吧，晚上這條街會封起來，各家攤販紛紛出籠，有各種便宜的小吃、棉T、紀念品、編髮、刺青店及按摩店。靠近堡壘的Phra Athit路、與高山路平行的Rambuttri路有小樂團表演，相當悠閒。

■ **Ratchadaphisck夜店區** Trans Phar Ram站3號出口　■ **高山路** Trans 地鐵MRT Hua Lamphong站，轉搭計程車約50～70泰銖 Info 請參見P.224，高山路

泰上進

Study in BKK

曼谷的多元性，可不僅止於購物跟按摩而已。很推薦大家到曼谷可以空出一個早上，參加料理課程或去學按摩，又或者到廟寺中打坐，悟個人生大白。

泰國料理 Cooking Course

泰式美食在全球已風行多年，許多歐美專業人士還特地到此取經。推薦旅行者參加半日的料理課程，親身體驗泰國美食的精髓。許多料理課程是從菜市場開始認識各種泰國菜的。

Bangkok Bold Cooking Studio
烹飪課程及Chef's Table文化套餐

Bankok Bold原本位於老城區，現搬到Thon Buri河岸邊的購物中心內。主廚Ann曾是曼谷四季知名泰國餐廳主廚，而Ning還是大學的相關科系老師，母親更是泰菜的專家，還常到烹飪學校一起教授傳統泰菜；Nhoi及Bank也都是專業廚師。也由於這裡的老師如此專業，常吸引全球各地的專業廚師特地到此取經，甚至還可以學到許多獨門、少見的泰國菜！

他們對泰國菜都有種不可言喻的熱愛，因此在這裡學做泰菜，可不只是學習技巧，更是每道菜肴的歷史文化分享。

01: 悠慢老街上的專業烹飪教室 / **02:** 這區很方便他們取得更多樣化的食材
03,04: 這裡的主廚都擁有相當專業的泰菜背景

■ **Bangkok Bold Cooking Studio** Add Nakorn Rd., Riverside Plaza 2F Tel 098-829-4310
Time 10:00或14:00 Trans BTS線Krung Thon Buri站轉搭計程車，約10分鐘車程

英文教學？ABC不認識我耶！

不怕，不怕，其實老師都是一面解說，一面示範、講解之後，再開始讓每位學員實地操作，還會有助理從旁協助。所以即使聽不懂英文也無所謂喔，照樣可以學個幾道泰國菜回家解饞，而且還可以認識其他國家的學員。

上課囉~~~

1. 到菜市場的第一站是讓學員學習如何沖泡泰國咖啡及奶茶

人手一袋泰國咖啡或奶茶，
一面喝、一面逛菜市場

採訪當天的同學

一家澳洲來的家庭、一對西班牙度蜜月的新婚夫婦、一位法國來的廚師。除了澳洲家庭之外，其他英文都不是很好，一樣上得很愉快。

2. 到市場認識各種食材

3. 主廚示範

主廚先在教室講解所有的食材及示範料理程序。

4. 學校體貼地幫學員準備水、
筆記、及鉛筆

5. 每個人都有自己的爐子練習做菜

6. 自己動手做的第一道泰國菜，
超有成就感的

7. 服務人員正在擺設
同學自己做的餐點

Blue Elephant 藍象廚藝學校

曼谷最知名的料理學校，學校位於1903年的歐式古典建築(當年可是座時髦的百貨公司)，讓人一踏進廳內就覺得：哇，在這裡學泰國料理耶！

大部分遊客是參加半日料理課程，助理廚師會帶學員到市場認識所有的泰國菜、香料等等，而且第一站就是泰式咖啡、奶茶攤，讓學員品嘗並學習如何做泰國咖啡。接著回到教室開始教授4道料理，特別的是，這裡的料理要不是創辦人家傳的私房配方，就是從御廚傳承下來的料理方式，教學時會依據學員來的地方，告訴學員可以用當地的哪種材料替代。學完4道菜之後，所有成員就開始坐在布置得美美的餐桌上一起享用自己做的菜囉。課後頒發證書，並附送「Blue Elephant」的圍裙及泰國香料。

除了半天的課程之外，還有素食課、一週課程及專業廚師課程。

藍象還附設餐廳。即使不到這裡學做菜，也值得到這棟美麗的建築裡，嘗嘗知名的泰國美食(中上等級的費用，頂級的服務)。

另外推薦Baipai Thai Cooking School，不只是學習泰料理，可以感受泰國生活(www.baipai.com)。

01: 藍象的創辦人—Mrs. Nooror Steppe Somany／**02:** 藍象料理學校典雅的建築

■ **Blue Elephant 藍象廚藝學校** Add 233 South Sathorn Road Kwaeng Yannawa, Khet Sathorn Tel (02)673-9353 Time 午餐11:30～14:30，晚餐06:30～22:30 Web www.blueelephant.com Trans BTS Silom線Surasak站，由地鐵站就可看到藍象學校，步行約2分鐘 Price 半天課程2,800泰銖

其他課程 Other Course

臥佛寺 Wat Pho Thai Traditional Medical School

按摩課程

　　泰式按摩的舒服，按過的人就知道。如果想自己學按摩，可以參加臥佛寺的正宗按摩課程。一般按摩課程是30小時，共5天，每天6小時。另外還有腳底按摩、進階課程、精油按摩，以及越來越受歡迎的嬰兒及兒童按摩、身體護理、具療效的專業按摩課程，另外還有專為遊客增設的一日體驗課程。

國際佛教禪修中心 International Buddhist Meditation Centre (IBMC)
(瑪哈塔寺 Wat Mahathat)

禪修課程

　　泰國是佛教國家，因此境內很多佛教寺廟有各種靜坐課程，有長期、也有短期的，許多西方人士會專程到此參加禪修課程。如果不想花太多錢，可以參加大皇宮旁的瑪哈塔寺每天的免費禪修課程。

■ **臥佛寺 Wat Pho Thai Traditional Medical School** Add 2 Sanamchai Rd.／二店：92/33-34 Maharach Rd., Prabarommaharajawang Tel (02)2622-3551 Time 每天08:00～18:00 Web www.watpomassage.com Trans 8號碼頭，出碼頭直走右轉，再直走約7分鐘到7-11巷內 Price 6,000～9,500泰銖／30小時
■ **國際佛教禪修中心(IBMC)** Add Wat Mahathat, Maharaja Rd., Section 5 Tel (02)222-6011、(02)623-5685 Time 每天早上07:00～10:00，13:00～16:00，18:00～20:00，有Walking and Sitting英文禪修課程 Web www.mcu.ac.th Trans 由9號碼頭步行約5分鐘，從靠碼頭那一面的門走進第5區，就會找到禪修教室 Info 廟寺可提供住宿

曼谷市區+郊區交通

泰好走

曼谷 全區圖

15號碼頭

杜喜宮群

動物園

曼谷古城區、大皇宮、
玉佛寺、臥佛寺、高山路等
重要古蹟都在昭披耶河沿岸

12號碼頭

13號碼頭

Dinso Rd.
古城老餐館區

高山路

Khao San Rd.

Maha Chai Rd.
小吃街

民主紀念碑

空聖桑運河

大皇宮、玉佛寺
文青碼頭

金山寺

鄭王廟

8號碼頭

大鞦韆
The Giant Swing

Charoen Krung Rd.

中國城

Hua Lamphong

臥佛寺
日落餐廳

耀華樂路、金飾店、小吃、
老屋酒吧咖啡館、燕窩都是本區重點

5號碼頭

華藍蓬火車站

昭披耶河觀光船售票處

King Taksin Bridge

Saphan Taksi

中央碼頭

中央碼頭區、河濱高級旅館區、
文華東方、半島都在這區

122

Bang Sue

北部巴士站

轉車至

The Camp
恰圖恰假日市集
二手市集
MOCA當代藝術博物館
兒童科學博物館

Chatuchak Park

Phahon Yothin

轉搭計程車到CDC

Kamphaeng Phet

KAM

CHA

PHA

Mo Chit

LAT

Lat Phrao
Lat Phrao Rd.

N8

N7

Saphan Khwai
地鐵站旁
有個悠閒的
購物中心

RAT

Ratchadaphisek

地鐵站旁有許多購物商場，
1號出口有暹邏劇場的接駁車

N6 Ari

Sanam Pao

N4

Sutthisan

SUT

Huai Khwang

HUI

N3 Victory
Monument

Thailand Cultural Centre
拉差達火車夜市

CUL

Pracha Uthit Rd.

N2 Phaya Thai

N1 Ratchathewi

水門區

RAM

Phra Ram 9
Rama 9 Rd.

RCA夜店區

National Stadium

曼谷市區
最繁忙的購物區，
百貨公司林立

Makkasan

MRT線

PET

Phetchaburi

機場線

Siam

Chit Lom

Central
Embassy

夜店區

Phetchaburi Rd.

百貨公司區

E1

這區小巷是市區的
高級住宅區，
有許多Spa及優質餐廳

Ratchadamri S1

Phloen Chit

E2

Asok Soi 21

Nana

E3

Terminal
21

Sukhumvit

帕彭夜市

SUK

E4

Thong Lo
優質餐廳、
夜店區

Sam Yan

Asok

Phrom Phong

EmQuartier、
Emporium百貨

E5

S2 SIL Si Lom

Silom線

Sala Daeng

Sofitel
Sol

LUM Lumphini

S3 Chong Nonsi

Thong Lo
東部巴士站

E6

Ekkamai

Phrakanong

Queen Sirikit National
Convention Centre

On Nut

E9

Bang Chak

E10

TESCO超市

Rama 4 Rd.

KHO

Khlong Toei

SIR

財經區＋
高級旅館區

國際會議中心及
商展中心

Punnavithi

E11

Udomsuk

E12

Bang Na

E13

Bearing

E14

這區有帕彭夜市紅燈區
Silom路及Sathorn路是財經區及高級Hotel

123

BTS
Sukhumvit

地鐵

蘇坤蔚線是曼谷的購物商業主幹,對於遊客來講,認識蘇坤蔚路(Sukhumvit Road)是相當重要的,因為通常不是下榻旅館在這區,就是第一天一定先奔到Siam區購物或趕快衝到四面佛拜拜。而BTS Sukhumvit線就是沿著這長長的蘇坤蔚路而建的。

認識蘇坤尉路

蘇坤尉路(Sukhumvit Road)非常長，要怎麼看你位在蘇坤尉路的哪個位置呢？最簡單的辦法就是看小巷(Soi)號碼。一邊統一為雙號巷：Soi 2、Soi 4……另一邊則是單號巷：Soi 1、Soi 3……依此類推，所以如果路名是「33 Soi Sukhumvit 19，Sukhumvit Road」，那表示是在「蘇坤尉路的19巷33號」。蘇坤尉路上有兩條比較特別的大巷子：設計巷Thong Lo及Ekkamai，這兩條巷子其實是蘇坤尉路的55巷(Soi 55)及63巷(Soi 63)，可能是因為路比較大，所以也有自己的名稱。

建議 遊逛路線

這條空鐵線最好花2天時間好好逛，第一天先逛Siam—
Nana站，第二天逛Phrom Phong—Ekkamai站

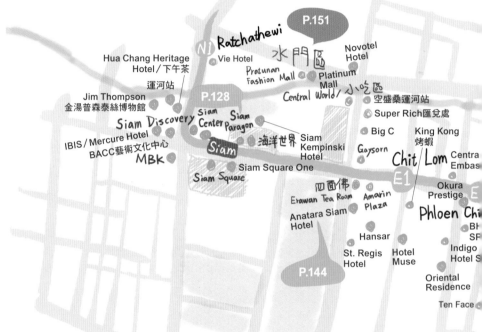

第一天 Siam — Nana **E3**

10:00	Siam站直通Siam Paragon百貨購物、海洋世界
12:30	美食街或4樓餐廳區
14:00	Siam Center、Siam Discovery購物中心
15:00	BACC曼谷藝術文化中心、Siam Square商圈
16:00	四面佛
16:30	華爾道夫或大倉Okura喝下午茶
18:00	水門市場Platinum Fashion Mall
19:30	水門海南雞飯、霓虹夜市或Central World購物中心晚餐
21:30	Red Sky高空酒吧或CRU香檳酒吧

第二天 Asok E4 ── Ekamai E7

09:00　Chu Chocolate Bar & Cafe早餐

11:00　Terminal 21 購物、拍照

12:00　Terminal 21 平價美食街或EmQuartier Roast或The Helix美食餐廳區用餐

13:00　EmQuartier及Emporium逛街

14:00　at ease或Urban Retreat或Ruen Nuad或Let's Relax Thonglor按摩

16:00　Thonglo芒果糯米、After You冰品一號店、The Commons小商場、Ekkamai區
　　　　或Jim Thompson Outlet挖寶

18:00　38巷小吃或55平價泰式餐廳

20:00　Thonglo現場音樂酒吧或EmQuartier Escape高樓熱帶叢林風酒吧

這區是交通最便利的區域(尤其是BTS線 Asok站／MRT線Sukhumvit共站區)，可考慮住這附近的旅館。

Siam SIAM 暹邏站

到曼谷看時尚、瘋狂購物，暹邏站當然是首選，東南亞最美麗的百貨公司Siam Paragon、最多曼谷設計品牌的Siam Center、以設計家具為主的Siam Discovery，以及類似台北西門町的Siam Square……此外，這裡也是BTS Sukhumvit線及Silom線的交接處(市區到河畔的主要交通幹線)，是曼谷的交通樞紐與購物中心。

本站Highlights：Siam Paragon、Siam Center、BACC、Hua Chang下午茶(P.102)
按摩推薦：Let's Relax(Siam Square One)

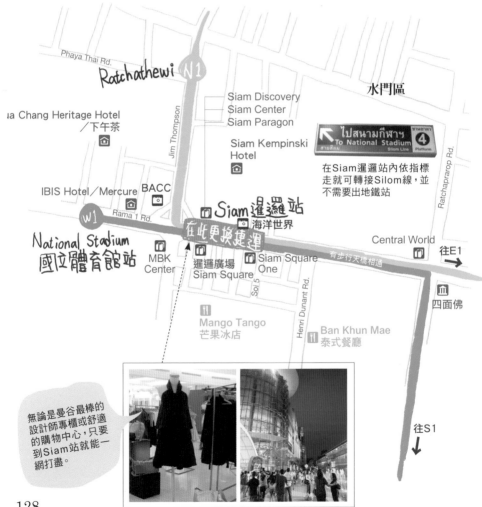

Phaya Thai Rd.

Ratchathewi N1

Siam Discovery
Siam Center
Siam Paragon

水門區

ua Chang Heritage Hotel
／下午茶

Jim Thompson

Siam Kempinski
Hotel

ไปสนามกีฬาฯ
To National Stadium
สายสีลม
Silom Line
4
Platform

在Siam暹邏站內依指標
走就可轉接Silom線，並
不需要出地鐵站

IBIS Hotel／Mercure BACC

Ratchaprarop Rd.

W1 Rama 1 Rd.

Siam 暹邏站
海洋世界

在此更換捷運

National Stadium
國立體育館站

MBK
Center

暹邏廣場
Siam Square

Siam Square
One

有步行天橋相通

Central World

往E1 →

Sol 5

Henri Dunant Rd.

四面佛

Mango Tango
芒果冰店

Ban Khun Mae
泰式餐廳

往S1 ↓

無論是曼谷最棒的設計師專櫃或舒適的購物中心，只要到Siam站就能一網打盡。

128

02: 可和教練潛水下去與海中生物近距離接觸

03: 4D的感覺就是這些影片中的生物往我身上跑過來了，救命啊！

04: 可另外付費搭玻璃船到水中看魚

01～04圖片提供／Sea Life 海洋世界

📷 Sea Life 海洋世界

　　位於曼谷最有格調的SiamParagon百貨公司(百麗宮)B1及B2，分為7大主題館，面積達1萬平方公尺，內有400種、3萬多隻海洋生物，斥資12億6千萬泰銖打造。

　　館內最壯觀的是270度的環形玻璃隧道，方便遊客觀賞優游的魔鬼魚、鯊魚、大章魚、水母等生物。而貫穿兩層樓、8米高的珊瑚礁槽，則是館內海洋生物的主要聚居處，也可看到許多魚類。每天還有定時的餵食表演，甚至可以和潛水教練一起下水與鯊魚同樂；或搭玻璃船在水槽頂觀賞水中生物，以及Ocean Walker，戴上氧氣罩在海底漫步。

　　最後還可到4D電影院觀賞刺激的電影，讓觀眾如臨其境地跟著影片尖叫、冒險，太刺激了！

Add Siam Paragon B1-B2, 991 Rama I Rd. Tel (02)687-2000 Time 09:00～22:00 Web www.siamoceanworld.co.th Trans 3號出口 Ticket 成人900泰銖、兒童票700泰銖 Tips 網路購票或購買蠟像館套票可享優惠，週一～五中午前入場特價675泰銖(兒童票525泰銖)

🎁 Siam Paragon 暹邏百麗宮百貨公司

曼谷貴氣又精緻的購物中心，利用高架人行步道，將同集團的Siam Center與Siam Discovery，以及MBK、Central World周邊商場連成一氣，捷運站出口就直達百貨公司內，可說是暹邏商圈的龍頭老大。裡頭有250家商店，還有電影院、餐廳、咖啡館、書店、超大型文具店、銀行、音樂藝術舞蹈學校、會議中心，以及暹邏海洋世界水族館。幾乎曼谷最流行的商品或咖啡館美食餐廳都會在此設點，總是人氣滿滿。

Add 991 Rama I Rd. Tel (02)690-1000 Time 10:00～22:00(1樓餐廳開放到23:00) Web www.siamparagon.co.th Trans Siam站3、5號出口

百貨公司裡的「Siam Paragon」百貨商場區，M樓層至2樓的化妝品、鞋區及皮包、服飾，是讓上班族女性逛到瘋掉的區域。

4樓及4A樓
有Exotique Thai & Culture泰國傳統工藝品區及Home SPA香氛產品，這層樓的餐廳也很棒，如Fai sor kam、Laem Cha-Roen海鮮等。

3樓
較高檔的國際家具品牌，以及一家超大的文具專賣店—Read & Write BE Trend文具店，這裡有各種創意文具。文具店旁還有一區Trend Design，專賣泰國設計雜貨。另外還有大型兒童遊戲區，假日時常舉辦各種親子活動。

2樓
有高級珠寶、布莊、美容沙龍，另外還規劃了泰國設計區，讓泰國的設計師有機會在這裡展售自己的作品。2樓還有跑車展示中心，這是男性顧客最喜歡的區域了。

1樓
Zara、C.O.S.等中價品牌。

G樓層
國際精品、TWG茶室、Jim Thompson、直通BTS捷運出口。

LGF樓層
美食街(P.131)、各國料理餐廳、超好逛的超市、平價的Home SPA產品，及Afteryou冰品店等。

BF地下樓層
暹邏海洋世界。

美食街專輯

超市外的服務櫃檯可寄放行李、辦理退稅

跟別家百貨公司不同的是，Siam Paragon大膽地將幾家精緻的餐廳、咖啡館設在G樓；美食街寬敞的空間裡，分為泰國美食、精緻美食、小吃區及速食區，每一家都讓人覺得非常賞心悅目、有獨特風格。文華東方也在此設The Mandarin Oriental shop，在優雅的茶室中，提供文華東方精緻的甜品及特色馬卡龍，如泰國奶茶口味、蘋果派、海鹽焦糖口味等特製馬卡龍。

GF美食街有許多小吃，只是價格這幾年來都已經漲了一倍，至少80～90泰銖起。GF及4樓集結了多家知名餐廳，包括泰式及各國料理，不只有遊客而已，當地人也很喜歡到此用餐。

01: 美食街挑高寬敞的空間／**02:** Another Hound及Cafe Chilli是商場內的優質餐廳
03: 推薦這種在泰國才吃得到的鯰魚卵湯／**04:** 蟹肉絲辣醬配水煮蔬菜也是相當推薦的泰國前菜

Loem Cha-Roen 泰國餐廳

Loem Cha-Roen來自以海鮮聞名的羅永府，在曼谷各大商場幾乎都設有分店，菜色選擇多，價位中等，是享用泰國海鮮的好去處。
菜色中也包括泰國東岸的特色菜，例如最推薦的鯰魚卵海鮮鍋，其特殊的香料味，真是到泰國必嘗的美食之一；另也可嘗嘗泰式生蝦，完全不需要擔心鮮度及衛生問題。

Dream Forest

泰國電信公司True打造的夢幻咖啡空間。

Another Hound Cafe

知名服裝品牌開設的時尚餐廳，供應具創意又美味的現代泰式料理，多年來也一直保持一定水準。

新鮮貨專輯

Erb泰國保養品

Web www.erbasia.com

以天然水果與藥草為基底,產品主要可分為3種不同的主配方:Spice & Shine系列是金盞花、薑跟羅望子,具有深層清潔、滋潤效果(夏季適用);Eastern Treat Blend是以茉莉花、米及薄荷調配。Glow Again Blend以沈金、香茅、伊蘭(香油樹)調配而成(乾性肌膚適用)。

JO MALONE 香水店

Add 1F化妝品專櫃區
Web www.jomalone.co.uk

倫敦著名的「Jo Malone」選擇在曼谷開設亞洲第一家分店,可以依照個人喜好,調和各種香水,因此你身上的香水,絕對是優雅得獨一無二,且男女都適用喔!較著名的香氣包括White Jasmine & Mint系列,主要是以白茉莉、薄荷、玫瑰、橙花等調配出來的。另位還有種神祕的黑石榴及細緻的櫻花香氣。曼谷機場常有特價促銷,價格最實惠。

Home SPA 產品區

超市外圍有一區泰國的Home SPA產品,如知名的Thann & Harnn、Erb等品牌在此都設有專櫃。最推薦的是Mt. Sapola品牌。此外還大推熱敷產品,有肩頸、眼部、足部、腰部等,內有泰國香草,只要放入微波爐中加熱,即可在家享受熱敷(4樓Exotique也有)。

Exotique Thai泰國商品區 (4F)

所有的泰國香精保養品牌都到齊了,家飾品部分也相當亮眼。

圖片提供 / Jo Malone

風格獨特的bharat在Exotique Thai區也設有分店

Siam Paragon商場區

Siam Paragon百貨內還有一區Siam Paragon商場區，1樓有許多鞋子及化妝品、飾品；2樓有泰國設計品牌，男裝區的選擇也很多。店面都設計得非常漂亮，而這裡的內衣區選擇更是多又便宜。

Gourmet Market超級市場

這是我覺得最好逛的超級市場，還有遊客紀念品掃貨區，沒時間買伴手禮，在這裡掃一圈就夠了。更棒的是，遊客可享95折優惠，消費也列入退稅之列！推薦平價的Home SPA產品及椰乾、藥草球、料理包、泰國天然香草茶等。

Trend Design 泰國設計區 (3F)

幾乎所有泰國最知名的設計雜貨品牌都匯集到這裡了，像是著名的Propaganda等。

Naraya曼谷包系列

Add No. 3/17-19，3F

著名的曼谷包也進駐Siam Paragon，並在寬廣的空間裡，打造了一座旗艦店。

01: 2樓有很多泰國設計店
02: 華歌爾的內衣價格最實惠
03: 百貨公司內Paragon區的男裝區也很有得逛
04: 超市內有許多平價的Home SPA產品
05: GF的超市特別將遊客最愛買的商品全放在一區，方便購買

Buy家須知

- 購買重點：國際精品、Be Trend文具店、超市、Exotique Thai區。
- Tourist Discount Card遊客購物折扣卡：到服務台辦折扣卡，可享5～70%的優惠折扣。
- 免稅服務：一天內購買2,000泰銖以上可拿取退稅單，離境前總消費額達5,000泰銖以上可辦理退稅。
- 每一層樓都可免費上網。
- 百貨公司內有Shuttle Car服務。
- 百貨公司冷氣都超冷的，記得帶小外套。

🏬 Siam Discovery 百貨公司

以都會型設計聞名的Siam Discovery，這次聘請日本著名設計工作室Nendo(創辦人為設計大師Oki Sato佐藤大)操刀。全新改版後，整座商場充滿了令人驚奇的未來感與前衛設計，無論是外觀還是內在設計都令人為之著迷，宛如一場通往未來的設計饗宴，為百貨商場設計開啟了新的一頁！

設計概念為「生活實驗室」，除了男女裝外，還特別規劃了Digital Lab、Street Lab、Creative Lab及Play Lab，鼓勵顧客來這裡體驗不同的生活風格。每一區也以不同元素設計出獨特的商品呈現方式，如：眼鏡手錶放在試管般的直立管裡，令人眼睛一亮！鞋區的設計很特別，方便顧客一次覽盡各家鞋款。各區均以漸層鏈接的方式，將地板、櫃檯、天花板連成一件完整的作品，呈現出每層樓的特色。

其中最推薦的是生活設計區Creative Lab，除了硬體設計外，商品擺設也確實展現出迷人的生活美學。在這裡，你會看到皮質小帳蓬、大師設計家具，以及兩大列充滿手作感的泰國設計師作品。而受歡迎的Loft，更拓展了商品種類，現在還可買到泰國當地的咖啡豆及相關器皿。

餐飲部分除了以咖啡烘焙著稱的Brave入駐外，美食區更完整詮釋了商場的前衛設計，白色空間與大片的玻璃帷幕，讓每家設計獨特的店面清楚展示在顧客面前；餐桌上均設有平板電腦，可直接點餐。而2樓也引進了最吸睛的粉紅色浪漫咖啡館House Of Eden，但服務跟價位若也同樣漂亮，就更棒了。4樓除了原本的杜莎夫人蠟像館，還增設了休閒區，現在已經是曼谷年輕人最愛的聚集地了。

01,02: 充滿未來感的商場設計／**03:** 頂樓的休憩空間Play Lab／**04:** 夾放菜瓜布的兔子
05: 直立管的眼鏡、手錶陳列櫃／**06:** 男鞋區的漸層設計感
07: 企圖將商品陳列模糊化的前衛設計／**08,09:** 優選泰國設計產品的O.D.S.設計區
10: 非常好逛的Loft／**11:** My Kitchen美食區

Add 989 Siam Tower, Rama I Rd. Tel (02)658-1000 Time 10:00～21:00 Web www.siam discovery.co.th Trans BTS Siam站1號出口，Siam Center隔壁

⑪ Siam Center 百貨公司

　　設計、年輕、活力，就是「Siam Center」的特色。穿過Siam Paragon的小廣場(假日有很多活動)，就是年輕人最愛的Siam Center。公共區域有許多明快的圖案及休閒椅，各家專櫃設計也特別下功夫，光是逛街就好像在看設計展。

　　Siam Center的購物重點在於泰國設計品牌，這是曼谷第一家提供泰國設計師舞台的商場，3樓為泰國設計師品牌，如男裝的anr men及FRI 27 NOV.、知名的DA+PP、Greyhound Original、Kloset、Senada Theory、Tango，此外還有最吸睛的Flownow III，雖然價位較高，但專櫃的設計總是令人驚豔。而The Selected更是一定要去看看，這裡賣的可都是精選設品。1樓多為國際年輕品牌，2樓有些中價位的連鎖品牌，如XXI Forever及VNC鞋。4樓部分為精采的美食街，有些有趣的設置。

01 02 03 04

Add 989 Rama I Rd. Tel (02)658-1000 Time 10:00～22:00 Web www.siamcenter.co.th Trans 1號出口 Key Item 泰國服飾設計品牌Tango及The Selected選品店

05 / 08

06

09

10

07

11

01,11: 3F必逛的The Selected精選設計品店
02: 變化萬千的天花板投影
03: 近年快速走紅的DA+PP品牌
04: 美食街的選擇不少，價格也合理
05: 1樓走廊部分總有不同的設計展
06: 熱門的韓國時尚品牌Aland
07: 1樓多為年輕設計、運動品牌
08: 知名的Mr. Jone's Orphange甜品店也有分店(3F)
09: Tango的設計總是有其獨特風格
10: 永遠不知道下次的專櫃會有什麼新點子的Flow III

🛍 暹邏廣場 Siam Square

位於Siam Center對面的Siam Square，其實並不是百貨商場，而是一區類似台北西門町的購物區，時裝店、飾品店、餐廳、小吃、咖啡館林立，可說是曼谷年輕人的流行指標，許多泰國新設計師夢想能在這裡擁有一家小店面。

Siam Square主要購物街道在：

· Soi 1-2，後面還有個小市集Little Siam，多為便宜的潮流服飾。

· Soi 3-5為獨立設計品牌店。

· Soi 5旁另一家商場Siam Square One。

· Soi 5及6分別有便宜的Siam Relax及Chang Foot Massage。

■ Soi 1的Boxing King可以學習泰拳。
■ Siam商圈與BACC及MBK之間的人行天橋，像一株株美麗的睡蓮。

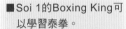

01: 宛如西門町的年輕人聚集地
02: Soi 5有較多優質小店
03: Square One旁的小巷設有流行服飾小攤區

Add 352/1 Rama I Rd. Trans Siam站2、4、6號出口

新鮮貨專輯

Siam Square One 新商場

Info 許多商家20:00就關了

Siam Square 5巷旁開了新的商場，雖然店面沒有開滿，顯得有點空，餐廳的部分跟其他商場重複性高，因此除了幾家較特別的店外，人氣也不是太高。不過GF的Fashion區可買到許多平價服飾。

Posh Thailand 平價包店

Add GF地面樓層，Soi 3

泰國著名的平價包Posh，雖然品質不一定最好，但設計款式確實相當亮眼。做工紮實、花布也很有特色的Posh，做了許多時尚包，是許多亞洲客人到曼谷必掃的品牌。

Boots藥妝店

Add Siam Paragon 2F **Web** th.boots.com

這家英國的連鎖藥妝店，跟屈臣氏可說是泰國兩大藥妝店龍頭。神奇的是，小小的店面可真是應有盡有，各國及泰國品牌的開架式化妝品，選擇非常多，像是Botanics、Sabai-arom、No.7等。若想買泰國各種著名的藥品及膏藥，如薄荷棒、痠痛膏藥、白花油、醒鼻香……這裡可一次購齊(雖然機場也有Boots，但價位貴很多)。

01: Snail White面膜
02: 英國Soap & Glory身體護膚品牌
03: 虎皮痠痛貼布，撕下時是免痛貼心設計
04: 便宜又好用的傳統粉底
05: 興太太去痘面皂及身體皂

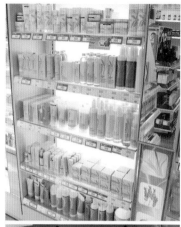

03

04

ACNE CLEAR SOAP

05

美食街專輯

Siam Square是年輕人最愛的地區,因此這裡的餐廳也是曼谷最流行的,價格當然也不能太貴。

Ban Khun Mae 泰式餐廳

Add 458/6 Siam Square Soi 8 **Tel** (02)2658-4122 **Trans** Siam站,6號出口

「Ban Khun Mae」泰文意思是「媽媽的家」,菜色相當豐富,有各種經典泰國菜,最受歡迎的是咖哩蝦(gungpad pong gari)、咖哩螃蟹、炸蝦餅,這裡的酸辣海鮮湯也做得非常到位。擺在入口處的甜點更是吸引眾人目光,像是熬煮得晶瑩剔透的樹薯、做得精緻又不膩口的泰國和菓子,另外也很推薦他們的芒果糯米,採用的是甜而多汁的水花芒果(ma muang nam omain)。這裡晚上還有傳統音樂表演。

Somtam Nua 青木瓜沙拉專賣店

Add 392/14 Soi 5, Siam Square **Time** 11:00 ～21:30 **Trans** Siam站,4號出口,步行約3分鐘 (Siam Paragon對面)

這裡的綜合青木瓜沙拉(Papaya Mix Salad)是最受歡迎的招牌菜,而且幾乎每一桌客人都會點炸雞塊(Fried Chicken,65泰銖)。

Mango Tango 芒果冰店

Add Soi 3, Siam Square **Tel** (02)658-4660 **Time** 10:00 ～22:00 **Trans** Siam站,2號出口

看名字就知道這裡賣各式芒果冰品。裝潢很有型,有點紐約設計咖啡館的感覺。推薦這裡的主要原因其實不是餐點,而是這裡有很多帥哥美女出沒。想要欣賞曼谷的型男美女,那麼1百多塊的芒果冰就是養眼的代價。

White Flower Factory (4樓)

這家餐廳應該是讓Siam Square One的其他商家羨慕不已的餐廳,從捷運站就可看到店裡滿座。原來是因為這裡供應許多平實的泰國餐點(如咖哩、酸辣湯、泰國湯麵),而且還有一大排的甜點,真是太吸引了人,難怪深獲當地年輕人及上班族喜愛。另外幾家高人氣的店則是韓國冰店Holy Coffee Korean、年輕人約會必去的After You、可愛的Hello Kitty咖啡館。

01

02

01: 一整排蛋糕實在太犯規 / **02:** Hello Kitty咖啡館

Ohkajhu Siam Square One

(GF樓層)

清邁知名的三兄弟餐廳,現也紅到曼谷來了。食材均來自自家有機農場,菜肴一向以澎湃吸睛,成功在Siam Square One擴獲曼谷人的胃。

Chit Lom E1

這區又可稱為「四面佛商圈」，因為知名的四面佛就在這裡，旁邊是曼谷第一家精品百貨「Erawan四面佛購物中心」；斜對面是號稱全東南亞最大的購物中心Central World Plaza，及時尚美食區Groove。商場雲集，難怪觀光局將這區定位為Eat、Pray、Shop。這些購物中心有天橋、水門批發商圈與暹邏區(Siam站)的Paragon等百貨公司連成一氣，為全泰國最時尚的購物區。

本站Highlights：四面佛、Central World百貨及Groove新美食區、水門Platium Fashion Mall、Big C大超市、Super Rich匯錢、Central Embassy超市及美食街、Open House複合式書店、大倉酒店及華爾道夫酒店下午茶
按摩推薦：BHAWA

Glow Hotel
Platinum Fashion Mall 批發商場
Amari Watergate Hotel
Novotel
Talad Neon新夜市
海南雞飯(粉紅色)
沙嗲
Siam Kempinski
小吃攤
空盛桑運河船站
象神及愛神
Isetan、曼谷包
Super Rich
Central World
Siam 暹邏站
Big C
Chit Lom
Siam Paragon
Groove
Gaysorn
Holiday Inn
Central Embassy / Open House複合式書店
暹邏廣場 Siam Square
四面佛
Central Chitlom
Phloen Chit
Renaissance Hotel
Hyatt
Savoey海鮮
King Kong 烤蝦
Erawan四面佛百貨(TeaRoom)
Amarin Plaza
Okura Prestige
華爾道夫酒店
Central Point / RarinJinda Spa
Center Point Phloen Chit
Casa Lapin C
Siam Anatara
Lemon Farm 超市
Plaza Athenee
Ratchadamin S1
Hansar
Hotel Muse
TEN Fac
St. Regis
BHAWA Spa
Henri Dunant Rd.
Lang Suan Rd.
Witthayu (Wireless) Rd.
Oriental Residence
Indigo Hotel
水門往Paragon連接
Ratchaphraop Rd.

📷 Central Embassy奢華購物中心及 Open House複合式書店

　　Central Embassy位於前英國大使館花園位址，因而取其名。建築為曼谷地景中相當亮眼的一棟，以簡約前衛的30萬片鋁片，打造出傳統寺廟陶瓦的樣貌，內部空間則呈無限符號「∞」。

　　商店多為頂級奢華品牌，餐廳也走高檔路線，每家餐廳的裝潢設計均相當用心。最亮眼的當屬6樓的Open House複合式書店，特地請來打造日本蔦屋書店的團隊，規劃了餐飲區、兒童遊樂區、共用工作室，而書區的選書更具國際水準。同層樓還有曼谷最頂級的電影院，座位堪比可平躺的頭等艙。

　　而地下樓層的美食街特別依泰國各區特色設計，讓人彷如到泰國各區旅遊、品嘗當地美食，包括美味的東北伊森料理、受緬甸寮國影響的泰北料理、融合馬來口味的南部料理、及口味溫厚的曼谷中部料理。

　　超市則特別為遊客優選了各地的好商品，包括頂級蜂蜜、Home　SPA香氛產品、一省一特產OTOP優質產品等。

01: Central Embassy外觀醒目搶眼 / **02:** Open House複合式書店 / **03:** 美食街精緻的甜點
04: 進入超市美食街時，服務人員會提供這美麗的結帳卡，在場內均以此卡記帳消費，出場時再結
05: 超市裡的商品琳琅滿目

Add 1031 Phloen Chit Rd. Time 10:00～22:00 Web centralembassy.com Trans Chit Lom站，5號出口

📷 四面佛

　　據說1956年破土要興建Erawan酒店之前就有四面佛壇，當初決定要移走這座佛壇，但是因為工程期間發生了許多事故，酒店老闆及主管也曾夢過四面佛來託夢，因此他們決定請道士作法，並保留原本的四面佛壇，從此之後就一切平安順利了。

　　「四面佛」其實是印度婆羅門教的大梵天──創造之神。祂有4張臉及8雙手，每一面

分別主掌不同的事，第一面主掌功名事業，第二面掌管婚姻愛情，第三面是錢財富貴，第四面則是健康平安，因此參拜四面佛時四面都要拜，而且據說四面佛很喜歡鮮花及大象，所以信徒都會帶上鮮花及大象飾品(例如木雕象)來還願。

參拜Step by Step

泰國人的信仰真的很堅定，即使是遠遠地從四面佛上面的地鐵天橋走過，或者是坐在車子裡經過四面佛，都會雙手合十拜一下，再摸摸自己的頭。

1. 要從入口處順時針方向開始拜。
2. 每一面拜完，都要插上三炷香及一根蠟燭、並掛上一束鮮花。
3. 祈求的願望日後若達成，信徒必須準備祭品回來還願。
4. 還願時要雇用在場的傳統舞者表演歌舞，要聘請多少位舞者可以看願望的大小而定，一般是2～8名。
5. 在櫃檯處填寫姓名及繳費後，舞者就會開始跳舞，一面吟唱還願者的姓名。此時還願者要跪在舞者跳舞的小涼亭前，感謝四面佛的助佑。

Central World旁還有座金色的大象神，這是印度的象頭神──甘尼夏(Ganesha)，據說祂是濕婆神的小孩，掌管創生與除障，並且能協助信眾接近神祇，因此信徒在拜神或做任何事之前(開店、出遠門、舉行儀式等)，都會先來參拜象神。而泰國人民認為大象是四面佛的護衛，象徵著智慧與財富。神壇旁有許多木雕象，這些都是信徒還願時買來護衛神祇的。

Add Rama 1 Road & Ratchadamri Road交叉口 Trans BTS Chit Lom站6號出口，出站就會看到，或由Siam站步行約7分鐘

🏬 Central World

Central是泰國第一家百貨公司，是泰國最常見的百貨公司。自從Paragon開幕之後，為了能保住百貨公司龍頭的地位，馬上大規模改裝。這裡有五星級旅館、國際會議中心、辦公大樓，及擁有500多家商店，是全東南亞第一大購物中心。曼谷許多產品發表會、甚至電影節，都選在這裡舉辦。購物商場共分為6個購物區、3家百貨公司：伊勢丹(Isetan)百貨公司、Zen百貨公司、Central百貨商場。7樓有大型的電影院，這個樓層還有許多精緻的餐廳，Groove美食區裡，每家餐廳也都別具特色，跟EmQuartier的Helix區相比，可真是難分上下啊！

01: Groove區跟EmQuartier的Helix區並列曼谷最時尚美食區
02: Zen 17樓的Heaven區，集結了5家時尚的高空餐廳及酒吧
03: Harnn的擴香瓶
04: Central World前的象神及愛神

Add 4 Rajdamri Road Tel (02)635-1111 Time 10:00～22:00 Web www.centralworld.co.th Trans BTS Chit Lom站9號出口，直抵3樓(Gaysorn百貨對面)，步行約5分鐘；或Siam站6號出口(步行約7分鐘) Key Item Naraya曼谷包、本土設計鞋、童裝、Botanique香氛、Lada包

新鮮貨專輯

Zen百貨

品牌風格較年輕,包括許多泰國設計師品牌,Thai Designers Gallery這區販售泰國服裝設計師的作品。我自己很喜歡這裡的鞋區,除了一些歐美知名品牌之外,還有更多泰國設計師的品牌,17樓的Heaven集結了5家時尚美食餐廳,其中的Zense也是曼谷知名的高空酒吧美食區。

> Zen百貨多為中上價位品牌,7樓居家雜貨區尤其好逛,6樓的兒童玩具區是親子遊的好去處!

OVS義大利平價百貨

隸屬於義大利Coin百貨集團的OVS,為義大利版的Fast Fashion品牌,近年大舉進駐亞洲市場,更在Central World貫穿數個樓層,氣勢十足。商品除了男女平價時尚服飾外,童裝商品也不少。

Karmakamet香氛品牌

Karmakamet的創辦人來自泰國的華僑家族,家族原本開設中藥行,他將各種藥草運用於泰國的香氛產品上,香氣獨特,再加上以現代手法詮釋老藥房的時尚店面與包裝,成功走出自己的品牌特色。除了恰圖恰市場的本店,在曼谷市區也設立了好幾家分店,Phrom Phong百貨後面的小巷所設有優雅的分店還供應餐飲,只可惜服務品質並沒有跟上餐飲定價。

01: Zen的設計家飾區非常好逛
02: 義大利平價百貨OVS大舉進駐
03: 品牌文化鮮明的曼谷香氛品牌Karmakamet
04: 特別請了美國知名漫畫家展出的漫畫牆
05: 商場內也有不少傑出的泰國本土設計品牌
06: 用色繽紛的涼鞋
07: 重新裝修的Naraya旗艦店
08: Groove美食區宛如在商場內打造了個夜店區

05

B2S書店旗艦店 (1-2樓)

泰國最大書店「B2S」的旗艦店，有點類似誠品敦南店，有英文及泰文書籍，裡面分好幾層樓，B1有各種CD、音樂，是了解泰國音樂的好地方。2樓部分則是文具、3樓是英、泰文書區，有許多泰國旅遊書。

Isetan 伊勢丹百貨

主打日本品牌，有紀伊國屋書店及許多日式雜貨。1樓有許多平價服飾店，很多適合上班族的服裝。2樓則有泰國知名品牌，品質跟設計款式相當好，像是Flynow的包包、Greyhound的襯衫等。若要往水門區、愛神與象神，可以從這裡的出口出去(曼谷包旁的出口)。

06

Naraya 曼谷包旗艦店

Central百貨的曼谷包專賣店幾乎是所有台灣人的首要目標，常看到許多台灣遊客到四面佛拜完之後，馬上衝到對面搶購曼谷包。雖然對面的Big C商場裡也有Naraya的分店，但Central百貨這家分店在重新裝修後，整體質感升了一級，仍成功吸引遊客來店消費。；Emporium百貨旁的分店，貨品也很齊全。(請參見P.159)

07

Viera by Ragazze皮件 (2F, Zone E)

Tel (02)613-1028 **Web** www.ragazze.co.th

剛看到這家店的風格時，還以為是義大利品牌，問了店員後才知道這是泰國自創品牌，所有產品都以真皮打造。以材質、手工品質及設計感來講，真的非常超值，尤其是皮鞋，穿起來漂亮又舒服。迷你真皮手提包約3,680泰銖，大手提包約8,000泰銖。嚴禁拍照。

08

Buy家須知

● 貼心服務：Central Tourist Privilege Card遊客購物折扣卡。可以先到1樓服務台辦卡，持卡可在合作專櫃享5%的折扣，1樓及6樓服務台提供行李寄放服務。，如達到退稅金額還可退7%。

美食街專輯

Central World除了Zen百貨公司裡的美食街之外，7樓還有幾家泰國知名的餐廳，像是已在台北開分店的知名泰式餐廳Nara、吃到飽燒肉餐廳AKA等。在4～6樓也有一些年輕人較喜歡的簡單餐飲，像是Coca Suki火鍋店，3樓有美味的Taling Pling餐廳分店及Kuppadeli等。

全球前三大的星巴克 (GF)

Central World最具話題性的新咖啡館，就是號稱全球前三大的星巴克。拜全球星迷的貢獻，成就了這金亮亮的豪華裝潢，並特別規劃了隱密度較高的聚餐座位區，中間還有個有別於一般分店的手沖咖啡區。當然周邊商品區也不少。

Kum-Poon 泰北餐廳店 (7樓)

Tel (02)646-1044 **Time** 11:00-21:00

中間吧檯為手沖咖啡區

「Kum-Poon」，「大口咬」的意思，這裡供應的是泰北Isaan地區的道地美食，木瓜絲的調味也有點不同，另外還有用泰國香草煮的烤烏魚湯(Snakehead Fish)。

Apinara新潮泰國美食餐廳

(Groove新美食區)

Central World美食區中，最推薦這家堪稱知名泰國餐廳Nara小女兒的Apinara餐廳。除了裝潢時尚之外，這裡的餐點更是美味，尤其推薦餐前菜拼盤及最炫的自製泰國冰點。若想品嘗經典泰菜，可到7樓的Nara泰式餐廳。

01: 看到這一大盤前菜拼盤，就覺得食指大動啦

02: 超時尚美食餐廳

03: 製泰國冰會送上一整組的泰國甜品，冰本身就相當綿細，可選擇泰國奶茶口味或椰子口味

04: 讓女孩尖叫的粉紅咖啡館House of Eden也進駐Groove餐飲區

🛍 Erawan Bangkok
四面佛百貨公司

四面佛旁邊的Erawan百貨公司是曼谷第一家以國際精品為號召的百貨公司，價位也較高，大部分是貴婦級的顧客。較著名的專櫃是1樓的Coach、Burberry，2樓的Club21，這是新加坡的精選品牌專櫃(有Miu Miu或Dolce & Gabbana等服飾)，走的是時髦貴婦與現代雅痞路線，有點像台北的Joyce。

🛍 Amarin Plaza

Amarin百貨公司雖然人氣並不是那麼旺，但我覺得還是有逛逛的價值。它的建築外觀設計充滿年輕女孩的俏麗與甜美感，裡面則有很多泰國手工藝品(包括可購買各種泰國傳統膏藥的藥房)。2樓特別推薦Green Cotton，這裡有很多純棉的枕頭套、被套及純

棉浴袍(400～600泰銖)。3樓則有Oriental Princess化妝品專櫃及20多間泰國雜貨。

最推薦4樓打著The Best Street Food旗號的美食街，將曼谷各區著名的街頭美食延攬進來，包括米其林指南特別推薦的水門區Go-Ang海南雞飯。在這裡吃不但環境衛生，價格也相當合理！

01: 共有5層樓高的百貨，有各種泰國雜貨、紀念品
02: 百貨公司外面晚上有小市集
03: Green Cotton棉質浴袍

■ **Erawan Bangkok 四面佛百貨公司** Add 494 Ploenchit Road Tel (02)250-7777 Web www.erawanbangkok.com Trans Chit Lom站，4樓可通往隔壁的Amarin百貨
■ **Amarin Plaza** Web www.amarinplaza.com Time 10:00～21:00 Trans Chit Lom站，2號出口

🎁 Gaysorn Plaza 百貨公司

　　Gaysorn算是最早將年輕頂級精品引進曼谷的百貨公司，近年又新拓了北翼，增加餐飲店家，包括深受高級上班族喜愛的DUKE Contemporary Art Space at Gaysorn雪茄酒吧、咖啡品質優的iberista Specialty Coffee Shop，12樓還設有PANPURI香氛品牌的按摩中心。

　　想喝下午茶則可考慮1823 Tea Lounge by Ronnefeldt，這是德國百年茶館，曾是俄皇的御用茶品。這裡所提供的下午茶，還包括高跟鞋及時尚包造型的巧克力。

營業到凌晨2點

🎁 Big C 百貨超市

　　想便宜買泰國貨，到這裡就對了！這裡從泰國醬料、玩具、日常用品、零嘴等全都有，類似家樂福大賣場，而且購物之後還可以到商場內的平價按摩、餐廳、美食街吃吃玩玩。

因為這裡有很多便宜的好貨可以掃，建議回國前一天晚上留點時間到這裡做總採購，像是泰國咖哩包、米餅、蝦醬、魚露、魷魚絲、大哥豆、酸子糖、內衣褲等。

■ **Gaysorn Plaza百貨公司** Add 999 Ploenchit Rd. Tel (02)656-1177 Time 10:00～20:00 Web www.gaysorn.com Trans Chit Lom站，9號出口，沿Ratchdamri Rd.步行
■ **Big C百貨超市** Tel (02)250-4888 Time 09:00～02:00 Web www.bigc.co.th Trans Chit Lom站9號出口，在Gaysorn百貨隔壁

🏠 水門區

從Chit Lom站出來沿著人行天橋走，經過Central World過橋後，順著路左轉，步行到Platinum Fashion Mall約10分鐘(批發區是在Central World後面這一區，海南雞飯則是在Big C這一側)。

01: Platinum Fashion Mall及它對面那區就像台北的五分埔，是成衣批發的大本營，可以裝扮成批發商的樣子。從CentralWorld前搭2號公車，或搭水門旁的運河船可到另一個更便宜的批發市場BoBae。

🏠 Platinum Fashion Mall 批發商場

幾乎所有在泰國認識的年輕女孩都跟我推薦這裡，因為它是全曼谷最大的批發商場，共有相連的兩棟樓，各式各樣最潮流的服飾、鞋子、袋子、飾品統統都有，就像是立體的五分埔，想要便宜的追求潮流，這裡當然是最佳購物地點。不過要量多點才能拿到比較便宜的價錢，所以泰國朋友說她每次去一定找3位以上的朋友。

鞋子、洋裝約190泰銖起。

> 各樓層的商品類別分明，逛來並不混亂。上面還有Novotel旅館，方便購物的住宿。

02: 這長長的走道，花上一天也逛不完

03: 牛仔布包

04: 服飾、鞋、包、飾品，一應俱全

05: 若沒時間去Asiatique，第一棟的這家Thai Herbal所賣的Snailwhite等藥妝品也比一般店面便宜

06: 許多當地人上市場大採買後，會搭嘟嘟車回家，比較好載貨

■ **Platium Fashion Mall批發市場** Add 222 Petchaburi Rd.　Tel (02)121-8000　Time 09:00～20:00 Web www.platinumfashionmall.com Trans 沿Central World這一側的天橋直走到底，下橋後左轉即為批發商場

🍴 Go-Ang Prathumwam 水門海南雞飯

所有的服務生都穿著粉紅色制服，很好認。海南雞飯的肉非常鮮嫩，午餐及晚餐時間總是擠滿上班族，多人一起吃的話，可再加點一盤雞肉，若剛好在這一區，順便過來吃就好，不用特意過來。

24巷口的海南雞飯攤也很好吃

🍴 Talad Neon 水門區夜市

Talad Neon意為「Downtown Night」，由水門區最知名的Platinum商場所開設的戶外購物區，有900個攤位之多。美食攤位還號召了知名的Siam crispy rice、Somtum Pra Paow Panom Shop及Barbie and Bottle入駐。晚上在市中心的水門區也可暢享夜市之趣！

照片提供 / Talad Neon

🍴 Erawan TeaRoom

是曼谷最著名的泰式下午茶地點，室內設計特別請了國際知名的設計師季裕棠(Tony Chi)。從室內設計可以感受到最悠閒的東南亞熱帶風情，下午茶套餐有咖啡或茶，搭配泰式及西式綜合茶點，像是泰式和果子、芒果糯米飯、英式鬆餅或馬卡龍、蛋糕、泰式沙嗲、鮮蝦春捲等。

精緻糖罐

Erawan TeaRoom提供超豐盛的兩人泰式傳統下午茶套餐

■ **水門海南雞飯** Trans 沿Gaysorn百貨這一側的人行天橋直走，過橋走到底，下樓梯右轉直走
■ **Talad Neon** Add Phetchaburi Road Soi 23及29巷之間，Novotel旅館斜對角的Palladium商場旁 Time 週四～週日16:00～00:00 Trans BTS線Chit Lom站或機場線Makkasan站
■ **Erawan TeaRoom** Tel (02)254-1234 ext 3171 Web www.erawan bangkok.com/tearoom. php Price 每人600泰銖 Trans 出Chit Lom站2號出口，沿Erawan Bangkok路標走，直接連到四面佛購物中心2樓 Info 下午茶時間是每天的14:30～18:00

Nana及Asok站基本上並沒有什麼景點，主要為Asok站好玩又平價的Terminal 21購物中心及Nana站的夜生活(但Bed Superclub搬走後，似乎稍微失色了些)。Nana站的11巷仍有些小酒吧，晚上有現場音樂。

建議路線

兩站距離並不遠，沿路走走逛逛，就會走到了。白天可以先到Siam或Phrom Phong站周區，傍晚過來逛Terminal 21，晚上在這裡用餐，再到酒吧或按摩。

本站Highlights：Chu早午餐巧克力熱飲(詳見P.101)、Terminal 21、Sofitel Sukhumvit L' Appart高空酒吧及高級法國餐廳
按摩推薦：Urban Retreat

🍴 L'Appart

Sofitel Sukhumvit旅館頂樓的L'Appart餐廳，整座餐廳以巴黎奧斯曼風格公寓的概念，完整表現出法式藝術生活創意十足的主廚，為了讓亞洲客人更願意接近遙遠的法國菜，大量採用當地食材料理，而且每道菜的擺盤都充滿了想像力，像是有個小故事在其中，讓人捨不得吃。

01: 可以鳥瞰Sofitel Sukhumvit旅館的戶外泳池
02: 彷如巴黎公寓的法國餐廳，分成客廳、閱讀室、私人包廂及酒吧區
03: 鵝肝餃，但是以冬蔭功口味料理，呈盤就像個小花園
04: 煎鮭魚，像條魚從開滿小花的河岸遊出去

01

02

03

04

■ **L'Appart** Add 189 Suhumvit Rd. (Soi 13與15之間) Tel (02)126-9999 Web www.sofitel.com Trans BTS線Nana站或Asok站，步行各約7分鐘

🏬 Terminal 21

以機場捷運為設計主軸的Terminal 21，位置絕佳，就位於BTS及MRT線轉運站，每層樓都以不同城市特色設計，分別為：多為中上品牌的G羅馬層、平價品牌的MF巴黎層、較多女裝的1F東京層、男裝為主的2F倫敦層、設計雜貨及皮件為主的3F伊斯坦堡層、4樓舊金山層的餐廳區、5樓最推薦的平價美食街、6樓舒服的電影院及3C產品。每層樓的洗手間設計真是太有梗，上個廁所總要拍好幾張照片才肯走！

各層購物重點：**LG樓層**：手標茶攤、小老板專賣店、超市、興太太傳統皂專賣店 / **G樓層**：VNC平價鞋店、CC-Co休閒服飾 / **M樓層**：CPS潮服及H&M / **1樓**：Tiger Seven優質女裝(1002)、Riotino圍巾及服飾(1106)、1013及1095室的古著衣 / **2樓**：鞋區及2004男性潮服 / **3樓**：The Grass優質擴香瓶、Human Touch寢具家具設計品、Labrador皮件、3003的果凍鞋Jelly Bunny、3076的Posh包、添好運 / **4樓**：Have a Zeed泰北菜 / **5樓**：超平價美食街、Sansab

---

■ **Terminal 21** Add 2,88 Soi 19(Wattana), Sukhumvit Rd. Tel (02)108-0888 Time 10:00～22:00 Web www.terminal21.co.th Trans BTS線Asok站或MRT線Sukhumvit站，捷運出口直通商場的MF巴黎層

01: 興太太傳統皂專賣店

02: 每個樓層都極具自己的特色，尤其是廁所的設計

03: 在其他百貨美食街「漲」聲不斷的情況下，Terminal 21的美食街依舊維持著親民的價格，絕對是要用力給它鼓鼓掌的呀

04: 店面有創意，價位又漂亮的購物商場

05: 相當推薦手標茶的奶茶口味霜淇淋，玫瑰奶茶也相當好喝

06: Sansab及Have a Zeed都是平價又美味的東北菜

07: 2樓2116室的NEPTUNE NINE

08: 商品最齊全的手標茶茶攤

09: Inflat Deocr泡泡包

10: 潑墨潮包

11: 泰國知名的Human Touch設計雜貨品牌

🍴 Baan Khanitha 高級泰式料理

Khanitha是餐廳老闆娘的名字，這家餐廳在泰國知名度算相當高，最著名的菜有：鮮柚蝦沙拉(Spicy pomelo salad with shrimps)、酸辣湯、咖哩螃蟹，芒果糯米也很棒！

在曼谷開設許多家分店，Sathorn路上的分店最大，Sukhumvit 23這家很有趣，巷口是五光十色的牛仔街紅燈區，靠近餐廳的區域就比較安靜，獨棟的2層樓建築，有到別墅豪宅用餐的感覺。

Sukhumvit

■ **Baan Khanitha高級泰式料理** Add 36/1 Sukhumvit 23 Soi Prasan mitr Tel (02)2258-4128 Time 11:00～14:00，18:00～23:00 Web www.baan-khanitha.com Trans 由Asok站或MRT Sukhumvit站往Phrom Phong站方向走，轉進Soi 23，直走步行約7分鐘

🍴 Cabbages & Condoms 保險套餐廳

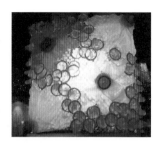

　這是宣導保險套的非營利組織PDA所開設的,有很多利用保險套製作的裝置藝術,像是保險套超人、燈罩等。這裡的餐飲不是很貴,一道菜大約是100泰銖起,庭院的用餐區氣氛非常好,晚上也有音樂表演, 很推薦喔。

🍴 Prai Raya 普吉島黃咖哩蟹肉米線

　普吉島著名的黃咖哩蟹肉米線小館Raya Phuket,在曼谷開設分店。口味比照普吉島老店,食材也來自普吉島老店。雖然黃咖哩有點小辣,但蟹肉真是飽實又鮮甜!菜色選擇多,幾乎所有知名泰菜都包含在內,也有普吉島特色菜(如:大蒜胡椒燉肉moo horng、包在香蕉葉蒸的咖哩螃蟹hor mok),價位多為250泰銖起。

01:位於8巷內的獨棟白色建築 / **02:**裡面的裝潢也充滿了普吉老鎮風情(Sino-Portuguese) / **03:**南部特產的梁菜(Liang)炒蛋 / **04:**著名的黃咖哩蟹肉米線。剛看到菜單時會覺得一份小的黃咖哩蟹肉米線竟然要價400泰銖!後來發現裡面的螃蟹肉怎麼也撈不完,就無法讓人多計較。飽滿又鮮甜的蟹肉,撈起來淋在米線上吃 / **05:**蝦醬炒臭豆蝦

■ **保險套餐廳** Add 10 Sukhumvit Soi 12, Klongtoey-nua Tel (02)229-4610 Time 11:00～22:00 Trans BTS Asok站,由Sukhumvit Rd.轉入Sukhumvit Soi 12步行約2分鐘 ■ **Prai Raya** Add 59 Sukhumvit Soi 8 Tel (02)253-5556 Time 10:30～22:30 FB PraiRayaSukhumvit8 Trans Nana站4號出口轉進8巷直走約10分鐘,或可搭摩托計程車進來

🍴 SanSab Issan Restaurant 東北菜

位於Terminal 21商場美食樓層的SanSab餐廳，在俏皮的木質裝潢餐廳中，供應著最美味的東北伊森菜(Issan)。伊森菜一向以其香料調味見長，因此無論是簡單的青木瓜絲、酥脆無比的炸魚(Fried Sea Bass with herb salad)及烤雞、香氣四溢的酸辣排骨湯(Tom Sab Tom Yum)、脆Q的烤豬頸肉(Grilled BBQ pork)，道道都讓人讚不絕口！

🍴 蘇坤蔚路18巷口小攤

在18巷巷口開設多年的小攤，供應平價又美味的東北菜料理，像是烤魚、青木瓜沙拉、烤豬頸肉、酸辣排骨湯等，幾乎每次住這附近時就會來報到的深夜食堂。

■ **SanSab Issan Restaurant** Add Terminal 21商場5樓5008 Tel (02)108-0888 Time 10:00～22:00 Trans BTS線Asok或MRT線Sukhumvit站，Terminal 21(5樓)靠近美食街購買儲值卡櫃檯處 ■ **蘇坤蔚路18巷口小攤** Tran Asok站，步行約7分鐘

Phrom Phong

彭蓬站

Phrom Phong商圈跟暹羅商圈相較之下，多了種不可言喻的氣質。這區以往最著名的是曼谷經典頂級百貨Emporium，近年對面開了EmQuartier，形成曼谷新興的時尚商圈The EM District。再加上周區小巷裡優質按摩中心不少，26巷底則有Big C等大型超市商場，以及小清新的K Village購物村、小型滑水中心、溫泉按摩中心等，由Phrom Phong延伸至下一站Thonglo高級美食夜店區，是遊客必排行程。

私意見

可以考慮住在這週區的旅館，逛完街、吃完飯可直接去按摩，即使按到很晚，回旅館也方便。例如高級的Hilton或Double Tree、較平價的Sereine公寓式旅館、或One Day Pause青年旅館。

本站Highlights：EmQuartier、按摩、週末的K Village小市集、26巷底大超市圈
按摩推薦：Wat Po Sukhumvit、Refresh@24、BodyTune

🏬 Emporium百貨公司

捷運連通到百貨公司內，往裡走還有一區稱為「Emporium」的商場區，設有Playhound等泰國優質設計品牌，3樓則為Betrend生活雜貨文具、書店，以及專為兒童打造的Imaginia遊樂區與直排輪練習場。4樓為居家生活用品與香氛產品、優雅的美食餐廳區、好逛的超市，文華東方在此也設有茶室，甜品相當有水準。5樓為AIS所設的共用工作空間及電影院。特別推薦1樓的Pop Up Space，常有優質快閃商品。B樓層現規劃為內衣、女性運動服飾專區。

Buy家須知

● Hand-Free Shopping：可先到服務台拿取購物手冊，挑選好貨品之後，讓服務人員幫你把品項寫在冊子上，不用先結帳或提著大包小包逛街。30分鐘內，服務人員會把你所買的東西都送到服務台，只要到服務台一起總結帳及取貨就好了。

● 遊客享5%優惠，達到退稅金額可到4樓辦理退稅。

這家百貨公司我很喜歡，因為它的規模比較適中，逛起來不會太累；而該有的東西，這裡也都有。進百貨公司的第一件事情就是到服務台領取遊客折價卡Tourist Card！

3樓文具設計品區可買到各種實用的旅行用品

建議路線

建議先逛Emporium百貨公司，中午可以在EmQuartier用餐，下午到Urban Retreat或Asia Herb或Refresh@24做SPA按摩。晚上可到38巷吃小吃或到Thong Lo的Pub聽現場音樂。

🎁 Naraya 曼谷包專賣店

這家分店共有2層樓，貨品也很齊全，顧客比Central World少，逛起來也比較舒服，還滿推薦這家的。

■ **Emporium百貨公司** Add 622 Sukhumvit Rd. Tel (02)269-1000 Time 10:00～22:00 Web www.emporiumthailand.com Trans BTS Sukhumvit線Phrom Phong站，2號出口 Key Item 內衣、泰國設計洋裝及上班族服飾、童裝、家飾、旅行設計品、超市
■ **Naraya曼谷包專賣店** Add 662 Soi Sukhumvit 24, Sukhumvit Rd. Tel (02)269-1000 Time 09:00～21:30 Trans Phrom Phong站2或4號出口，24巷巷口

📷 A Square：Chang Surf Bar衝浪酒吧、溫泉按摩

K Village對面為A Square廣場，曼谷第一家溫泉按摩中心就是設在這裡(現在Let's Relax在Thong Lo的分店也有類似的設施)，市區第一家衝浪中心也在此。這家衝浪中心的經營方式相當特別，不只可刺激衝浪，還營造出歡樂的酒吧氛圍，可以一面衝浪、一面開派對了！

圖片提供／Flow House

🏬 K Village 及 Bic C大超市

26巷這條林蔭遮蔽的美麗長巷道底端，有座悠閒的K Village社區型購物商場。這裡設有高級超市及優質商店、餐廳、美甲店。最有趣的是週末常舉辦創意市集或農夫市集，有媽媽自己煮的傳統茶飲，也有知名的Brave咖啡小攤，還可找到或時尚、或手作感的商品。而後面的Big C超大型超市，遊客較少，逛來舒服多了。商場內還有許多平價小店、美食街、餐廳。過天橋到對面，又是另一家大型超市Tesco，所有伴手禮可一次掃齊。

01: 這家Big C結帳處外面也設有皇家計劃商店，可買到牛乳片及蜂蜜
02,03: K Village週末常有好玩的小市集

■ **A Square、K Village及Big C大超市周區** Add A Square, Soi 26 Sukhumvit Rd. Tel (02)108-5210 Time 10:00〜23:00，週五〜六08:00〜00:00 Web www.flowhousebangkok.com Trans BTS線Phrom Phong站，到26巷口搭摩托計程車到26巷底

🏛 EmQuartier 超時尚新購物中心

我必須說，自從EmQuartier開幕之後，讓Phrom Phong站的好玩性又升級了不少。除了有很炫的5樓花園及瀑布外，最罪惡的就是Helix美食區！

Helix區旋繞式的空間設計，雖然也有手扶梯，但完全讓人忽略它的存在，從6樓不知不覺旋繞著各家美食餐廳爬了好幾層樓，真有The Endless Journey of Dining無止盡美食之旅的感覺！而且各家餐廳無論是裝潢或是菜單，都讓人忍不住狂點，把體重機扔到泰國灣去！

商品的部分多為個性設計時尚精品，與其他百貨公司精品名牌區別開來。不過如果這些高價位品牌跟你沒關係，那我們就著重在吃吧，每次去吃個兩家，要吃好幾次才能把口袋名單上的美食店家都打勾呢！

01: 緊繫著回歸自然的主軸設計了瀑布、高空庭園、中庭垂掛式綠植栽等／**02**: Helix 4樓的Another Story設計風格店，也設有小餐坊及花店／**03**: 走過高空庭園天橋即可到充滿熱帶叢林風的酒吧Escape／**04**: 美食街也有些不錯的選擇，包括手標茶茶攤／**05**: Phrom Phong站新商圈The EM District

搞懂EmQuartier購物中心

整棟購物中心分為兩棟，一棟是玻璃圍幕的The Glass，另一棟則是迴旋狀白色建築的The Helix。The Glass地下樓層有超市及美食街，上面樓層除了Qurator區的泰國設計品外，還有一些國際中價位品牌。而Helix館則有Another Story家飾雜貨設計風格店，各層樓也分據不同的重點美食餐廳。6～9樓則是最搶眼的Helix餐廳美食區。

■ **EmQuartier** Add 693 Sukhumvit Rd. Tel (02)269-1188 Time 10:00～22:00 Web www. theemdistrict.com Trans Phrom Phong站1號出口直通

美食街專輯

Helix 6～9樓餐廳推薦

6樓	Wine I Love You 平價紅酒牛排館 Luk Kaithong泰式皇家料理餐廳 Kub Kao' Kub Pla by iberry新式泰菜料理 MK Live
7樓	Coffee Beans by Dao經典泰式咖啡館 Crab and Claw 生蠔龍蝦海鮮 Le Dalat 曼谷著名越南菜 Nara Thai Cuisine 經典泰國美食餐廳
8樓	*Audrey Cafe des Fleurs 夢幻甜點美食餐廳 GRAM (49巷分店是熱門早餐地點) Cafe Chilli

01: 6～9樓迴旋式的美食坡道

02: 夢幻的甜品下午茶店Audrey(請詳見下午茶篇P.103)

03: Nara與Cafe Chilli在這裡也設有分店

04: 每家餐廳都打造得美輪美奐，不知不覺就隨著緩坡爬了好幾層

05: Luk Kai Thong皇家料理餐廳

06: 健康訴求的MK Live新系列火鍋店，特別引進了優質肉品

Roast優質餐廳、咖啡館 (Helix棟1樓)

曼谷優質的咖啡館餐廳Roast，在曼谷已開設了許多家分店。從食物的食材挑選，就可以瞭解它不敗的地位是從何而來。他們也正在Thong Lo 17巷打造一座小社區，很期待會有什麼樣的生活概念從這個社區延展出來。餐點方面很推薦義式羊肉麵疙瘩，就連簡單的培根大蒜麵都好吃(Bacon & Garlic)，早餐可以考慮墨西哥鄉村蛋餅Huevos Rancheros。除了招牌冰咖啡外，若是想喝拿鐵咖啡的話，那會送來一杯冰磚咖啡以及一瓶鮮奶，讓客人自己加。

01: 曼谷最知名的餐廳咖啡館 / **02:** 餐點完全吃得出食材的鮮與優，各種國際料理的做法也相當到位

Vanilla Cafeteria (Helix棟2樓)

Vanilla Industry又一最新力作，而且菜單跟Ekamai 12巷的Vanilla Garden完全不一樣，絕對是一家一直在求進步的好餐廳。除了知名的早餐外，這裡也提供各種義式及日式融合的午、晚餐餐點。如果你想喝下午茶的話，記得點它知名的茶飲。而甜點更是Vanilla的強項，不斷研發一些不同於坊間常見的甜點，可真是甜點界的領頭羊！

01: 位於Helix 2樓的Vanilla Cafeteria

02: 點茶的話，會送上這一組花草茶選讓客人選擇(推薦烏龍蜜桃紅加崙茶Royal Star)

03: 這是茶，不是咖啡噢！他們可有著特殊的泡製方式

04: 這帕芙洛娃Charcoal Pavlova甜點一挖進去，奶油跟看似平凡，卻跟厲害的內餡融合在一起，好吃到我的心都融化了

周區餐廳推薦

Sometime I Feel咖啡館

Add 5/1 Sukhumvit 31　**Tel** (089)223-1493　**Time** 09:30〜18:30，週六〜日10:00〜19:00
Trans 由BTS線Phrom Phong站步行約3分鐘，Let's Relax按摩中心旁

Sometime I Feel是蘇坤蔚路31巷裡的新咖啡館，就位於爬滿綠藤的按摩中心旁，整體布置清新又舒適，最棒的當然是咖啡沖泡得相當好。老闆原只是咖啡愛好者，但常找不到自己心中的理想咖啡，後來乾脆投入咖啡研究，並找到了一位很棒的咖啡師，成就這麼間好咖啡館。若在這區逛累了，這是家很棒的休憩地點，有空也可跟老闆聊聊，或許會獲得一些有趣的曼谷情報。

01: 店內布置十分舒適
02: 咖啡店外觀充滿綠意
03: 細緻的拉花

海南雞飯攤

Phrom Phong站(曼谷包店前)的這家海南雞肉飯，也算是曼谷的名店之一，傍晚開到20:00，賣完收攤。不能說它是最最好吃的，但以40泰銖的價錢及交通的便利性(現在百貨公司的美食街都要80〜90泰銖了)，還是會讓人一來再來。這家的雞飯帶著些許的雞油香，建議將醬料全淋上，味道最剛好！

01: Phrong Phong捷運站下的平價海南雞飯 / **02:** 這家適合將料全淋上去，但要小心小綠辣椒這炸彈
03: 隔壁的26巷也有家老魚丸湯麵，早上跟中午有機會也可過來喝這清爽的米粉湯

Casa Lapin 知名咖啡館 **Add** 請參見P.88 One Day Pause Hostel

我必須說，泰國人製造浪漫的能力，真的太厲害了！這家咖啡館跟Audrey一樣，讓人一踏進去，就好像來到了夢幻國度。而他們的咖啡也是採用泰國著名的Brave Roasters的咖啡豆，喝來總是特別香醇。由於他們的咖啡偏較濃厚，因此卡布奇諾或Piccolo Latte做得特別好。(Ari站3號出口的Noble Reform還有另一家風格分店)

01: 26巷的Casa Lapin文青風咖啡館

02: 關於製造浪漫這一點，泰國人真的令人佩服不已

03: 咖啡很有水準，若住附近可以過來吃早餐

04: Karmakamet香氛咖啡館，在Emporium百貨後面還有家知名的祕密花園餐廳，充滿Karmakamet獨特的香氛風格。但價格相當貴，食物品質也不夠好，慎入

特別餐廳推薦

Sustaina 有機店及餐廳

Add 1/40 Soi Sukhumvit 39 **Tel** (02)258-7516 **Time** 09:00～20:30 **Web** www.harmonylife.co.th/en/sustaina **Trans** Phrom Phong站3號出口，就位在EmQuartier及39之間的小小巷裡(路口中午有小吃攤)

這是日本人所創立的有機店及餐廳，他們還有自己的HarmonyLife有機農場，以日本嚴謹的技術開發了許多有機產品，如絲瓜拖鞋、木炭按摩棍、天然蚊香、布衛生棉，當然還包括各種有機Home SPA產品。甜點也都是樓上的有機餐廳製作的。

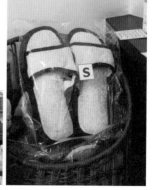

Thong Lo **E6**
Ekkamai **E7**

Thong Lo(或Thong Lor，也是Soi Sukhumvit 55巷的別名)及Ekkamai(63巷)，是愛好設計者到曼谷必訪之地，街上有各種設計品店及婚紗店。這一區的環境優雅，因此也是許多日本人及歐美人居住區。但不要期待太高，這條馬路較大，感覺上店家也有點分散，自從Playhound撤走之後，Thong Lo的設計光環好像少了一點，不過The Commons的開幕，將這區的優質生活再升級，希望藉由社區共同體概念，結合各家有理念的商家及咖啡館，將他們的理想生活文化傳達給大家。

本站Highlights：Market Place興太太專賣店、After You Mega Bagna購物中心
按摩推薦：Coran SPA、Let's Relax Thonglor

建議路線

先搭捷運到Ekamai的Coran SPA或Thong Lo站53巷的Ayura做SPA，接著到12巷的Vanilla Garden用餐，再搭計程車到J Avenue附近或Market Place的興太太香皂專賣店購物，或到Ekamai站的Gateway百貨，又或者搭捷運到Bang Chak站93巷的Jim Thompson Factory Outlet掃貨。晚上到38巷小夜市吃飯，或者到53巷的高級泰國餐廳Ban Khanithai或Bo.Lan吃飯。飯後再去聽現場音樂。

🏬 Market Place商場

Thong Lo街上的商場區，設有Tops超市，這個悠閒的區域還有些小商店、餐廳、iBerry冰淇淋店、咖啡館，在水池邊現在竟然還開了著名的興太太香皂專賣店，這裡不但有各種系列產品，還有許多高貴的禮盒，選擇最是齊全了！

🎁 J-Avenue複合商場

位於設計巷中段的複合式商場，是這附近居民的購物休閒中心，這裡的商品或許別的地方也都找得到，但是這座商場的空間設計給人一種舒服的悠閒氛圍：廣場上有棵老樹，旁邊是咖啡座及彩繪木椅，一座戶外迴旋梯帶往2樓的餐廳。很適合在附近逛完街後，到這裡吃點東西，享受一下設計街的優雅，逛完這區可再前往17巷的The Commons朝聖。

■ **Market Place商場** Add Soi Thonglor 4, Sikhumvit 55 Rd. Trans BTS線Thong Lo站3號出口，沿Thong Lo路直走約15分鐘，或轉搭摩托車約3分鐘車程 ■ **J-Avenue複合商場** Add 323/2 Soi Thong Lo 15, Sukhumvit 55 Time 10:00～23:00 Trans Thong Lo地鐵站3號出口，步行約25分鐘，建議轉搭摩托計程車約5分鐘

🎁 Gateway Ekamai

Gateway Ekamai是Ekamai站2012年開幕的商場，有別於暹邏商圈，以這區大量的日本住民為主要族群，打造一個小日本，除了有許多日本當地著名的連鎖餐廳及品牌外，還會與日本同步，舉辦各種節慶活動，也有許多泰國新設計喔。

之前會覺得有點空虛，但其實GF樓層的一些小攤位服飾便宜又有特色，Urbano樓層有許多優質又不太貴的品牌，樓上還有些按摩及J Clinic整脊中心、音樂學院、美食街、冰雪城(請詳見P.269)等，確實也發揮了社區型購物商場的功能。

01: 日本風格十足的美食街，以曼谷生活為壁畫主題
02: Theorem皮件店
03: 風格服飾店
04: 傍晚往捷運的通道上也會有個文創小市集(週二及週末)

🎁 Machines Age Workshop 古董工坊

這座像個小工廠的古董工坊實在太有趣了，很值得過來挖寶。這裡有各種美國運過來的1800～1900年代的燈具、古董椅等，也可以看他們怎麼將一些看似破銅爛鐵的器具翻轉為有趣的家飾品。(63巷巷底，距離捷運站很遠，記得搭車過去。)

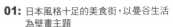

■ **Gateway Ekamai** Add 982/22 Sukhumvit Rd. Tel (02)108-2888 Time 10:00～22:00 Web www.gatewayekamai.com Trans BTS線Ekamai站，出口直通商場 ■ **Machines Age Workshop** Add 281/7 Soi Ekkamai 15 Sukhumvit 63 Rd. Tel (02)381-8596 Time 週二～日10:00～19:00

🍴 SeenSpace Thonglor 複合式商場

SeenSpace華欣的商場充滿濱海度假氛圍，而Thonglo 13巷的商場大舉改裝，企圖再次站上Thonglor設計區的時尚尖端，特別找來曼谷知名的Brave Roasters咖啡館入駐2樓的複合式商店，讓顧客白天可在此享用咖啡、選購店內的時尚選品及有機商品。吃太多覺得有罪惡感，別擔心，樓上還有拳擊練習場RSM Rajadamnern Singha(單堂550泰銖，一週1,900泰銖)，入夜後則換氣氛十足的酒吧上場。

01: 曼谷知名的Brave Roasters咖啡館／**02:** 店內時尚選品／**03:** 咖啡價位中上，但杯子卻使用外帶包，有點可惜了／**04:** 甜點十分誘人／**05:** 有機商品區

🍴 72 Courtyard新夜店區

Thong Lo巷底新興的夜店區，集結了輕鬆的啤酒屋、時尚夜店、日式創意料理、西班牙小酒館，為目前這區最夯的夜店區。

■ **SeenSpace Thonglor** Add 251/1 Thong Lo Soi 13 Web www.seenspace.com Trans 由BTS線Thong Lo站轉搭計程車或摩托車，約5分鐘車程 ■ **72 Courtyard** Add 72 Sukhumvit Soi 55 (Thonglo) Web www.72courtyard.com Trans BTS線Thong Lo站轉搭計程車或摩托車約7分鐘車程

Thong Lo / Ekkamai

Sukhumvit

🍴 The Commons

　　Roast咖啡的創辦人與朋友共同創辦的社區商場，他們希望打造一個可以與社區共榮共存的休閒空間。特別設計了通風良好的建築，讓公共空間不需冷氣也很涼爽，且商場一半以上的空間特別留給社區居民使用，週末還常舉辦小活動及手作工作坊。

　　商場內的店鋪多是認同商場理念的優質商家，1樓為美食商鋪，往2樓的階梯，設置可席地而坐的用餐區，樓上還有小花店、兒童休閒學習空間、頂樓庭園等。最推薦的餐廳當屬3樓的Roast餐廳，餐點美味又有創意，咖啡則採用姊妹店Roots的莊園咖啡(1樓設有咖啡攤)，難怪能成為曼谷最熱門的早午餐地點。

01：礦泉水的收入將用來幫助社區發展 / **02：**頂樓的戶外座位區

■ **The Commons**　Add 335 Soi 17 Thong Lo Tel (089)152-2677 Web thecommonsbkk.cpm
Time 08:00～01:00 Trans 捷運Thong Lo站轉搭摩托車或巴士約7分鐘車程

🍴 Grande Centre Point

Grande Centre Point是Thong Lo路上最氣派的旅館，但沒想到1樓的附設餐廳竟是如此平價，每人390泰銖，就可泰菜自助餐吃到飽，太划算了！

雖然菜色不是非常高級，但這樣的價位能飽嘗泰式前菜、中餐、甜點，也沒什麼好挑剔的了。

> **Notes：**10巷的Ekmai Mall有許多咖啡館(如愛麗絲夢遊仙境主題咖啡館Perhaps Rabbits、Bluedoor)。

01: 自助拌泰式沙拉、青木瓜絲 / **02:** 豐盛的泰式傳統冰品 / **03:** 餐廳環境明亮潔淨

🍴 文吉堂海南雞飯

在這潮得出水的Thong Lo區，竟然還保留一家傳統海南雞飯店。這家店的前老闆來自新加坡，在此開設美味的海南雞飯，後來由員工接手，讓老顧客得以繼續吃到美味的海南雞飯。除了單點海南雞飯或叉燒飯外，多人共享的話，還可以多點幾道熱炒菜，燉湯的選擇也不少。

■ **Grande Centre Point** Add 300 Sukhumvit Soi 55 (Thonglo) Tel (02)020-8000 Web www.grandecentrepointsukhumvit55.com ■ **文吉堂海南雞飯** Add 440/5 Soi Sukhumvit 55 Tel (02)390-2508 Time 10:00～22:00 Trans J Avenue商場(P.167)對面

🍴 Thong Lo 必嘗小吃

38巷小夜市

　　已有40年歷史的38巷小夜市，在地主將土地賣給建商蓋大樓後，換了一番風貌。路上還有幾攤小吃，有些則移進巷口的大樓下，55巷口的知名芒果糯米店依然供應著美味的三色芒果糯米飯。若想吃宵夜，還是可找到小攤，只是盛況已不如前了。

01: 黃色招牌蟹肉麵店／**02:** 最後這家小吃店也有許多精彩的泰國菜及甜品
03: 老闆跟老闆娘人都非常好，還會說中文喔／**04:** 蟹肉跟燒肉都好吃，湯頭則有股特別的香氣
05: 隔壁的烤鴨餛飩麵也很推薦／**06:** 泰國人喝熱甜湯還會加顆蛋

Fifty Fifty平價泰國燒烤餐廳

Add 55 Khlong Tan Nuea **Tel** 080-581 5050 **Time** 11:00～00:00 **Trans** Thong Lo 站3號出口，過馬路沿蘇坤蔚路直走約3分鐘就會看到

　　這家平價的泰國燒烤餐廳，不但是許多當地人的愛店，附近許多日本客人也常將這裡當自家廚房。餐點便宜，除了有各種泰國家常菜外，還推薦這裡的梅干肉湯。

梅干肉湯　　　　炸大腸

📷 泰國超級英雄體驗館

曼谷市區前往機場的Mega Bagna購物中心，於2018年開設了泰國超級英雄體驗館。透過360度球形投影幕、4D動感座椅等高科技互動設施，讓你像蜘蛛人般利落攀爬、或與雷神索爾、金鋼狼等電影中英勇人物並肩作戰。

他們還為13歲以下、140公分以內的兒童規劃了兒童遊樂中心，門票為350泰銖／2小時，或全天票500泰銖，家長陪同為100泰銖。

🎁 Jim Thompson Factory Sales 暢貨中心

位於93巷內的金湯普森暢貨中心，雖然價錢不如每年限期開放的郊區農場瘋狂，但隨時都可過來挖些折扣後的優質商品，喜歡絲質或對透氣度高的棉麻質產品有興趣的朋友，可以找時間過來挖寶。最推薦的商品包括絲質或麻質Polo衫及襯衫、童裝、圍巾及餐巾。

■ **泰國超級英雄體驗館** Add Mega Bagna購物中心　Tel (02)024-990　Time 09:00～00:00，最後入場時間22:00　Web themarvelexperiencethailand.com　Ticket 成人票1,500泰銖、100～120公分兒童票1,350泰銖 Trnas BTS線Udomsuke站轉搭接駁車，或蘇萬納普國際機場搭車約25分鐘 Info 記得購買英文場次 ■ **Jim Thompson Factory Sales暢貨中心** Add 153 Soi Sukhumvit 93 Tel (02)332-6530 Time 09:00～18:00 Web www.jimthompson.com/sales_outlet. asp Trnas BTS線Bang Chak站5號出口，下樓梯後往前直走，右轉進93巷走到左手邊的153號

Eastern Bus Terminal 長途巴士站

Add 300 Soi Sukhumvit 40, Sukhumvit Rd. Tel (02)391-8097 Time 04:00～23:00 Info Thong Lo的下一站Ekkamai站，2號出口就是往芭達雅或羅永沙美島的Eastern Bus Terminal長途巴士站。往芭達雅每40分鐘一班。

BTS
Silom

BTS Silom線跟BTS Sukhumvit線將市中心蘇坤蔚路沿線
的商業區及河岸區的Silom財經金融區連成一氣，讓蘇坤
蔚路區到河岸區的交通變得更便利。要到河岸區各家高
級旅館，只要搭到Saphan Taksin站就有免費的接駁船。

Silom線的首站National Stadium，就位在Siam Square旁
(最熱鬧的購物區)，利用MBK購物中心及Siam Discovery
的天橋，就可以到Siam站各家百貨公司或甚至沿天橋步
行到曼谷最大的購物中心Central World(約10分鐘)。

而Sala Daeng站是著名的紅燈區與帕彭夜市，這一站與
MRT地鐵線的Silom站交會，交通相當便利，同時也可找
到很多中低價位的住宿。許多高級旅館也陸續在這區設
點，如So Sofitel。沿著Silom路印度教附近走到中央碼頭
這區，有股迷人的曼谷生活文化，尤其是傍晚時，沿路
有各種道地小吃。

建議遊逛路線

09:00 金湯普生泰絲博物館(或者參加藍象的烹飪課程)

10:30 印度廟

11:30 Silom Complex購物中心，中餐可在商場內的Banana Leaf 餐廳或Samai Seik海南雞飯、或Surasak站的藍象高級餐廳

12:00 中午若要便宜吃，可上MBK 6樓美食街用餐，或到Surasak站 的藍象、Taling Pling泰式餐廳

14:00 TCDC設計中心、Warehouse 30倉庫文創中心

15:30 文華東方或悅榕莊下午茶；素可泰酒店巧克力自助餐下午茶

18:00 半島酒店搭雞尾酒遊船，或香格里拉遊船晚餐、王子戲院粥

22:00 文華東方Bamboo Bar聽爵士樂或Hilton 36樓酒吧看夜景， 或The Dome at Sky Bar

新開幕的文化中心

在MBK對面有一棟白色的 建築，這是最新開幕的文 化中心BACC，有各種藝 文活動及表演。

金湯普生泰絲
P.176
BACC曼谷藝術文化中心
N1
Siam
W1
National Stadium
MBK
E1
Chit Lom
P.178
S1 Ratchadamri
Warehouse 30倉庫文創中心
TCDC泰國創意設計中心
Sam Yan SAM
Everday Karmakamet
倫披尼公園
P.185
Harmonique餐廳
帕彭夜市
Silom
S2 SIL
Sofitel So
Lumphini
LUM
MahaNakhon
Sala Daeng
Central Silom Complex
Thai Home Industries
Hotel G
Heritage Baan
Chong Nonsi S3
Convent Rd. 小吃街
Le Siam- MK Gold
Urban House
印度廟
Taling Pling 餐廳
悅榕莊 Vertigo TOO
素可泰巧克力Buffet Celdon泰式餐廳
半島 Thiptara餐廳
文華軒
Divana V.
Robinson百貨
The Dome 高空酒吧
S6
S5 Surasak
藍象
Saphan Taksin
U Sathorn

175

National Stadium

位於曼谷最時尚的Siam Square商圈旁，以大型購物中心MBK為地標，最著名的景點是美麗的金湯普生泰絲博物館，以及曼谷藝術文化中心BACC(請參見P.18)。

本站Highlights：Jim Thompson泰絲博物館、BACC藝術文化中心、MBK庶民購物商場
按摩推薦：Siam Square的Relax及Chang腳底按摩

📷 Jim Thompson's House
金湯普生泰絲博物館

　　金湯普生失蹤多年之後，他的合夥人決定將他的故居捐出來成立博物館。湯普生先生當年從泰國各地，買來6棟柚木傳統房子，於1959年時將這6棟木製傳統泰國建築連結在一起，成為他在曼谷寬敞又富含泰國風情的家，並在庭園內種滿各種熱帶植物。

　　由於這是傳統泰國高腳建築，所以1樓基本上是空的，主屋都在2樓。跟著導覽員走上老柚木梯參觀用餐室、客廳、臥房及書房，內部裝潢融合了中國及印度風格，並展示金湯普生生前收藏的古董，像是柬埔寨的石雕像、大量的中國青花瓷、緬甸木雕等等。我覺得最棒的地方是這屋子的2樓陽台，面向著小運河，河岸的綠樹給主人若隱若現的隱私，而屋內的人又能從綠林間窺見運河生活，在與世隔絕的邊緣，留著與外界的那麼一絲連結。

我自己很喜歡這家博物館，喜歡這裡的熱帶雨林庭院，喜歡看金湯普生怎麼變化傳統的泰國或中國古董家具的用途，也喜歡坐在這裡的咖啡館，看著池裡的魚兒游，品嘗嘴裡的泰菜香。

所有遊客都統一由導覽員帶領參觀博物館

Add 6 Soi Kasemsan 2, Rama 1 Road Tel (02)216-7368 Time 09:00～18:00 Web www.jimthompsonhouse.com Ticket 門票200泰銖，學生100泰銖 Trans BTS Silom線National Stadium站1號出口，走下樓梯即可看到巷口的標示，轉進小巷內直走到底，有免費嘟嘟車接駁；若走出博物館大門往河濱走，往右沿著河濱小徑走200公尺即可抵達空盛桑運河船站，可由此搭船到寶馬大批發市場或金山寺古城區(還可延伸到高山路)

01: 屋外的庭院種滿各種熱帶雨林植物

02: 金湯普生把各種私人古董巧妙的轉為屋裡的飾品或家具

03: 下地鐵站要注意看路口的牌子，那條巷子滿小的

04: 博物館的庭院區，充滿南國風味

W1 地鐵 BTS

國立體育館站 National Stadium

Silom

01

02

金湯普生Jim H.W. Thompson的傳奇

金湯普生這位美國傳奇人物，出生於美國，二次大戰時來到泰國，後來因為喜歡泰國決定留在曼谷，並成為美軍情報局在曼谷的聯絡人，在泰國住了25年的時間。除了平時做情報打探的工作，他還花了很多時間研究泰絲，最後創立了Jim Thompson泰絲品牌，成功將高品質的泰絲推向國際。不幸的是，1967年，金湯普生到馬來西亞Cameron高地叢林探險，卻從此再也沒回來，館員還特別交代大家如果看到湯普生先生，記得跟他們講一聲。

03 **04**

📷 BACC曼谷藝術文化中心

曼谷推展藝術文化的主要場地，詳細資訊請參見「泰文青」P.12。

🛍 MBK 巨型國民百貨商場及東急百貨

其實很多泰國當地人才不管那些新百貨公司蓋得多時尚、多新潮，要買東西，還是去MBK，因為這座巨型百貨商場裡，不但商品便宜，而且從生活上各種小物，到電器、3C產品，應有盡有，大到逛不完啊！此外，泰國知名的傳統烤土司老店Mont Nom Sod，在2樓也開設了分店，這是交通最便利的分店，所以也常是大排長龍。

Buy家須知
Tourist Discount Card：外國遊客可享5-20%的折扣

01: 超大型購物中心，小心迷路
02: 樓上的超市有許多平價的當地食品及Home Spa產品
03: 泰國阿伯最愛的茉莉綠茶
04: 可以刻上名字的貓頭鷹小飾品
05: 平價的歐洲品牌Bata鞋店
06: 要買電器？要買衣服？要買化妝品？通通來這裡啦

■ **MBK** Add 444, Phayathai Road, Wangmai, Patumwan Tel (02)620-9000 Time 10:00～22:00 Web www.mbk-center.co.th Trans BTS National Stadium站4號出口直接接到MBK 3樓，或者由Siam站經過Siam Discovery步行約5分鐘 Key Item 便宜的化妝品、電子產品、各種泰國伴手禮，平價包、行李箱

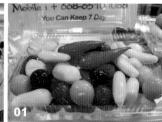

01: MBK美食街的泰式甜點做得很好，一點也不甜膩，綠豆沙停留在口中的香味很讚
02: 5樓是高貴的美食街，慎入

📷 Yelo House文創廠房

河濱新創的藝廊空間，不但定期展出泰國新銳藝術家作品，當初重新改造老廠房時，特地在原架構中規劃了小型會議室等共用工作空間，讓藝術家及設計師們在此悠心創作。河邊也設了咖啡館，在附近走逛之後，不妨到此稍作休息。

🍴 Jim Thompson咖啡館

附設於金湯普生博物館內的咖啡館，在傳統的泰國建築內，呈現出現代泰國設計感，戶外座位區則可欣賞到美麗的蓮花池。可說是我們在夏日炎炎的曼谷街頭曝曬下的救星，一坐定趕緊點杯香茅冰茶，再慢慢地選擇各種泰國餐。

推薦這裡的泰式炒麵，試試不同於高山路的正統泰式炒麵：所有的炒麵都包在香滑的蛋皮內，配上各種生菜佐料；烤雞也是烤得恰到好處，外皮脆，裡面的肉則鮮嫩多汁。

■ **Yelo House** Add 20/2 Rama I Rd. Time 11:00～20:00，週二、三休息 Web www.yelohouse.com Trans 由金湯普森泰絲博物館走至河濱步道，往右直走約3分鐘即可抵達

179

Sala Daeng ⑤②

Sala Daeng站是另一區購物商圈，也是MRT線Silom站的轉運站。白天的時候這裡有許多上班族，Silom Central Complex百貨公司深受當地上班族青睞；一入夜，這裡就轉為帕彭夜市，沿路還有很多人拉客進去看Go Go Bar的清涼秀，成了曼谷響叮噹的紅燈區與同志區。這區感覺上是有點亂，但是如果往Sathorn路走的話，就會有截然不同的感覺，素可泰、悅榕、大都會及U Sathorn等高級旅館都設在這裡。

本站Highlights：Silom Complex
按摩推薦：Ruen Nuad Massage Studio、Body Tune

🎁 Silom Complex

位於Sala Daeng地鐵站旁的百貨公司，重新整修後，呈現出都會的甜美風格，品牌也很有質感，如Viera高級皮件(227室)，Pillow 100 Year優質抗塵抗敏枕頭及天然無化學香氛產品。此外還有多家當地人喜愛的小餐館進駐，如價位合理又美味的Banana Leaf及排隊甜點美食After You(207室)、海鮮餐廳Leam Cha-Reon seafood(B14室)。

Sala Daeng站2號出口下樓梯後往Silom Complex反方向走會到一條Convent Rd.的美食街，沿街有許多泰國當地小吃，如湯麵、烤肉、粥等。

🎁 Everyday Karmakamet 香氛雜貨咖啡館

Karmakamet香氛品牌也開始進軍雜貨市場，雜貨設計風格小有無印風的極簡質感，並在雜貨店裡設置氣氛輕鬆的小咖啡館。而香氛產品的陳列，秉持著品牌一貫的風格，以復古的老藥房設計，襯托出香氛產品的優質感。

01: Pillow 100 Year的優質枕頭是蕎麥殼做的
02: 新拓展的無印風雜貨品區 / **03:** 高雅的復古老藥房設計

■ **Silom Complex** Add 191 Silom Rd. Tel (02)632-1199 Time 10:00～22:00 Web www.central.co.th Trans Sala Daeng站，4號出口直通商場 ■ **Everyday Karmakamet** Add Silom G floor, Yada Building Si Lom Time 10:00～22:00 Trans Sala Daeng站，3號出口

🏮 Patpong Night Market 帕彭夜市

由Sala Daeng站1號出口，走到Patpong 1巷及2巷，這一區就是著名的「帕彭夜市」，夜市多為泰國紀念品及仿冒品，還有香辣的Go Go Bar。若對這些沒興趣者，其實可以略過不來。

🍴 Banana Leaf 泰式餐廳
(Silom Complex 410室)

這家布置清新的餐廳，菜肴美味，價錢合理，幾乎所有泰國經典菜這裡都有了，尤其推薦香蘭菜捲、烤豬肉、炸魚、海鮮酸辣湯及咖哩螃蟹。

🍴 素可泰Celdon泰式餐廳

泰國有種素雅的青瓷，名為「Celadon」，素可泰旅館的泰菜餐廳，便是以此命名。餐廳就座落於蓮花池上的傳統泰式涼亭，雖然是高級餐廳，卻憑添一股閒逸的泰式情調。

這裡的料理很適合無法吃太辣的遊客，口味也稍微偏甜。19:30及20:30特別安排了兩段泰式傳統舞蹈，服務人員也會拿出香料籃，向遊客介紹泰國料理常用的香菜，有興趣者，還可以到餐廳旁的小菜園參觀。

01: 路邊小吃沙嗲也吃得到
02: 河蝦泰式炒麵
03: 用餐期間還安排了傳統舞蹈表演

01　02　03

■ **帕彭夜市 Patpong Night Market** Add Patpong 1 & 2 Rd. Time 18:00～01:00 Trans Sala Daeng站，1號出口 ■ **Banana Leaf餐廳** Add Silom Complex 3F Tel (02)231-3124 Time 11:00～21:15 Trans Sala Daeng站，4號出口 ■ **素可泰Celdon泰式餐廳** Add 13/3 S Sathorn Rd. Tel (02)344-8888 Web www.sukhothai.com Time 12:00～15:00、18:00～23:00 Price 每人約1,000泰銖起 Trans 由Sala Daeng站步行約13分鐘，或MRT Lumpini站步行約7分鐘

Chong Nosi ⑤3
Surasak ⑤5

由Surasak前往印度廟後，面向廟往右手邊直走，便可來到Heritage旅館這區，這裡聚集了曼谷包店及幾家餐廳，可在此用餐，公共區域有時也會有些藝術展覽。由此再往前直走即可抵達The Dome Sky Bar高空酒吧及Saphan Taksin河濱碼頭區。或到W Hotel將原俄國大使國建築改成的The House on Sathorn享用高級下午茶。晚餐也可到Chong Nosi捷運站旁的Lek平價海鮮用餐。

01: 曼谷最高樓MahaNakhon，/ **02:** W Hotel的The House提供高級下午茶
03: Heritage旅館前有曼谷包店及幾家知名餐廳

本站Highlights：印度廟、曼谷民俗生活博物館、Blue Elephant高級泰國餐廳及烹飪學校、Lek平價海鮮
按摩推薦：Divana V

📷 Wat Sri Maha Uma Devi (Wat Khaek Silom) 印度廟

這是由原本移民到泰國南部、後來又搬到Silom運河區的印度移民所建的印度廟，祀奉Devis印度眾神，是信眾最多的印度廟，晚上及假日總是有虔誠又熱鬧的祭拜儀式。裡面禁止拍照，但可以進去參加儀式。

01,02: 許多信眾會在假日或下班後過來參加祭拜儀式
03: 周區有許多賣花串及印度教相關產品的小店

曼谷特殊廟宇：
Wat Hua Lamphong 華藍蓬寺 (捐棺寺)

位於這周區MRT線Sam Yan站外的華藍蓬寺，為曼谷著名的義德善堂捐棺寺，各地善心人士會到此捐贈500泰銖，為無名死者準備棺材安葬。

Trans MRT線Sam Yan站，1號出口

📷 Bangkokian Museum
曼谷民俗生活博物館

　　這座曼谷私宅，原為Surawadi家族的住宅，1992年開放參觀，讓大眾得以入內瞭解曼谷1937～1957年間中產階級的生活文化。博物館隱於靜謐小巷內，綠意盎然的庭園環繞著老建築，讓人一走進門就慢慢靜下心來，宛如喧囂都會裡的珍珠，雅致而迷人。館內共分3棟建築，第一棟為兩層樓的紅瓦建築，建於1937年。第二棟則展示醫療用品，第三棟有各種古文物收藏、臥房布置及古老的廚房。

■ **Wat Sri Maha Uma Devi印度廟** Add Silom Rd.跟Tanon Pan交接 Tel (02)238-4007 Trans 由Surasak站3號出口下來後往回走轉進第二條Pan Rd.直走到Silom路，可搭摩托計程車過去
■ **曼谷民俗生活博物館** Add 273 Soi 43, Th Charoen Krung Tel (02)234-6741 Time週三～日10:00～16:00 Web www.robinson.co.th Trans BTS Silom線到Saphan Taksin或Chong Nosi站3號出口，走到大馬路轉搭計程車或嘟嘟車約10分鐘車程 Ticket 免費

Saphan Taksin

S6 莎藩塔克辛站

BTS Silom線接中央碼頭的捷運站就是河岸邊的Saphan Taksin，後來又開通了連到對岸的幾站。這條線是由市區到昭披耶河沿岸最快速的方法。以往商貿以海運為主，因此昭披耶河沿岸為曼谷最繁華的區域，尤其是泰國第一條馬路石龍軍路。後來商業區移往蘇坤蔚路一帶，但近年政府積極推動設計特區，帶動起沿岸老街區的新文化。

本站Highlights： Robinson百貨前的石龍軍路(王子戲院肉粥、涼茶)、Asiatique精品級夜市
按摩推薦： 香格里拉Chi Spa、Suanploo Thai Massage平價按摩（P.48）

📷 Charoen Krung Rd. 石龍軍路

　　石龍軍路是曼谷的老街道，傍晚時由捷運站一走來，就會看到街上有許多當地居民在挑選螃蟹、蔬果，路上更是有著一攤攤的熟食小吃，這可不是個最有生命力的地方嗎？

　　Charoen的泰文意思為「發展」，Krung則是「城市」的意思。暹羅王朝商貿易鼎盛時，外國人希望城內建造方便馬車行駛的馬路，這才鋪造了全泰國第一條道路，也就是中文所譯的「石龍軍路」，沿河共長8公里多，由碼頭區延伸到大皇宮古城區。因此沿路可看到當時所留下的優雅老建築，如義大利建築師Grassi所設計的舊海關大樓、暹羅商業銀行的殖民風建築、玫瑰聖母堂等、Sheraton旅館旁的精湛蝕刻壁畫、華人所建的傳統中式建築等。

　　很推薦愛探索的旅人，由中央碼頭站往中國城方向走，甚至可延伸到對岸的廊1919，沿路有許多美麗的寶藏待你來發現。（更多特色建築介紹請參見P.201）

01: 傍晚沿路都是熟食小吃攤／**02:** 仁和園涼茶老店，路過就來喝一杯
03: 經過必吃的王子戲院肉粥，肉丸擁有完美肉香，而熬煮得綿綢的粥，更有著一股淡淡的焦香氣，怎麼如此好吃

Trans Saphan Taksin站3號出口，走到大馬路往左手邊的Robinson百貨方向走

📷 TCDC設計中心 & Warehouse 30文創倉庫

TCDC設計中心搬到了石龍軍路上的郵政總局，與隔壁的Warehouse 30倉庫文創中心共同透過各種精采的展覽、講座等活動，架構起曼谷設計文化特區。

（請詳見P.16）

周區街道也可找到一些特色小酒館、藝廊

🍴 Harmonique 泰國風格餐廳

老闆娘提到很多客人是因為覺得就像在家裡吃飯，所以沒事就往這裡跑。也因為如此，這家店深受外國遊客的喜愛，所以味道稍微不像路邊攤那麼嗆辣。

餐點方面我超推薦橘子蝦，將炸過的蝦子淋上爽口的橘子醬，炸蝦的香與清爽的橘子醬，兩種香氣完美的融合在一起。另外，這裡的鳳梨炒飯看似簡單，但是很有自己的風味，炒飯不會太乾，同時又有鳳梨香、海鮮甜及萊姆味。其他還有橘子鴨、咖哩蟹、紅咖哩、綠咖哩及泰式牛肉沙拉也值得推薦。

01　02　03

如果想要安靜用餐，可以選擇14:30過後，晚餐之前過去，他們下午不休息，下午人比較少，又不需先預約，可以任選自己喜歡的座位，用餐品質更好喔！

01: 炸蝦淋上清爽的橘子醬，蝦的鮮味跟橘子香完美地融合在一起

02: 紅咖哩的味道很飽潤，辣味也剛剛好

03: 看似平凡的鳳梨炒飯，一入口就知道這種香味絕對是需要功力的

■ **TCDC設計中心 & Warehouse 30文創倉庫** Add Central Post Office, 1160 Charoen Krung Rd.
■ **Harmonique** Add No.22, Charoen Krung Road Soi 34 Tel (02)237-8175 Time 11:00～22:00 (週日休息，每年12月初～1月初休息1個月，4月初～5月中休息1個月) Trans 可搭到Saphan Taksin 站轉搭計程車，約30泰銖，5分鐘車程，步行約15分鐘 Info 用餐時間記得先預約

⚓ Asiatique The Riverfront 精品級夜市

Asiatique所在位置就是拉瑪五世皇時最繁榮的碼頭,經過世代的轉移,這個碼頭逐漸廢棄不用,所幸近年Beer Chang集團積極保留舊倉庫遺址,將傳統建築升級為精緻夜市,讓新一代的曼谷人願意回來再創一篇精采的歷史。

夜市內除了地標性的Asiatique摩托輪、Caypso人妖秀、著名的Joe Louis傳統木偶秀、及Muay Thai Live泰拳秀外,還有2千多家具泰國特色的創意商店及40多間餐廳,幾乎所有泰國伴手禮都可在此一網打盡。不過這裡的餐廳、甚至小吃區價格現在都好高,建議還是先吃飽再過來。

01: 7～10區多為平價服飾店／**02:** 1～2號倉多為紀念品及Home SPA產品
03: 人妖秀場、泰拳秀全都在這裡了／**04:** 台泰夫婦共同開設的CC Bag,這款包還兼具保冰、保溫功能
05: 幾乎所有遊客想買的商品,都到齊了／**06:** Warehouse是指第幾館,Trok指的是館內的小巷號碼

分區介紹

Charoen Krung District - Warehouse 1-4：紀念品、木偶劇場、人妖秀	
Townsquare District - Warehouse 5-6：美食區及各國料理餐廳	
Factory District - Warehouse 7-10：設計小店、平價服飾、紀念品	
Waterfront District - Warehouse 7-9面河區：優質餐廳、河濱步道	

■ **Asiatique** Add 2194 Charoenkrung Rd. Tel (02)108-4488 Time 16:00～00:00 Web www.thaiasiatique.com **Trans** BTS線Saphan Taksin站2號出口,由中央碼頭搭接駁船是最便利的方式,約15分鐘船程。現在夜市內也有計程車服務處,雖需多加20泰銖,但卻是跳錶計程車

推薦商店

MADE by Delibodi
(Warehouse 8區, Trok 7-9)

這家商店原本是以手工皂及天然保養品起家，因為老闆有各領域的朋友，決定集結朋友獨特的創作品，開設這家小店。因此在店中可找到各項優質手工雜貨喔！

美珍香泰國伴手禮店
(Warehouse 4區，泰拳秀入口旁)

舉凡熱門泰國藥妝、薄荷棒、小老闆、手標茶等遊客想買的伴手禮，美珍香通通有，而且部分產品的價格比其他地方便宜，是夜市中最熱門的商店。

推薦餐廳

美食廣場及烤鴨攤

Asiatique精品級碼頭夜市的餐廳現大多不便宜，若想便宜用餐，可以到夜市對街的美食廣場。或者出夜市大門，往右走的小巷口也有家很棒的烤鴨麵飯攤。

Baan Khanitha 高級泰式料理

Baan Khanitha是曼谷著名的泰國餐廳(請參見P.155)，前菜、蟹肉炒飯、酸辣湯、芒果糯米均是招牌菜。價位雖較高一點，但服務也很有水準。建議預訂窗邊可看河景的位置，另也提供夜遊船晚餐行程。

MRT

地鐵

隨著桑倫夜市畫下句點，MRT線對於遊客來講，主要是搭往Hua Lamphong站的火車站及中國城、恰圖恰假日市集、新興的拉差達鐵道夜市及3D博物館，著名的RCA夜店區也在這附近。而泰國文化中心附近也有家樂福、Jusco等大型商場。由Lat Phrao地鐵站轉搭20～30分鐘的計程車，也可到CDC設計商場，是購買家具的好地點。

Phra Rama 9站外則有曼谷新地標G Tower，其新穎的建築設計及連通的Central百貨，是這區的新地標。

建議遊逛路線

週五晚上	拉差達或鐵道夜市
週六早上	搭地鐵到Kamphaeng Phet站或BTS Saphan Khwai站逛恰圖恰市集
中午	可在市集裡或JJ Mall用餐，或到JJ Mall、Ari站的商場吹冷氣用餐
下午	MOCA當代美術館
傍晚	The Camp跳蚤市場及流水蝦吃到飽、或Siam Niramit劇場
晚上	到RCA夜店區或Sukhumvit站(Asok)的Terminal 21商場，或Urban Retreat做SPA，或直奔Hua Lamphong站附近的中國城吃小吃

Kamphaeng Phet

本站Highlights：恰圖恰週末市集、兒童探險博物館(P.268)
按摩推薦：市集內的企鵝按摩(13區)、JJ Mall裡的Happy Massage或Ari站的Body Tune

Chatuchak (Jatujak) Weekend Market
恰圖恰週末市集

當地人稱為「JJ Market」，共有14公頃大、1萬多個攤位，是東南亞最大的市集，已經列入金氏世界紀錄，這裡是全球各地批貨、跑單幫的大本營，每週末的造訪人次非常驚人。恰圖恰原本是跳蚤市場，後來在泰國政府的規劃下，本土設計師也開始進駐，商品涵蓋流行服飾、家居設計(家具、飾品)、手工藝品、藝術作品、寵物等，多達27區。JJ週末市集還包括JJ Plaza家具家具及家飾品、冷氣商場JJ Mall(泰有風味的生活用品)，這兩個地方每天都有營業。

看懂店家門牌

如果看到某家不錯的店，記得趕快到門口把門牌記下來，免得再也無法在這茫茫大海中找到它了。門牌是這樣看的：

Section：區域號碼。 從外圍看到每一區的牆面上會有大大的數字，那就是區號。

Address No.：所在位置編號。 由左到右遞增。

Soi：巷弄號碼。 數字是由外往內逐漸增加。

怎麼到恰圖恰市集

- 搭MRT線到Kamphaeng Phet站2號出口，地鐵站出來就在市集裡面
- 搭BTS線到Mo Chit站1號出口，出站後走過天橋，穿過公園就是市場了(步行約5分鐘)；若是在前一站Saphan Khwai站下，雖然要步行1公里(約15分鐘)，但沿路有許多二手小攤，走來也有趣

逛市集的注意事項

★ 泰國人跟台灣人的身形比較不一樣,最好要求店家讓你試穿後再買(大部分都沒有試衣間,盡量穿比較好套衣服的服裝過去,像是裙子,可以直接試穿褲子)。

★ 除非是大量批發,否則殺價的空間相當有限,大部分棉T店都會在價目表上寫明1~10件的價錢。

★ 沒有冷氣,相當悶熱,10:30以後店家才全開,人潮比較少,可以好好地逛,12:30~15:30人潮開始湧進,天氣也很熱,最好先找地方休息。

★ 這裡以現金交易為主,市場內可找到ATM提款機。

★ 有很多扒手,請務必小心,不要帶貴重物品。

★ 看到滿意的就買吧,否則這麼大的地方,很難再回到原本的店鋪。

★ 市場內就有快遞服務。

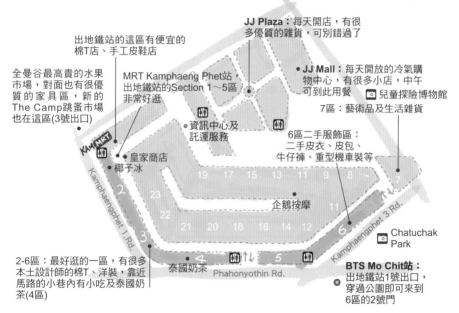

JJ Plaza:每天開店,有很多優質的雜貨,可別錯過了

出地鐵站的這區有便宜的棉T店、手工皮鞋店

全曼谷最高貴的水果市場,對面也有很優質的家具區,新的The Camp跳蚤市場也在這區(3號出口)

MRT Kamphaeng Phet站,出地鐵站的Section 1~5區非常好逛

JJ Mall:每天開放的冷氣購物中心,有很多小店,中午可到此用餐 兒童探險博物館

7區:藝術品及生活雜貨

皇家商店
椰子冰

資訊中心及託運服務

6區二手服飾區:二手皮衣、皮包、牛仔褲、重型機車裝等

企鵝按摩

Chatuchak Park

2-6區:最好逛的一區,有很多本土設計師的棉T、洋裝,靠近馬路的小巷內有小吃及泰國奶茶(4區)

泰國奶茶
Phahonyothin Rd.

BTS Mo Chit站:出地鐵站1號出口,穿過公園即可來到6區的2號門

這個市場是真的可以買到很多很多東西,不只有便宜的成衣或廉價商品,還有許多泰國設計師的優質設計及手工藝品。到曼谷的行程,請務必跨週末,才能到這裡搶貨!

若是週五晚上抵達DMK廊曼機場,可住在Ari站附近(如The Yard Hostel),或者住在靠近MRT線的旅館(MRT Sukhumvit/BTS Asok站很理想)。

10:30先過去戰一回,中午很熱,先到JJ Mall或Ari站或Laemgate海鮮吃飯,或是到當代美術館參觀,接著可在Ari站按摩,或到週區的咖啡館(如Casa Lapin)休息,或者搭車到Siam站購物,有小朋友的則可以到兒童探險博物館。傍晚再回來戰第二區,這個時間的議價空間較大。

市場商品大展

有個性的男裝(3-4區)

這些服飾在Sec. 2-5都可找到。

手工皮鞋

木製彩色手環

東南亞風情的麻質衣

帥哥、
帥哥！

舊木重生的畫框、相框(7區，L 'ete)

燈飾

流行雜貨

手創提袋

超好吃仙草冰

搞笑雕飾

學生樂團

佛雕像(1區)

銅製佛手(1區)

居家雜貨

01

[sec. 2-7] Dream Section 泰國設計服飾區

　　這區是我認為最好逛的區域，都是一些本土年輕設計師的店鋪。質料不錯，設計樣式也非常獨特，價錢又相當便宜。一件有設計感的棉T約190泰銖，洋裝500泰銖就可買到。光是這幾條小巷子就可逛上一整個早上了，大包小包是絕對免不了的啦！

02

Family & Friend Thing

Add 3區55室 Soi 42/2

最具設計感的3區中，有家門口放著亮麗粉紅恐龍的服飾店，專門設計家人親子及朋友穿的服飾，設計理念可愛，款式又相當有水準。

Posh包

Add 3區058室 Soi 42/2

繽紛卻不俗氣，做工紮實又時尚的包款。

03

A lots of …設計雜貨店

Add 3區058室 Soi 42/2

各種稀奇古怪的設計生活雜貨，來這裡挖就到啦！

SmellLemongrass香氛產品

Add 4區317室Soi 52/1

純天然香草製作的香氛產品，以兒童適用的防蚊液及蚊香磚最著名，同時推薦藥草膏、空氣清香塊及擴香瓶。洽圖洽市集2區及MRT 2號出口、Asiatique河濱夜市、Gaysorn Village均設有分店。

04

05

JJ Mall

這座每天開的冷氣商場，內有許多平價商品及各種泰國傳統生活用品，如柚木製品、超舒服的三角枕，另也非常推薦Riotino這家服飾店的大圍巾。

BKK Original

Add 5區

女孩們到曼谷必買包，款式簡單、時尚，雖然做工普通，但便宜，也就無法多計較。

圍巾店

Add 6區206室 Soi 61/1

各種尺寸的亮麗圍巾，有種買到賺到的感覺。

陶瓷店

Add 7區169 Soi 63/4

7區藝術區果然可買到一些較具藝術感的薰香座、碗盤、花瓶等瓷器。

皮件店

Add 7區1室

店門口就是一台帥氣的古董車，上面擺著各種優質皮件。

木製彩拼家飾店

Add 7區172室 Soi 63/5

讓廢木漂亮重生的家飾品店，包括畫框、面紙盒、托盤、鑰匙勾等。

MRT

195

恰圖恰市集

推薦買區

民俗風精緻布包、鞋

Add 8區154室 Soi 14/5

8區也可找到一些特殊商品，如這家精緻的民俗風布所做的包包及鞋子。

真皮皮帶

Add 8區453室 Soi 15/2

真皮皮帶也可以很便宜，質感好，樣式也很多，男女腰帶都有。可現場量尺寸打洞。

Fantom 刻名皮件店

Add 11區 Soi 12/5

可在鑰匙圈皮袋、證件夾、平板電腦及手機皮套上科上名字。這樣的店隨處可見

Another Place日系服飾店

Add Sec. 3, Soi 2

這是3區非常受歡迎的服飾店，因為他們的材質比其他家舒服很多，設計則有點偏日系清雅風格。各種有設計感的棉T、襯衫、小外套等，而且包裝是他們自己設計的小布包喔！

竹編包

Add Sec. 7

這家竹編包的樣式非常齊全，而且除了原色之外，也有些滿有質感的彩色編包，而且也有許多不同的設計，是繽紛夏日不可少的配件喔！小的編包約160～200泰銖，大編包約300～450泰銖。

01: 民俗風精緻布包、鞋
02: 真皮皮帶
03: Fantom刻名皮件店
04: Another Place日系服裝店
05: 26區可買到這種超平價的美杯
06: 竹編包

05

06

🏠 JJ Plaza

　　恰圖恰還有一區每天開業的JJ Plaza，內有許多優質的泰國設計家具，有些是傳統風、有些極具現代設計感。此外還有多家Home SPA產品、藝廊、設計雜貨、布店等，也很有得買喔！

01: 許多印度風的優質圍巾、靠枕套 (圖片提供/Grace Liu) / **02:** 這區可找到許多設計家具
03: JJ Plaza裡的店每天都開業，不像恰圖恰市集只週末開業

JJ Plaza跟JJ Mall每天都開業，平日恰圖恰店面沒營業時，可到這裡逛。週末中午過後恰圖恰市集人潮多、氣溫也節節升高，建議可到旁邊的JJ Mall吹冷氣避暑，順便用餐。裡面很多小店、咖啡館、Yam　Sap平價餐廳、按摩中心，尤其推薦2樓廁所旁的Happy Massage平價按摩。

🏠 The Camp跳蚤古董市場

　　洽圖洽市集對面的新跳蚤市場，販售各種有趣的古著老物，甚至可看到整輛嘟嘟車，場內還有以老福斯車改的小酒吧，以及熱門的水流蝦烤蝦餐廳。週末較熱鬧，會有現場樂團表演。

MRT地鐵站內的商店街也有不錯的商店及按摩店

■ **J.J.Mall** Add kampaeng phet II及kampaeng phet IV Road交接口 Web www.jjmall.co.th Trans MRT khampaeng phet或BTS Chatuchak站 ■ **The Camp** Add 460 Kamphaeng Phet Soi 1 Time 週二～四11:00～22:00，週五～日11:00～23:30 Trans MRT線Kamphaeng Phet 1號出口

必吃美食推薦

仙草冰

Add Sec. 3

超受歡迎的仙草冰店,可以買仙草凍,或是嘗嘗撒上黑糖粉的仙草冰。仙草凍的口感紮實有咬勁。

Tub Tim Siam 知名傳統甜湯店

Add 26區9室

到恰圖恰市集吃完椰子冰後,記得再往前走到26區吃這傳統的泰國甜品。內包荸薺,咬下Q彈的外皮後,一口美好的煙燻味便隨之跑了出來,真是美味啊!

鴨腿麵

Add 4區224室

市集4區的傳統鴨腿湯麵店,湯頭為中式口味,是簡單用餐的好地方。往馬路方向走105室的Dinpao小吃有口味獨特的芝麻炸雞。

Phrik Yuak 綠咖哩餐廳

Add 2區126室 / Soi 38/3 **Trans** 出MRT地鐵站後,往後走到2區,就在2區最邊角

食材選擇特別用心,光是看它的飯就知道了(自家有機農場種的)。這裡的餐點類似自助餐廳,自己去選擇菜色。推薦豬肉咖哩Panang Curry,豬肉軟嫩,咖哩的香氣更是豐富。桌上有各種免費生菜,可以配Pad Prik 醬當開胃菜吃。同樣在2區65室的Raam Yaam Jae Euang則可喝到椰奶口味的海鮮酸辣湯。

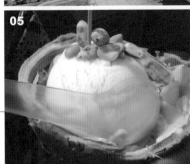

01: 仙草冰
02: Tub Tim Siam知名傳統甜湯店
03: 中式湯頭的鴨腿麵
04: 貴婦蔬果市場Or Tor Kor Market 相當乾淨,美食區也舒服許多
05: 恰圖恰市場的椰子冰淇淋
06: Phrik Yuak桌上會提供一大盆免費生菜
07: 市集8區最具娛樂性的西班牙海鮮飯酒吧
08: JJ Mall的Cafe Kaldi宛如泰版星巴克
09: JJ Plaza裡的Yam Sap涼拌沙拉麵
10: J Mall美食街是良好的避暑用餐地點

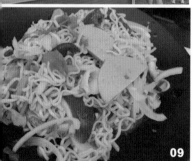

Viva 8西班牙海鮮飯

市集內最歡樂的酒吧餐廳，現煮海鮮飯不但美味，西班牙老闆興起還會高歌一曲娛樂顧客。

恰圖恰附近景點

BTS線Ari站曼谷新興潮區

Ari區算是曼谷市區較為嬉皮風的區域，小街巷裡也有許多精采的咖啡館、酒吧，而Ari捷運站旁還有條小長巷，晚上是上班族最愛的熱門小吃攤，或者也可到知名的666吃到飽海鮮餐廳Laemgate吃飯，現搬到恰圖恰市集附近，更方便逛完市集過去大快朵頤一番。

Laemgate

Add J Infinite One Business Complex Rd, 349 Vibhavadi Rangsit Rd, Chom Phon, Chatuchak **Tel** (06)3229-2298　**Time** 1:00～22:00，週二11:30～21:00 **Price** 666泰銖 **Trans** 由恰圖恰市集的Chatuchak Park地鐵站步行約10分鐘

這家餐廳講求的就是鮮！由於自家就有生蠔養殖場，再配合其他海鮮養殖場新鮮直送，從原本的Chonburi一路紅到曼谷來。再加上他超值的666吃到飽漂亮價錢，幾乎是目前曼谷最夯的海鮮餐廳，週末前一天訂都很難訂到位置。

推薦菜包括：辣醬螃蟹(namprik kaipoo)、烤肉(moo kam wan)，當然還有生蠔！

用餐時間為：90分鐘，分別為：11:30、13:30、17:30及19:30。

小提醒：沒吃完每盤要罰200泰銖。

Thailand Cultural Center 文化中心站 **LUM**

本站Highlights：拉差達鐵道夜市、Art in Paradise 3D藝術館、暹邏劇場(天使劇場)
順道遊：匯皇夜市、象神、金東尼人妖秀

📷 Art in Paradise 3D藝術館

　　這座3D立體幻象藝術館是由15位在韓國和泰國的專業藝術家，花了2個月時間創作出來的。內部共有6個不同概念的主題區，讓遊客可盡情跟3D畫作拍出驚奇的照片。

🎠 Rachada Talad Rot Fai 拉差達鐵道夜市

　　Talad Rot Fai是Train Market的意思，因為夜市原地點是鐵道倉庫，後來租地被收回後，鐵道夜市分了好幾處，規模較大的為市區外圍的Rod Fai Night Market Srinakarin，而位於泰國文化中心的拉差達火車夜市，則是比較容易抵達的一座，現在美食區的部分相當精采，多走驚人大份量路線，讓人充分享受大口吃肉的快感。

鐵道夜市共有兩處

文化中心站較容易抵達；另一處在在外圍的Paradisee購物中心旁

■ **Art in Paradise 3D藝術館** Add 4F, Esplanade Artertainment Complex, Ratchadapisek Road Time 09:00～22:00 Ticket 成人500泰銖，兒童300泰銖，3歲以下免費 Trans MRT Thailand Cutural Center 3號出口

■ **Rachada Talad Rot Fai拉差達鐵道夜市** Add Ratchadaphisek Rd. Time 每天17:00～01:00 Trans BThailand Cultural Centre站3號出口，夜市就在Esplanade商場後面

曼谷建築專題

📷 舊海關大樓

　　位於昭披耶河畔的舊海關大樓，為以往商貿品進泰國的第一站，建築為義大利建築師Grassi的作品，充滿了歐洲的典雅線條。只可惜建築已相當老舊，目前已廢棄不用。這附近的升天聖母堂Assumption Cathedral、玫瑰聖母堂、及暹羅商業銀行，也都是相當優雅的老建築。

03

01

02

01: 舊海關大樓
02: 玫瑰聖母堂
03: 升天聖母教堂

📷 G Tower建築地標

　　除了宛如樂高玩具的Maha Nakhon大樓外，在Phra Rama 9的新區裡，最受矚目的當屬G Land土地開發商以巨大G英文字母設計的建築。有趣的是，建築分為南北翼兩側，南翼傾斜的樣貌，讓當地居民看了總有種塔樓要塌下來的錯覺。目前建築一側為辦公區，另一側則為Central百貨。未來這區也將建造125樓高、625米的東南亞最高樓。

📷 機器人大樓

　　若對建築有興趣者，也很推薦Silom區一棟可愛的機器人大樓。這棟曾獲得國際設計獎的老建築，是一棟充滿童心的設計，靈感來自建築師Sumet Jumsai兒子的機器人玩具，親眼看到時忍不住微笑了起來。同一位建築師在曼谷還有棟可愛的大象建築。

■ **舊海關大樓** Trans BTS Saphan Taksin站，步行約8分鐘 ■ **G Tower建築地標** Trans MRT線Phra Rama 9站 ■ **機器人大樓** Trans BTS Chong Nonsi站步行約8分鐘

Hua Lamphong

HUA 華藍蓬站

這裡是市區的主火車站，前往泰北、南部或東部的旅客都是從這裡出發。而中國城就在這附近，可以搭MRT到這一站走過去(約10分鐘路程)。

本站Highlights：金佛寺、市場
順道遊：可搭船到5號碼頭

建議路線
MRT站>金佛寺>Nana Coffee Roasters咖啡館>三攀市場》廊1919文化園區>傍晚回中國城區T&K海鮮>米其林推薦的粿雜湯或泰式蚵仔煎
註：週一是中國城街道清潔日，許多攤販會休息

📷 華藍蓬火車站 Hua Lamphong Railway Station

1916年所建的主火車站，當時特別聘請英法建築師打造，將它設計成一座圓拱形的文藝復興風格建築，位於中國城前方。大部分國內及新加坡、馬來西亞、緬甸的國際列車，都由這裡出發。

📷 金佛寺 Wat Traimit

建於1832年，供奉著泰國三寶之一的金佛身。佛身高達3公尺、重約5.5公噸。這尊金佛已有7百多年之久，據說當年素可泰王朝遭遇緬甸軍入侵時，為了避免金銀財寶被掠奪，所以將城內所有黃金熔鑄成這座大佛(整座佛身黃金純度高達60%)，並在佛身外塗上泥土易容。

寺內的佛像是黃金純度最高、最有價值的佛像

一直到好幾百年後，在搬運過程中灰泥意外掉落，才現出內藏的金身。當時有3位好朋友一起發現這尊佛像，他們決定集資蓋廟，為了表揚他們這種拾「金」不昧的精神，這座廟命名為「Wat Sam Chin」，也就是「3個中國人的廟」，1956年才改為「Wat Traimit」，現在2～3樓還有中國移民歷史博物館，也相當精采(100泰銖)。

■ **華藍蓬火車站 Hua Lamphong Railway Station** Add 1 Rongmuang Rd. Tel (02)621-8701 Info 相關火車資訊可參見P.253，「曼曼行」篇
■ **金佛寺 Wat Traimit** Time 08:30～17:30 Ticket 40泰銖 Trans 由火車站步行到此約7分鐘

📷 中國城

曼谷海運昌榮的時代，很多中國移民聚居在耀華樂路(Yaowarat Rd.)與泰國第一條馬路石龍軍路(Charoen Krung Rd.)。由於許多中國人在此開銀樓(共有140多家)，因而還有了「黃金路」的稱號。

蘇恒泰古宅

Trans 由華藍蓬站搭計程車約5分鐘車程就可抵達曼谷的中國城(步行約15分鐘)；或搭船到N5，出碼頭後直走就會遇到耀華樂路(Yaowarat Rd.)，也是中國城最熱鬧的街道。或由高山路搭計程車過來，不塞車約50～70泰銖

逛街購物

Sampeng Market
三攀批發市場

Time 00:00～19:30，20:30～00:00，每天開，但週末買氣最盛

好推薦大家假日到中國城的三攀市場人擠人，感受一下市場的熱鬧氣息！靠近N5碼頭的三攀市場，橫跨4個街區，為中國城最大的市場，商品偏重飾品小物，如玩具、耳環、包包、鞋子、烘培用品、布料、手機殼等，所以在市場逛時，常會看到泰國人手抱著大娃娃這類的戰利品。

The Old Siam 老購物中心

中國城內最受資深貴婦們喜愛的購物中心就是這座了。雖已有點歷史，但購物中心走經典不墜的老暹羅懷舊風格，裡面盡是媽媽們最愛的超值好貨、傳統小點，很推薦過來感受一下這種溫暖的購物氛圍。附近也有家著名的安樂園（On Lok Yun）老咖啡館，早上總有許多老顧客過來吃吐司、配杯古早味咖啡。

資深貴婦們喜愛的珠光寶氣商品可不少

美食餐廳推薦

T&K Seafood 海鮮攤

Add Phadung Dao Rd(由耀華樂路轉進 Phadung Dao Rd.就會看到，就在街角)
Time 週一～六16:30～02:00

T&K在背包客間流傳已久，幾乎所有到中國城的遊客都會到此吃平價的炭烤海鮮。穿綠色制服的工作人員，忙碌地在門口烤海鮮。店鋪小小的很容易客滿，早一點到的話，比較能悠閒地享用海鮮大餐。大頭蝦新鮮好吃又便宜，而咖哩螃蟹幾乎是每桌必點，另外還有蒸魚、烤海螺等。

滿新鮮的烤海螺

怎麼辨別燕窩好壞？

來中國城可以買到各種燕窩補品，以下教你如何辨別燕窩等級。
★ 泰國燕窩的採集季節為2～7月。
★ 品質以第一個完全以唾液做好的巢最好，顏色半透白，泡在水裡約散成20層。
★ 燕窩產期分為3期，頭期為毛燕，二期為白燕，三期為血燕。
★ 表面有點膠狀的感覺，質地也較堅硬，對著光照呈半透明。
★ 聞起來應該是香香的，不應有腥味或油炸味。

02

03 04

05

Kuai Chap Uan Photchana
粿雜湯　Time 18:00～03:00

耀華路小吃區人氣最旺的一家,原因無他,湯頭實在太令人難忘了!慎入,吃了會上癮。中國城有好幾家粿雜湯,不過這家的湯頭胡椒香氣最為濃郁辛辣,麵條則是短短的米漿捲片,搭配各種豬雜及香脆的燒肉,美味啊!雖然吃了會爆汗,但實在過癮,難怪每晚大排長龍(排隊速度還滿快的)。

Nana Coffee Roasters
咖啡館

Add 31-33 ซอย นานา Pom Prap **Time** 11:30 ～21:00 **Web** nanacoffeeroasters.com **Trans** 由 Hua Lamphong站步行約7分鐘

中國城目前最文青的Soi Nana巷內,有棟老房子改造的浪漫咖啡館,提供相當有水準的飲品及甜點。咖啡館緣起於1樓結合各領域人才的Oneday Wallflowers花藝工作室,工作室的總監為建築出身,將這棟老屋改造為浪漫的花藝空間,後來人氣實在旺,乾脆開起咖啡館,讓大家都有機會進來享受這裡的美好。

01: T&K Seafood海鮮攤
02: T&K Seafood每桌客人必點的烤大頭蝦
03: 老屋改造的Nana Coffee Roaster咖啡館
04: 甜點及咖啡飲品也美美的
05: 恳記雙葫蘆涼茶

恳記雙葫蘆涼茶及
林雲生涼茶

Add Charoen Krung Rd.(石龍軍路,靠近Phadung Dao Rd) **Tel** (02)623-3155

中國城的涼茶老字號,民國17年開店至今。許多當地人經過就會停下來喝杯超苦的涼茶,小朋友也是一口氣乾掉兩杯,真是佩服。這正花旗蔘熬的涼茶當然是排毒效果佳,如果像我這種吃不了苦的,則可以喝清涼退火的菊花茶。可以直接在店內乾一杯,或者也可買瓶裝帶走。義福巷底的林雲生涼茶也很棒。

昭披耶河

由於過去只有皇宮貴族才能在河邊蓋房子，因此所有的皇宮或重要寺廟都在河畔，像是大皇宮、玉佛寺、臥佛寺、鄭王廟等，這區也稱為「Rattanakosin古城區」，也就是昭披耶河與運河圍繞起來的一個島區，當時運河與渠道縱橫，就連現在熱鬧的Rambuttri路以前都是小運河呢，因此曼谷才有著東方威尼斯之稱。當初建城時共有14座城門，不過現在僅剩背包客區高山路附近的Phra Sumen堡壘及金山寺與空盛桑運河交界口的Mahakan堡壘。現在的古城越來越有趣了，搭配金山寺周區，不妨安排一天搭船慢慢沿河而上，暢遊各大景點，晚上到高山路享受無國界的歡樂氣氛。

曼谷最經典的景點幾乎都在河岸邊，相當推薦大家找一個晚上搭乘夜遊船，慢賞獨一無二的曼谷夜景（P.111）。

昭披耶河遊逛路線建議

■從BTS線Saphan Taksin站的中央碼頭搭船，先遊5號碼頭的中國城，再到9號碼頭大皇宮、8號碼頭臥佛寺及按摩、鄭王廟、河濱日落酒吧、暹羅博物館，接著到13號碼頭的高山路感受國際背包客的夜生活，肚子若還有空位，這區也有許多小吃。（可考慮購買180泰銖一天無限搭乘的觀光船票）

■若是在水門區，也可搭空盛桑運河到金山寺，由北往南玩（請參見P.229）。

01: 上船後就會有人過來收費
02: 船站插著藍旗及橘旗，表示這站這兩種船都停靠

搭船注意事項

■由Saphan Taksin捷運站2號出口就可到碼頭。中央碼頭候船路線重新規劃後相當清楚，可在站內的購票亭購票。藍旗觀光船票在藍色小票亭購買，普通公船票只在大站設有售票口，否則可上船後向服務人員購票。

■觀光船為藍色旗子（單趟50泰銖，一日票180泰銖，船上有講解），橘色船為一般船（單趟15泰銖）。

■橘旗船每站都停，沒買藍旗觀光船票就搭橘旗船吧。無論是哪個方向的船都停在同一個碼頭。

■抓住一個原則，面向河：往右手邊行駛的是往高山路方向，往左手邊行駛是往中央碼頭方向。

建議 遊逛路線

杜喜宮

杜喜動物園

往Slipa Bhirasri's House

賓礼寺

Villa Phra Sumen Resort

14號碼頭　13號碼頭　潘記老麵店

平價火鍋店　Riva Surya Hotel

Phra Sumen Rd.
Dialogue藝廊咖啡館

小酒吧　國立美術館

國立博物館

高山路

Wisut Kasat Rd.

Phra Athit Rd.

拉塔納科辛展覽館
當代美術館

Ratchadamnoen Klang Rd.

Nakhon Sawan Rd.

查盤簪運河站

法差路

瑪哈塔寺

9號碼頭　Fisherman's

皇家田廣場

Methavalai Sorndaen
泰式餐廳

民主紀念碑

王孫寺

金山寺

Lan Luang Rd.

Damrong

Rak Rd.

P.224

P.222

Here Hostel

鬼門炒麵

旅遊服務中心
古城公車

Bamrung Muang Rd.

Mont吐司

Maha Chai Rd.

玉佛寺

P.213

大皇宮

8號碼頭

拉查波比托寺
Wat Rajabopit

涅盤寺(臥佛)

暹羅博物館、臥佛寺按摩店
藍鯨咖啡館、日落酒吧

鄭王廟

Chao Phraya River

查隆恭路

Charoen Krung Rd.

Yaowarat Rd.

中國城

Tri Phet Rd.

Worachak Rd.

Arun Amarin Rd.

昭披耶河 Chao Phraya

昭披耶河 Chao Phraya，為高階官品之意，亦為River of Kings「王河」，潮州人又稱為「湄南河」。河流流域廣大，約占泰國總面積的1/3，成就了泰國肥沃的土地，為東南亞最重要的糧倉。昭披耶河最後匯入曼谷南部的泰國灣，曼谷城內也依昭披耶河建造了無數的小運河Khlong，因此有著「東方威尼斯」之稱。

夜遊昭披耶河，看鄭王廟美麗夜景(圖片提供／Banyan Tree Bangkok)

Muse Pass博物館通行票

現在推出Muse Pass博物館通行票，買一份就可通行40座博物館、美術館。一份正常價才299泰銖。有時又會有促銷，基本上只要參觀Museum Siam、華麗的Phya Thai Palace或Rattanakosin展覽館就值回票價了。

Web privilege.museumsiam.org

夜遊船搭乘處

Sheraton Orchid

往中央碼頭、BTS

📷 鄭王廟 Wat Arun

曼谷鄭王廟，最初名為「橄欖樹佛寺」，以印度黎明之神Aruna命名，因此又稱為「破曉寺」或「黎明寺」。據說是華人皇帝鄭王帶兵擊退緬甸軍團時，在黎明破曉時經過此寺，並上前膜拜。鄭王登基為王後，將此廟正名為黎明寺，並納入王宮範圍。玉佛寺的玉佛還曾移至此供奉。據說鄭王晚年也曾到此出家，廟中還有他的床。

這座廟始建於大城王朝時代，目前所看到的是拉瑪二世時重新修建的，高塔高達67公尺，遊客可以爬上超陡的階梯欣賞河景及對面的皇宮景象，黃昏時尤其美麗(不過下階梯時可要小心)。現在泰國觀光局也將鄭王廟打造為曼谷的絕美跨年地點。

面河的鄭王雕像

由8號碼頭可以轉搭接駁船到對岸的鄭王廟

鄭王是武將，到這裡拜拜可以擋小人，也可求財、生意興旺。祈求時可在廟前購買一把劍供奉，然後把香紙中的金箔撕下來貼在鄭王身上祈福，廟方會將神像上的金箔撕下來，製成金色手環做為結緣品，讓信徒戴在身上保平安。

鄭王，名鄭信，有華人血統。幾百年前暹邏王國戰火不斷，1767年時，緬甸又舉軍入侵首都大城(Ayutthaya)，讓大城王國的太平盛世應聲倒地。鄭信逃出大城，開始組織散兵，訓練軍隊，順利收服現在的羅永地區、芭達雅等各方諸侯。然後再攻回大城，驅逐緬甸軍隊。但大城已遭破壞得殘破不堪，鄭王決定以吞武里(Thon Buri)為首都，於1770年統一泰國，因此鄭王當政的王朝(1768～1782年)也稱為「吞武里王朝」。不過，後來宮廷政變，由鄭王的大將一郤克里取得政權，也就是現在泰國王朝的始祖一拉瑪一世，王朝定都於曼谷，史稱為「曼谷王朝」。

Add 34 Arun Amarin Rd. Tel (02)891-1149 Time 07:00～18:00 Web www.watarun.net Ticket 50泰銖 Trans 由8號碼頭搭Wat Arun的船到對岸(單程票4泰銖)，下船後進入園區左轉往高塔方向直走，經過鄭王雕像後就會看到入口處

印度教主神濕婆的阿賈伽瓦三叉戟

騎在三頭象神上的因陀羅主神

夜叉守護神

騎在馬上的風神

01: 高67公尺,建於1842年拉瑪三世時期的彩色佛塔,在四角建造4座佛塔,並以各種陶瓷碎片鑲拼而成燦爛的佛塔,象徵「世界以此為中心」

02: 廟內擺放許多以往商船帶回的壓艙石

最佳觀賞地點

🍴 Sala Rattanakosin、The Deck 河濱日落餐廳

　　到曼谷當然得到鄭王廟對面的河濱餐廳The Deck,或Sala Rattanakosin(請詳見P.106)欣賞曼谷最美麗的日落。兩家都位在鄭王廟對面,參觀完臥佛寺之後,可到此用餐。運氣好的話,曼谷最迷人的日落景致會在此展落開來。更棒的是,餐廳的餐點也相當有水準(尤其推薦炸軟殼蟹Deep fried soft crab),建議事先預約景觀較好的座位。若當天客滿,也可直奔頂樓的酒吧喝飲料,這裡的視野最棒,且最好6點以前抵達。

■The Deck河濱日落餐廳 Add 36-38 Soi Pratoo Nok Yoong, Maharat Rd. Tel (02)221-9158 Web www.arunresidence.com Time 08:00～22:00,週五～日08:00～23:00 Trans 搭公船到8號碼頭Tha Thien站,走出船站右轉直走,會看到巷口有著The Deck的標示,轉進小巷直走到底 Info Sala Rattanakosin的巷口是AromD Hostel,隔壁巷底也有絕佳頂樓酒吧景觀的為Sala Arun

📷 涅盤寺(臥佛寺) Wat Pho

「涅盤寺」是曼谷最古老且最大的寺廟，因為廟裡有一尊大臥佛(仿造佛祖涅盤時的姿態)，因此普稱為「臥佛寺」。泰國3任皇帝都曾下令重修臥寺，讓臥佛寺的規模越來越大。臥佛寺內除了可參觀臥佛殿外，四周的建築其實就像古時候的醫療學校，牆壁上刻畫著許多人體穴道、經絡。此外還有以前中國商人到此所運載的壓艙石雕像。

傳說中的Sa La樹

據說當年釋迦牟尼臥在Sa La樹下誕生，這種樹很難培植，四季都開花，有一種很特殊的花香味。目前泰國只有兩株，其中一株就在臥佛寺。傳說只要在樹下張開雙掌許願，如果花朵掉在手上，就代表有佛緣。

臥佛寺裡竟然還有座可愛的小學

泰國傳統按摩學校School for Traditional Medicine

據說寺廟中曾經有一位高僧在此研究印度瑜珈，慢慢發展出泰國的國寶——泰式按摩，並將當年的瑜珈研究圖像都畫在臥佛寺中。這裡還特別設立按摩學校，讓大眾可以在此學習或體驗正統的泰國傳統按摩。許多內行的遊客都會特地到此享受便宜又正統的泰國傳統按摩。(參見P.40)

若不進臥佛寺參觀，寺外也設有按摩院2號店

■ **涅盤寺 Wat Pho (臥佛寺)** Add 2 Sanamchai Rd. Tel (02)225-9595 Time 08:30～17:00 Web www.watpho.com Ticket 臥佛殿門票100泰銖(可另外付費請導覽員解說) Trans 搭船到8號碼頭Tha Thien站，由碼頭走出來，經過商家到路口就會看到對面的寺廟，若由這個街角右轉直走，就會來到各家日落餐廳及位於7-11旁小巷內的臥佛寺按摩2號店
■ **泰國傳統按摩學校 School for Traditional Medicine** Web www.watpomassage.com Price 260泰銖起(請參見P.40)

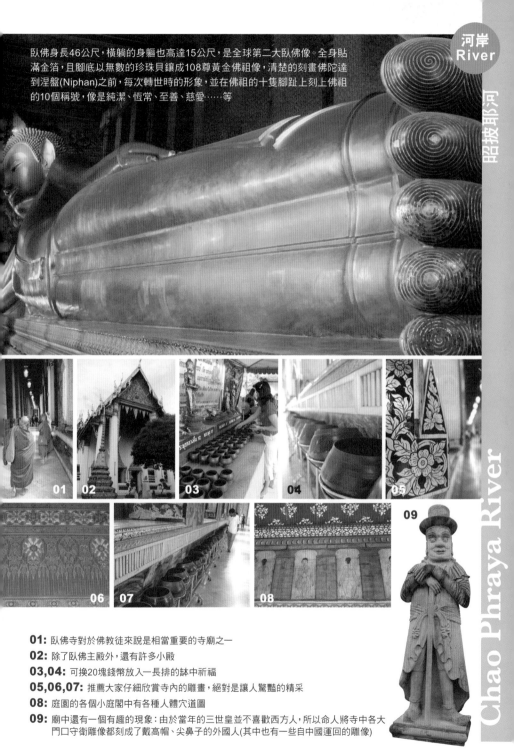

臥佛身長46公尺，橫躺的身軀也高達15公尺，是全球第二大臥佛像。全身貼滿金箔，且腳底以無數的珍珠貝鑲成108尊黃金佛祖像，清楚的刻畫佛陀達到涅盤(Niphan)之前，每次轉世時的形象，並在佛祖的十隻腳趾上刻上佛祖的10個稱號，像是純潔、恆常、至善、慈愛……等

01: 臥佛寺對於佛教徒來說是相當重要的寺廟之一

02: 除了臥佛主殿外，還有許多小殿

03,04: 可換20塊錢幣放入一長排的缽中祈福

05,06,07: 推薦大家仔細欣賞寺內的雕畫，絕對是讓人驚豔的精采

08: 庭園的各個小庭閣中有各種人體穴道圖

09: 廟中還有一個有趣的現象：由於當年的三世皇並不喜歡西方人，所以命人將寺中各大門口守衛雕像都刻成了戴高帽、尖鼻子的外國人(其中也有一些自中國運回的雕像)

暹邏博物館
Museum Siam

博物館象徵設計的別針

這座博物館是曼谷最有趣的博物館,強調「Play & Learn」的展覽方式。在TCDC設計中心的工作人員推薦之下過來一探究竟,看過之後,真要在這裡大力推薦。

博物館建築本身原為行政機關,仿義式建築,共分為3層樓,透過老窗形成的光影,跳縱其中,在歐風建築中散發出一股懷古的氛圍。

博物館每隔一段時間更換不同的主題策展,但同樣都是充滿創意的互動式展覽,活潑地介紹暹邏的古老傳說,展開暹邏文化的時光之旅。接著各展覽室都是各種互動式的展覽,完整地說明暹邏歷史、生活、宗教信仰等等。大人小孩在每間展覽室裡快樂的「參展」,暹邏文化就這麼活靈活現地跳進觀展者的心中。看過這裡的介紹,了解暹邏文化的來龍去脈之後,再去看其他博物館及皇宮、寺廟,就比較能了解其背景。

除了展覽之外,主展館後面還有一區開放空間,有舞台、餐廳、講座教室及短期展覽室等,儼然就是曼谷的新文化中心。

01: 仿義式風格的老建築 / **02:** 透過此起彼落的玻璃盒,生動訴說暹邏史
03: 跟著地上的象神朝拜,會發生什麼事呢? / **04:** 透過創新展覽方式,呈現泰國信仰文化
05: 遊客可免費換裝拍照

Add 4 Sanam Chai Rd. Tel (02)225-2777 Time 週二～六 10:00～18:00,週日16:00～22:00,週一休息 Ticket 外國人300泰銖、學生50泰銖(16:00以後免費)、在泰國工作者100泰銖、15歲以下及60歲以上免費 Web www.ndmi.or.th

📷 大皇宮&玉佛寺
Grand Palace & Wat Phra Kaew

大皇宮可說是曼谷最重要的地標，1782年當拉瑪一世將首都從Thonburi遷到曼谷時，開始在昭披耶河建造這座泰皇官邸。而宮裡的玉佛寺就像泰國的護國寺。泰國皇室家族為全球皇族中最富有的家族之一，可想而知，泰國皇宮是多麼富麗堂皇，已被聯合國列為世界文化遺址。

整座皇宮占地達兩公頃多，就像是一座金色的大城堡，由3道牆圍繞，穩穩守護著皇室家族。目前開放參觀的部分有藏經閣、節基殿、博物館及玉佛寺，不到一半的區域。原本以為泰國寺廟就是金光閃閃而已，但實際參觀後，覺得真值得過來看看。當你真正站在鑲滿藍色琉璃的牆面前，會有一種從沒想過的震撼。

大皇宮前面及國防部這區的政府機關建築也相當壯觀

參觀路線建議
大皇宮與玉佛寺是相連在一起的，由入口處進去會先參觀玉佛寺，接著再進入皇宮區。10:30～14:30是最熱門的時段，盡量避開這時段。

參觀注意事項
1.入內參觀穿著要特別注意，不可穿短褲、短裙或無袖衣服及涼鞋，否則需在入口處借衣服或沙龍穿戴，押金為200泰銖。/**2.**玉佛寺內不得拍照攝影，外面可以。/**3.**大皇宮跟玉佛寺15:30就關了，所以參觀要趁早喔！

注意：有些嘟嘟車會騙遊客臥佛寺今天休息，要推薦你到別的地方去，通常就是載到珠寶店，可別被騙了，皇宮每天都開放參觀。

Add Na Phralan Rd. Tel (02)224-3328 Time 08:00～15:30(14:00停止售票) Web www.royalgrandpalace.th Ticket 500泰銖(含大皇宮、玉佛寺及舊國會大廈) Trans 搭船到9號碼頭Tha Chang站，下船後步行約7分鐘就可看到入口處；或由臥佛寺步行約15分鐘；由高山路步行約15分鐘 Info 可租語音導覽(200泰銖，含中文語音導覽)，多人共遊可在那裡請合格的導遊導覽(大部分為英文及歐語)

玉佛寺 Wat Phra Kaew

玉佛寺屬於大皇宮的一部分，約占皇宮的1/4面積，為泰國皇室的護國寺。相傳佛祖化身為一塊巨大的玉石降臨於此，在一道閃電之後，就變造出這座金碧輝煌的建築與祭壇，因此這座寺廟稱為玉佛寺。當然這只是傳說，最初這尊玉佛是要獻給印度國王，後來又輾轉地到了斯里蘭卡、柬埔寨、寮國，最後才又重返泰北的清萊。據說在迎神途中還出現許多神蹟，因此這尊玉佛被尊為泰國國寶。參觀完玉佛寺後，沿玉佛寺旁的迴廊通過一個小門就是大皇宮。

守護神
玉佛寺外共有12尊大型的守護神，手持大棍棒，臉朝外保護著玉佛。

涼亭
寺外有幾座這樣的涼亭，是給和尚們或信徒休息的涼亭。

往大皇宮

祈雨塔
以往5月初都會在耕種前舉行祈雨儀式，祈求當年的稻米豐收。

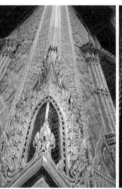

玉佛寺前的菩薩像

Phra Asada Maha Chedi佛塔
這些高棉風格的佛塔，由北到南、由左到右分立8座，分別以不同的顏色，代表著佛祖的8個覺知。曾有一段時間被移走，後來才又將藍色與綠色佛塔移回寺內。

雙金塔 Golden Chedis
天神殿前兩座類似金字塔的尖形高塔，為紀念拉瑪一世的雙親而建。塔座由20隻穿著彩衣猴子托護著。頂端有座高棉塔，四周以12角柱圍繞。

玉佛寺梁柱

玉佛寺

這座寺廟可說是曼谷最美麗的寺廟,四周為八角形柱,鍍金的尖形屋頂上刻滿了蓮花與棕櫚圖樣。門窗則是典雅的哥德式風格。

〔細部詳解〕:

★玉佛:應該是在清邁蘭納時期所雕刻的(西元1464年),高約66公分,寬48.3公分。雖然佛像不是非常大,但頭髮與衣領都是純金打造的,製造時也崁入了各種水晶、藍寶石、紅寶石、鑽石等,用以象徵佛祖的美麗、崇高。泰國每年3個季節更換時節,都會由國王主持玉佛更衣的儀式。佛祖前有兩尊金像,分別為拉瑪一世及拉瑪二世。

★錐形塔:廟內高達100呎的錐形祭壇,一尊尊的佛像圍繞著頂部的尖塔。這些佛像都代表著每次戰爭的勝利。

★圖畫及象形文字:天花板上是各種神話故事與符號,像是發光的圓圈代表著古印度教所知道的7個星宿,這些圈圈圍繞著類似蓮花的太陽運行,泰國人稱之為「多阿提」(Dok Athit),也就是「向日葵」的意思。因為它就像向日葵,白天日照出來時葉子張開,日落時葉子則收起來。

購票處/語音導覽租借處

入口

大佛醫生雕像
The Hermit Dr.
首先進入寺廟內會看到大佛醫生雕像,前面的石器是當時製藥的器具。

彩繪迴廊
迴廊上面繪著178幅泰皇拉瑪一世改編印度史詩《羅摩衍那》(Ramayana)中的天神與怪獸大戰。綠色怪獸是專搶他人妻妾的壞蛋,白色的猴子則是具有神力、打擊罪犯的天兵。後來的泰國傳統舞蹈都是由這裡衍生出來的。

大平台/金色寶塔
錫蘭風格的金色寶塔,完全實金打造,供奉著皇族或高僧的舍利子。

吳哥建築模型
吳哥窟是當時泰國王朝的附屬國,泰皇特地請人在此建造了吳哥的建築模型。

Phra Mondop藏經閣
大雄寶殿前方的尖頂白色建築是藏經閣,裡面有一部以純金打造的經書。藏經閣前還有些小亭子,都是每一位世皇的國徽與白象。

Phra Viharn Yod宮殿
整個尖塔的造型,就像泰國皇冠,內供奉著重要的佛像。外牆精緻的彩飾材質都來自中國,大門的珍珠母則是來自大城。

碧隆天神廟
Prasat Phra Thep Bidom
天神廟位於大雄寶殿西北邊的基台上,算是皇室的宗祠,拉瑪一世到五世的紀念像都供奉在此,每年4月6日開放參觀。整片外牆貼滿藍色或綠色的亮瓷,真是歎為觀止!

215

大皇宮 Grand Palace

依照泰國建築的習俗來講，皇宮中每棟建築都呈十字型，就連近代仿照英國溫莎城堡所建造的新皇宮也與舊皇宮形成一個大十字型。而皇宮的最深處就是後宮佳麗的生活空間，以往整個區域各種商店、市場及花園，猶如一座小鎮。

阿瑪林宮 Amarin Winitchai Hall

這是由3棟主建築構成的宮殿，原為國王臨朝聽政的地方，殿內有兩座精緻的寶座。這些宮殿分別是謁見用的Amarin Vinichai Hall、加冕典禮用的Paisal Taksin Hall、以及曾為拉瑪三世居住的宮殿Cakrabardibiman Hall。

武隆碧曼宮
Borom phiman Hall

從玉佛寺過來會先看到這座半圓頂的建築。19歲的拉瑪八世從英國留學回國後，即在此遇刺身亡，因此被認為是不祥的地方，自此就不大使用這座建築。

大皇宮入口處對面有這樣一排老建築，繼續往碼頭方向走會看到大學藝術中心，內有免費的藝術展。

玉佛寺

節基殿 Chakri Group

節基是「神盤」、「帝王」的意思,也是目前泰國皇朝的名稱「Chakri Dynasty」。這棟由拉瑪五世建造的東西合併建築,位於整座皇宮建築群的中央。由於拉瑪五世是第一位踏進歐洲的皇帝,非常喜歡歐洲宮廷建築,回國後決定建造一座維多利亞式的歐式皇宮,但是當時的民眾大力反對(差點引發暴動),所以國王最後決定將皇宮的屋頂改為泰式風格,變成這棟東西合璧的雄偉建築。這座3層樓建築的頂樓用來放置國王、皇后的靈骨,2樓為接見使節或臣民的謁見廳,1樓為皇家御衛隊的總部,陳列各種兵器。除了建築本身之外,拉瑪五世還在1882年曼谷建城100週年時,打造了一座史瓦萊花園(Siwalai Garden)。

杜喜殿 Dusit Maha Prasat Hall

這是大皇宮中最早的建築,也是暹邏傳統建築形式的典範:十字型建築、屋頂為仿造須彌山的7層尖形屋頂,尖頂為金翅鳥捕龍像。宮內仍保留拉瑪一世以珍珠貝打造的御床,這裡也是皇室舉行喪禮的地方。

阿蓬碧莫亭
Aphonphimok Prasat Pavilion
拉瑪四世在城牆上建了這座涼亭,以方便搭乘御用大象,也就是泰皇下輦更衣的地方。

薩塔和殿
Hor Sattrakhom
以泰皇的傳統習俗,所有新王都要在此過一夜,過了此夜,就要開始擔起治理國家的重責大任。

皇后紡織博物館
為了慶祝皇后80大壽,將皇后的優雅服飾展示於此,並可瞭解泰國紡織。

玉佛博物館
Emerald Buddlha Temple Museum
玉佛寺一些珍貴的佛像、工藝品都收藏在此博物館中。(由此進去,白色的歐式建築就是玉佛博物館)

↗ 入口

↘ 出口

中國雕像
當時的泰國商人運貨到中國販售之後,回程就以這些中國石雕當壓艙石,回國之後獻給泰皇。

認識泰國寺廟特色

寺廟建築神話背景

在泰國寺廟建築中，我們可以看到許多大型的神話雕像，這些都是泰國神話的身影。據傳……

早期泰國有一位拉瑪王及好幾位夜叉王(Yaksa)，由於拉瑪王娶了一位漂亮王妃，夜叉王心生妒意，設計將國王害死並將王妃據為己有。當拉瑪王上天堂之後，求天神主持公道，後來天神決定派猴神(Hanuman)，可能就是西遊記裡的孫悟空)去收服夜叉王。

神通廣大的猴神來到人間後，收服了所有的夜叉王，並到森林中擊敗為夜叉王看守心臟的半猴半人與半鳥半人護衛，一一收服夜叉王的心臟。而天庭為了還拉瑪王公道，便命夜叉王及其護衛從此要為拉瑪王守護皇宮。

因此，在泰國皇宮，處處可以見到青面獠牙的夜叉王(綠臉、藍臉、橘臉或白臉)與半鳥半人等神像，像是印度神毗濕奴的座騎；而迦樓羅則是泰國國徽金翅鳥神(Tantima)及奇納瑞鳥神(Kinnari)，拿著金剛杵守護著皇宮。

據說釋迦牟尼佛成佛時，有一隻納迦(Naga，類似龍)飛到釋迦牟尼

佛頭上為其遮風遮雨。因此在泰國寺廟的入山門前，會看到納迦雕像，而且大部分嘴裡都含著一頭鱷魚。此外，在一些泰國寺廟會看到猴子到處亂跑，這也是為了要感謝當年猴神幫助拉瑪王之恩。

泰國寺廟怎麼拜？

★ 寺廟前的納迦雕像或各種夜叉王、鳥神等雕像，並不需要膜拜。

★ 入廟前要先脫鞋，這是古老的習俗：

　脫下你腳下的鞋，因為你站在神燈的地址。(引自《安娜與國王》)

★ 大殿通常是釋迦牟尼佛，信徒會跪下，雙掌合十舉到眉間，整個人下拜，連拜3次。

★ 大殿右側通常會有和尚手持蓮花或沾香水往信徒頭上灑水，象徵消厄解運，並為信徒戴上白色手環以表祝禱之意。由於和尚不可以碰觸女性，所以會委請他人幫忙戴上。

★ 大部分的泰國寺廟中都會有蓮花、蠟燭與清香，並且有7座釋迦牟尼佛，分別象徵週一到週日的守護神。信徒會拿著香與蠟燭到與自己出生日相同的佛像前膜拜。

★ 身體不舒服也可以將金箔貼在佛像上。如果肚子不舒服，就貼在佛的肚子，依此類推。

關於尊貴的白象

泰國人對於白色的動物相當尊重，他們認為只有英雄偉人才能轉世為白色動物，像是白鶴、白虎等，其中又以白象最為尊貴。只要當地地方官發現白象，就會抓來獻給皇帝。

📷 拉查波比托寺 Wat Rajabopit

　　外貌看似一般泰國寺廟的拉查波比托寺，裡面卻宛如法國凡爾賽宮，是深受歐洲文化影響的拉瑪五世之作。每位泰皇都會修建一座具代表性的寺院，拉瑪五世修建這座寺廟內的戒殿時，要求建築師以凡爾賽宮為藍本，將屋頂打造為哥德式的拱肋頂，並以華麗的水晶燈裝飾，但殿內宮奉的卻是大金佛，金佛下面則安放著拉瑪七世的骨灰。

📷 曼谷國立博物館 Bangkok National Museum

　　想要瞭解泰國藝術，那當然要到曼谷國立博物館。這裡號稱為東南亞最大的博物館，建於1782年，原本是拉瑪一世時期的總督汪納王子(Prince Wang Na)的宮邸，拉瑪五世於1874年將這裡改為博物館。

　　館內完整展示拉瑪四世及泰國史前時代到現代的文化；另外還有許多來自中南半島各國的藝術品。館外有素可泰時期(13世紀)的佛像(Phra Phuttha Sihing)、以及皇家佛堂(Phutthaisawan Chapel)的精采壁畫。不過這裡最受歡迎的卻是電影小說《安娜與國王》中的家庭教師所留下來的服裝及日常用品。

01: 9世紀的觀音菩薩像 / **02:** 依各時期風格展出宗教藝術，可清楚看到各時期的藝術特色
03: 後面的宮殿內還展出拉瑪二世皇后的寢具及私人用品 / **04:** 金碧輝煌的皇室喪禮車

■ **拉查波比托寺 Wat Rajabopit** Add Fuang Nakhon Rd. Time 08:00～17:00 Trans 由大皇宮步行約15分鐘 ■ **曼谷國立博物館 Bangkok National Museum** Add 4 Na Phrathat Rd. Tel (02)224-1333 Time 週三～週日09:00～16:00(週一、二及例假日休息) Ticket 200泰銖 Trans 搭渡輪到9號碼頭Tha Chang站，步行約10分鐘，或由高山路步行約10分鐘 Info 每週三、四09:30有英文導覽

昭披耶河

Chao Phraya River

📷 國立美術館 National Art Gallery

曾到歐洲遊歷的拉瑪五世，深受歐洲藝術所吸引，因此收藏了許多歐洲藝術品。當然，泰國頂級藝術也在他的收藏之列，不過這裡的作品大部分是皇室家族肖像。

基本上這個美術館的收藏量不是很多，如果沒時間的話，可以直接跳過。

📷 杜喜動物園 Dusit Zoo

泰國最早的動物園，占地47.2公頃，旁邊是泰皇拉瑪九世生前所住的齊拉達宮(Chit Lada Roval　Palace)。這裡原是12公頃的人工水池，後改造成皇家御花園，1938年才開放參觀，共有200多種、1,600多隻動物，包括白老虎、斑馬、駝鳥等。

📷 杜喜宮 Abhisek Dusit Throne Hall

第一次看到這棟建築時，真以為自己到了巴黎。沒想到遠在東南亞的曼谷，也有這麼典雅的歐式建築。整棟大理石建築，頂著綠色圓頂，在熱帶國家的豔陽下，尤其耀眼。這是拉瑪五世所建的，用來招待外賓及舉行國宴的地點。1992年拉瑪九世開放參觀，讓一般民眾得以看到泰國皇室西化的過程及奢華的宴會排場(黃金打造的餐具)。內部裝潢仿照法國宮廷，完全按照歐洲宮殿規格辦理，還有天頂的濕壁畫，只是將人物換成了泰皇而已。

這區是行政重鎮，如果有任何政變或抗議事件時，最好不要到這區走動。

01: 國立美術館

02: 杜喜動物園，Dusit在泰文是「天堂」的意思，指的是天堂中代表著歡愉的第4層—七重天

03: 杜喜宮

■ **國立美術館 National Art Gallery** Add 18 Silom Rd. Tel (02)282-2639 Time 週三～日09:00～16:00(週一、二及例假日休息) Ticket 30泰銖 Trans 搭渡輪到Banglum-poo站，往國立博物館方向步行約10分鐘，到高山路約5分鐘 ■ **杜喜動物園 Dusit Zoo** Tel (02)281-2000 Time 09:00～22:00 Ticket 30泰銖 ■ **杜喜宮 Abhisek Dusit Throne Hall** Tel (02)839-411 Time 週二～日10:00～18:00，最後售票時間17:00(週一休息) Web www.artsofthekingdom.com Ticket 成人票250泰銖，學生票75泰銖 Info 不可穿無袖、短褲入場

📷 Silpa Bhirasri's House

　對泰國現代藝術影響甚鉅的義大利藝術家Silpa Bhirasri教授曾說：「生命有限，藝術永恆。」他將歐洲的現代藝術帶進泰國，並成立了藝術學校，被奉為泰國現代藝術之父。生前的故居就位於杜喜區的安靜角落，建築本身為優雅的新文藝復興建築，近年整修後，由Craftsman Roastery進駐，成功吸引各地遊客到此享用咖啡，樓上則設有簡單的藝術家作品及生平介紹(更多作品可至MOCA欣賞，P.21)。

📷 Tha Maharaj 瑪哈他文青碼頭

　老城區(Rattanakosin)的文青碼頭，就在曼谷名大學旁，集結了老城的古文化及學術氣息，可真是道道地地的文青碼頭呢！除了After You、Gram等知名餐廳及平價按摩，就連曼谷40年海鮮老店Savoey也入駐。最適合逛完大皇宮後，傍晚到此享用海鮮、賞河景了。

01: Propaganda也選擇在此開設專賣店

02: 迷人的Flavour咖啡館，也賣泰國的文創商品

■ **Silpa Bhirasri's House** Add 153 Ratchawithi Rd. Tel (083)194-1956 Time 07:30〜19:00 Web silapasri.com Trans 搭昭披耶河橘旗公船至Wat Rajsingkorn碼頭，步行過橋約10分鐘路程
■ **瑪哈他文青碼頭** Web www.thamaharaj.com Add 1/11 Trok Mahathat, Maharaj Road Tel (02)024-1393 Trans 搭船到Tha Chang碼頭(N9)，步行約5〜7分鐘到Tha Maharaj；最簡單的方式是搭藍旗觀光船到Tha Maharaj(單趟50泰銖或一天無限搭乘票180泰銖)

📷 賓札寺(大理石寺) Marble Temple

　　這座全部採用義大利大理石建造的豪華寺廟，又稱為雲石寺，也是拉瑪五世所建的。除了莊嚴肅穆的大理石殿之外，大門的珍珠貝及精采的馬賽克窗戶，精細的梁柱雕工也很精采。廟外有小河庭園造景，放置著各種有趣的佛像雕刻。最佳參拜時間是清晨 (約5點)，和尚會在此吟誦佛歌。

📷 金山寺 Wat Sraket (Golden Mount)

　　金山寺這座廟建於拉瑪三世，供奉著來自印度的佛陀舍利子。寺內最醒目的是高達78公尺的金色佛塔。這裡也是水燈節(每年11月中，請詳見P.6)重要慶祝地點，慶典時，金塔四周會綁上紅布條，並掛著綁滿鈔票的長繩子。

　　金山寺附近的堡壘前還有座知名的王孫寺Wat Ratchanaddaram，以其37座尖塔聞名，意寓修成37菩提分法，即可邁向涅槃。以往和尚雨季聚集修行時，會依據其道行分配至不同樓層。這種獨特的金佛塔Loha Prasat建築樣式，為目前世上僅存的一座。

建議清晨或16:00左右過來，比較涼爽，不會爬得滿身大汗。由於金塔位於開放式的天台上，是享受祥和氣氛與欣賞日落的好地點。不過要注意寺廟關閉時間。

拉瑪三世原本想在曼谷城建造一座地標式佛塔，但工程並不順利，當時堆砌起來的小山後來棄置不用，直到拉瑪四世之後才又開始在此建造起這座人造山佛寺。

■ **賓札寺(大理石寺) Marble Temple** Add 69 Rama V Rd. Tel (02)282-7413 Time 08:00～17:30 Ticket 20泰銖 Trans BTS線Phaya Thai站，轉搭計程車約6分鐘車程 ■ **金山寺 Wat Sraket (Golden Mount)** Add Boriphat Rd.及Lan Luand Rd.交接口 Tel (02)223-4531 Time 08:00～17:00 Ticket 免費，自由捐贈 Trans 搭空盛桑運河船到最後一站，下船後過小橋便是金山寺了。國立體育館或水門區搭船過來僅需8～10泰銖，約15～20分鐘船程 Info 入內要脫鞋

📷 Nitasrattanakosin Exhibition Hall
拉塔納科辛曼谷歷史展覽館

位於曼谷古城口的歷史展覽館,在導覽員的解說下,為來訪古城的遊客完整地介紹了充滿歷史性的曼谷古城文化。更棒的是,展覽盡量以互動方式呈現,給予訪客全新的博物館體驗。最後的部分最為有趣,訪客透過復古攝影機一一拍照後,進入小劇場就可以看到自己成了動畫中的角色囉!看完劇場後,還可到頂樓鳥瞰曼谷古城,這裡也設有True咖啡館。隔壁是當代美術館,常有傑出的泰國當代藝術展,也很值得逛。

01:曼谷最新的互動式展覽館,讓大眾輕鬆了解曼谷古城歷史
02,03:復古照相機拍完照後,自己就一躍成為動畫主角囉

🍴 Blue Whale Cafe 藍鯨咖啡館

臥佛寺周區的知名咖啡館,小小的老屋改為精巧迷人的咖啡空間,飲品為讓人看了拍不停的紫色蝶豆花咖啡及奶茶,當然是參觀臥佛寺後必打卡的咖啡館。

■ 拉塔納科辛曼谷歷史展覽館 Add 100 Ratchadamnoen Avenue Web www.nitasrattanakosin.com Time 週二～日10:00～19:00(每20分鐘一組導覽團) Trans 從水門運河碼頭搭乘空盛桑運河交通船到最後一站Panfa Leelard,出碼頭後往白色堡壘走,展覽館就在寺廟旁的黃色大建築 Ticket 100泰銖,學生免費 Info 導覽路線分為古城歷史介紹及泰國文化兩個部分,可依自己的喜好選擇 ■藍鯨咖啡館Blue Whale Cafe Add 3392, 37 Maha Rat Rd. Tel (096)997-4962 Time 10:00～20:00,週四休息 Trans 由N8 Tha Tian碼頭步行約5分鐘

高山路

到高山路的理由

高山路不就是因為李奧納多拍的《沙灘》紅起來的背包客區嗎？有特別需要來的理由嗎？有的，有的：

自由！在這廉價旅館、旅行社、酒吧、刺青編髮店、便宜紀念品店林立的背包客區，一走進這條街道，就會讓人解開束縛、眉開眼笑。

音樂！晚上在Phra Athit路上的小酒吧，還有小樂團的好音樂，人都快滿到馬路上了！

小吃！Rambuttri跟Tanee路交接口的小吃區，可是這裡的一級戰區，要吃美味的粥、或是海鮮乾火鍋、泰國炒麵、咖哩、牛肉攤麵？這裡通通都給你！

老屋欣力！曼谷也有老屋欣力？是的，現在有些年輕人也開始進駐古城區的老房子，將之改為咖啡館藝廊或青年旅館，讓老屋再風光個百年。，例如Phra Sumen Rd.上的Brown Sugar The Jazz Boutique等小酒吧。

如果覺得高山路太熱鬧，可以到Wat Chana Songkhram廟旁的Soi Rambuttri巷，也有許多酒吧跟小餐廳，感覺比高山路平和許多，很能放鬆享受夜晚，路上也是有些小吃跟小攤販，還有很多便宜的旅館，著名的Lamphu House就在此。

由高山路經過警察局再往前走到Kraisi路，會看到一個大市集，這裡的東西比高山路便宜很多，可找到便宜的泰國花襯衫、民俗風較濃厚的褲子及泰版的Diesel及Levis牛仔褲。

住宿推薦

Riva Surya河濱精品旅館、Villa Sumen運河畔私隱度假旅館、Here設計青年旅館

較能放鬆享受夜晚的Soi Rambuttri街巷

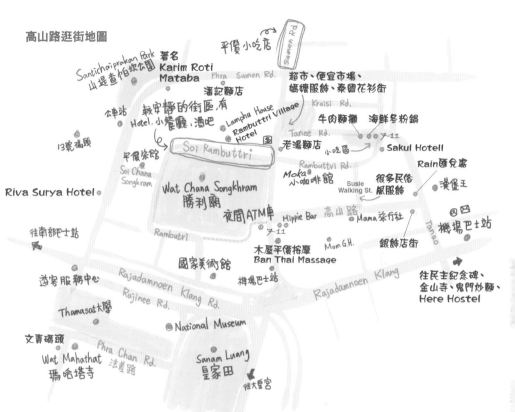

高山路逛街地圖

河濱公園，前面這條街晚上有許多小樂團表演。中間的白色雕堡是當年拉瑪一世遷都到曼谷時，為了阻擋緬甸軍隊而興建的，當時共建了14座，目前只剩下2座。很推薦大家傍晚過來這邊坐坐，很悠閒的地方喔！

13號碼頭Phra Athit站旁的堡壘

旅行社服務

曼谷可說是東南亞的集散地，因此許多自助旅行者會從這裡搭長途巴士到東南亞各國，這裡的旅行社也販售各種國際機票、國際巴士票、火車票、船票等，也為旅行者辦理各種簽證及各種真、「假」證件。此外，這裡還有泰國各地的旅行團，像是最熱門的水上市集、大城等。

📷 勝利廟 Wat Chana Songkhram

拉瑪一世時期所建造的老寺廟，戰爭勝利之後，寺廟改名為勝利廟(Wat Chana Songkhram)。大部分遊客都只到高山路吃吃喝喝，反而忽略了這座百年皇家老寺廟。

📷 民主紀念碑 Democracy Monument

走出高山路，會看到一座高高的紀念碑，這是為了紀念1932年6月24日推翻泰國千年來的君主專制制度而建的，因此我們可以看到24根柱子，象徵著24日所發動的政變。柱林中還有一座堡壘，高高托著一本憲法大全，代表律法高於一切專權。堡壘共有6面，分別象徵著民主獨立、安定、平等、自由、經濟及教育這六項政變綱領。

📷 僧王寺 Wat Bowonniwet Vihara

每次到這個圓環就知道去7-11附近吃東西，殊不知，原來圓環的這端可就是大名鼎鼎的僧王寺，是泰皇七世、九世短期出家的寺廟，也是唯一在寺內設有皇家行宮的一座。裡面的建築相當值得參觀，融合了泰式與歐式的優雅，皇室出沒之處，果然不同凡響！寺裡最著名的為舍利塔北面的派裡碧納(Pai Lee Pinas)佛祖，這尊佛祖僅供皇室參拜，其佛像或佛牌只能由僧王寺鑄造，並由僧王親自加持。

01: 平和的勝利廟 / **02:** 民主紀念碑 / **03:** 僧王廟 / **04:** 僧王寺週區的街巷可感受到曼谷的傳統生活文化

■ **Wat Chana Songkhram寺廟** Add Rambuttri Rd.
■ **僧王寺** Add 248 Phra Sumen Rd. Trans 由N13 Phra Athit碼頭步行約10分鐘

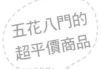
五花八門的超平價商品

 高山路 Khao San Road

　　這裡有各種平價商品，有些極具泰國特色風味，像是舒服的大喇叭褲；有些則是來自其他東南亞國家的商品，充滿神祕的異國風味。除了高山路之外，由星巴克往肯德基方向走，會看到一條小小巷子Susie Walking St.，裡面也有很多小店跟按摩店，走出去就是Rambuttri街，這裡則有很多小吃。

　　如果還有時間的話，可往Kraisi Road的方向走，這裡有個大市集，可幫阿嬤買襯衫，幫爸爸買泰國花襯衫及草帽，也可買給自己美麗的泰國洋裝與花褲子。一般遊客比較少過來這邊，所以這裡的東西很便宜，一般攤販營業到傍晚6點左右。

由高山路穿過Susie Walking小巷即可來到Rambuttri街及巷口小吃區

 平民婆媽街 Tanee

　　在Rambuttri隔壁街的Tanee路上，有許多棉麻衫、婆婆媽媽的貴氣蕾絲鉤織衫、草帽等，爸爸媽媽、爺爺奶奶的禮物可在此一次購足。

Tanee這條小街上有許多透氣的棉麻衫、花褲、婆婆媽媽服飾

Moka Coffee & Gallery 摩卡咖啡店

　　位於與高山路平行的Rambutri路上的小小咖啡館，每到高山路吃完牛肉攤麵或乾火鍋冬粉後，必到這裡喝一杯茶或咖啡、看看這3位年輕女孩的新創作。飲料除了咖啡之外，還非常推薦泰式奶茶。有別於傳統奶茶，橘色茶上面是一層綿細的奶泡，各種鮮果汁也很真材實料。

　　此外，他們還賣起泰國奶茶包，可愛的小布袋中有品質超好的泰國茶葉，並貼心附贈濾網。當然，店裡獨家特色的各項雜貨、畫作，也是拜訪這家咖啡店的重點。每次都會發現不同的創作品，總得在店裡待個一、兩小時。

01: 優質泰國茶包，可買回家自己泡
02: 除了畫作外，還以繪畫延伸出許多可愛的小雜貨
03: 可愛的Moka Coffee，這條街晚上有很多小樂團在餐廳演唱

🍴 Phra Sumen 文青街

喜歡台南的朋友，一定也會很喜歡這條街。老街上有多家老屋欣力的咖啡館、藝廊，此外也還找得到許多老雜貨店、古董店。

古城區文青、小吃遊逛地圖

🍴 Methavalai Sorndaeng老Hi-So餐廳及鬼門泰式炒河粉

圓環上的Methavalai Sorndaeng，可是老曼谷上流社會最愛的泰國餐廳，多年來依然生意很好，是家人聚餐或招待朋友的口袋名單之一，並獲得2019年米其林指南的推薦。雖然是Hi-So級的氣氛餐廳，但價錢可是很親民噢，而且各式泰國菜都齊了。而知名的排隊美食Mont厚片吐司就在旁邊的Dinso路上。若是來泰國不知泰國炒麵不行，那可得來這家排隊美食鬼門炒麵吃吃，由紀念碑往堡壘方向走，走到寺廟與堡壘的路口往右轉，再往前直走就會看到排隊人潮啦(17:00就開始有人排隊)。

01: Methavalai Sorndaeng／**02:** 鬼門炒麵旁的甜湯也很推薦

Saen Saeb Canal
空盛桑運河

活跳跳臭水溝運河之旅

在曼谷這交通隨時都能塞車的城市,從蘇坤蔚路到古城區,總是讓人覺得很傷腦筋。但其實只要搭空盛桑運河的公船,約20分鐘,就可以快速抵達古城區。

空盛桑運河分為兩線,交接點是在水門站(Pratunam Pier),到古城要搭金山線(Golden Mt. Line),往東的話則是NIDA線,可到Thong Lo路底及MRT線的Petchaburi站。

一般遊客最常搭的是金山線到古城。最方便搭乘的船站是水門區(Big C這一側的橋下)及國立體育館站(Jim Thompson後面)的Hua Chang華昌站。沿路還可停靠Bo Be寶馬大批發市場(03 Talad Bobae站)。

抵達最後一站後出來,便可輕鬆遊逛金山寺、Rattanakosin曼谷歷史展覽館及當代美術館、好玩的Phra Sumen路(請詳見P.228),晚上可到鬼門炒麵吃那著名的Thip Samai Pad Thai,或到高山路吃吃逛逛。(請詳見高山路篇)

01: 這臭水溝運河船,可是許多曼谷人上下班的主要交通工具,尖峰時間總是坐滿人。上船可要快、狠、準,沒經驗者,別想著要拿行李或重物上下船啊!也不適合長輩及小小孩搭乘

02: 走過Phra Sumen白色堡壘旁的橋,就可看到7-11,船站就在這旁邊

03: 臭水溝真的不香,當水濺起來時,乘客就會默默地拉著繩子,將帷帆拉起來遮擋一下

04: 遊空盛桑運河可以看到曼谷的另一面

05: 金山寺的日落及夜景都美,清晨又是另一番風貌

06: 看完金山寺日落後,可來排隊吃著名的Thip Samai鬼門炒麵

Time　平日05:30～20:30,假日05:30～19:00　Web　詳細路線:khlongsaensaep.com/lines-route-map.html　Price 搭Khlong Saen Saep Express Boat空盛桑快捷船到金山寺04 Phanfa Leelard到水門10泰株,金山寺到Jim Thompson的01 Saphan Hua Chang 8泰銖

郊區

在曼谷待久了可能會覺得有點吵雜，建議可以到鄰近的北碧桂河大橋，不但可看古蹟，還可享受寧靜的小鎮氣息；或者也可到水上市集，看看水上人家的傳統交易方式。如果週末早上起不來的話，推薦到市郊的大林江，這裡也有悠閒的水上市集。或者搭捷運＋小渡輪，就可輕鬆抵達曼谷綠肺小島囉。

● Khao Yai
National Park

大城
Ayutthaya

丹嫩莎杜艾
水上市集　● 曼谷 Bangkok
Damnoen Saduak
Ratchaburi ●　● 古城
Samut　Samut
Sakhon　Prakan　● Chonburi

柬埔寨
Cambodia

芭達雅
Pattaya

華欣　● Rayong
Hua Hin
沙美島
Ko Samet

泰國灣
Khao Sam Rol Yod　Gulf of Thailand
National Park

01: 大林江遊河行程
02: 找一天到郊外優閒一下吧
03: 參加校外教學的回教小朋友，快樂地用零用錢幫自己買涼茶

01

02

03

曼谷綠肺Phra Pradaeng 騎單車享樹屋 + Bang Nam Peung Market 水上市集

　　逛街逛夠了，想離開市區接近大自然，其實大曼谷區位於昭披耶河畔的Phra Pradaeng島區，就是個有叢林、有紅樹林、有公園的好地方。再加上島上的交通一點也不繁忙，來到這裡還以為自己到泰國南部了，很適合騎單車漫遊，或者奔馳於叢林中。之後再到曼谷樹屋休息。

建議晚起遊逛路線

01: 曼谷樹屋 / 02: 綠意盎然的小島 / 03: 小渡船

若你早上無法起太早，那建議直接搭BTS線到Bang Na站，由這裡的2號出口往前直走搭摩托計程車或計程車到Wat Bang Na Nok(約50泰銖)，也可在前一站Umong Suk站轉計程車約60泰銖。

↓

抵達寺廟後，走到最裡面，看到小巷右轉直走就會看到碼頭入口(有藍色看板的地方)，船班時間快到時會有很多摩托車等著上船。

↓

Bang Nam Peung Market：週末由這裡就可以搭船到Bang Nam Peung水上市集。遊完水上市集再到曼谷樹屋休息用餐。

↓

平日則可直接搭船到對面碼頭(4泰銖)，碼頭站就可租單車。若想先吃早餐可以直接步行到曼谷樹屋，約7分鐘就可抵達。可惜的是，曼谷樹屋似乎被大家打卡打得差不多了，餐廳的整體維護品質不夠好。但整體環境設置還算好玩，可坐在玻璃屋用餐看河景，還是可以來體驗看看。

→

回碼頭還車後，可由這裡搭小渡船到對岸的Wat Khlong Toei Pier。再由此轉搭計程車到MRT線的Queen Sirikit National Convention Centre站。

走回碼頭可租單車，暢騎叢林。
若太熱不想騎車者，繼續往前走可看到一個帳篷區，可由這裡搭摩托計程車到另一個碼頭Bang Krachao Pier(單趟應該在40泰銖以下)，這裡同樣可以租單車，由這裡騎到Sri Nakhon Khuean Khan Park僅約5分鐘，可在公園裡騎逛後，再騎到附近的叢林。

Time 水上市集每週末08:00～14:00

📷 大林江 Taling Chan Floating Market

　　週末若不想太早起床，也可搭計程車到大林江水上市集。一下車就會看到一整排附近小農的攤子，再往前走，沿著河就有許多平舟小吃，客人跟船夫點餐後，就可到小桌上用餐。之後可搭公船遊河，不過早上才看得到3個水上市集，下午的水上市集就收了，只能看看沿河的寺廟、蘭花園。一開始會覺得滿興奮的，到最後就會覺得餵魚之類的行程可省略。

　　參觀水上市場之後，可搭紅色雙排車到The Circle小歐洲村用餐，這裡的Banana　Leaf算是價位合理、服務好、食物又美味的泰國餐廳。此外還有許多美麗的小咖啡館、小商店、藥妝店，附近還有一家大型購物中心Central Westgate，餐廳的部分也相當精采。

多為餐廳的歐洲村，到大林江順遊即可

📷 丹嫩莎杜艾水上市集 Damnoen Saduak

　　幾乎所有關於泰國的電影，都會看到划著小舟，在船上賣菜、賣麵的場景，這就是著名的丹嫩莎杜艾水上市集。最初的水上市集全長35公里，最熱鬧的時段是08:00～10:00。水上市集有點像是以往的曼谷縮影，過去曼谷城有20萬間水上住家與商店，約有1百萬名水上居民。但後來基於衛生考量，開始在河岸邊蓋房子，城內許多運河也填平(高山路很多巷子原本是小運河)。一到晚上，河岸掛起燈籠，將兩岸照得燈火通明，可以遙想過去的景象有多麼迷人。

這幾乎是所有觀光客都會去的郊區景點，也因此有點商業化，所以除非是想在附近的安帕瓦住一個晚上或前往華欣，否則推薦到曼谷近郊的其他水上市集或直接參加當地的旅遊團，往返曼谷及遊船都直接由旅行社安排；缺點是06:00～07:00就得從曼谷出發。這些小販賣的紀念品，其實曼谷也有，而且這裡的價格比較貴喔！

套裝行程
分為半日遊及一日遊。半日遊只參觀水上市集，一日遊通常還參觀玫瑰園、鱷魚園等，看個人喜好囉！購買行程時一定要記得問清楚是否包含遊船在內。**上午6點多從飯店出發，下午2、3點回到曼谷。千萬不要安排在離開曼谷的最後一天才去，萬一遇到塞車就麻煩了。**

■ **大林江** Time 週六、日09:00～18:00 Trans 由市區搭計程車約180泰銖，或者可由Chitlom站的Big C搭79號公車，約17泰銖　■ **丹嫩莎杜艾上水市集** Trans 在南部長途巴士站Sai Tai站搭前往水上市集的長途巴士。若在高山路附近，可到Phra　Athit路上的曼谷旅遊局對面，搭乘966路普通公車前往長途巴士站。回曼谷的站牌在下車處的對面 Info 冷氣與普通巴士車票都在南部長途巴士站販售，但購票亭不同，記得要問清楚 Price 每人約200～300泰銖，一艘長尾船可坐6～8人，全程約40分鐘，自行包車前往可考慮Jinjin包車，他們有合作的船家，比較不會被抬高船價 Info 乘坐時不要把手放在船外，有時可能會跟其他船擦撞

大城 Ayutthaya

　　大城又稱阿育塔雅(Ayutthaya)，位於曼谷北方約90公里處(約1.5～2小時車程)，還未遷都曼谷之前，就是以這裡為首都。1991年，大城歷史園區(Ayutthaya Historical Park)被聯合國教科文組織認定為世界遺產之一。

　　大城歷代君主篤信佛法，在此大興佛寺(多達500多座)、精研佛經，每棟寺廟都是精雕細琢的輝煌藝術，促使當時的大城文明蓬勃發展、貿易繁盛，各方人士齊聚一堂。當時居住人口超過1百萬人，中國人、印度人、歐洲人等齊聚，目前仍可看到荷蘭村、葡萄牙村、日本村遺跡。

曼谷—大城交通

■ 火車
Time 最早班05:45華藍蓬火車站出發，06:58抵達 Pirce 車種分為有冷氣且須先預訂的二等艙及三等艙 Info 由曼谷搭火車到大城約2～2.5小時的車程

■ 直達巴士
Add Kampaengphet 2 Rd.，地鐵Mo Chit站附近 Tel (02)2936-2841 Time 05:40～19:15 Pirce 冷氣車60泰銖、普通車47泰銖 Info 由北部巴士站(Mo Chit)搭3號或77號直達巴士，約2小時車程。或搭小巴士，車程約1小時20分鐘(所有小巴士僅能於Mo Chit、Ekamai東部巴士站及Sai Tai Mai南部巴士站3處停靠)

■ 船 (當地人大部分搭Chao Phraya Express Co.)
Tel (02)222-5330 Info 週六08:00從Maharat Pier碼頭搭到大城Bang Pa-In碼頭，一人約350泰銖。搭船到大城(中途會停靠Ko Kret陶藝村)，來回需要一天的時間

■ 可搭Grand Pearl遊船到大城
Add River City旁碼頭 Pirce 每人1,980泰銖，含豐盛的自助式午餐 Info 旅行社代訂較便宜(請參見P.111)

市區交通

從火車站外搭小巴士到市中心，或自己租腳踏車、摩托車遊城；旅遊服務中心也有電車服務，多人也可考慮搭嘟嘟車或包車。

超有泰國特色的袋子

參加當地旅遊團

建議在曼谷參加當地的旅遊行程，含曼谷到大城的來回行程(到旅館接人)，以及導遊、午餐。由於大城景點有點分散，所以有小巴接送其實會比較方便。當地雖然也有很多嘟嘟車，但通常還要討價還價廝殺一番。07:30～08:30由曼谷市區出發，約1小時30分鐘的車程，下午約17:00抵達曼谷市區。

📷 古皇城區 Ancient Palace 與 瑪哈塔寺 Wat Mahathat

　　1350年，阿育塔雅王朝(Ayutthaya)開始在這片綠地上打造皇城，最初共有5座皇宮，後來歷代皇帝又擴增皇城規模。當時共有8座堡壘，22道城門。這裡除了有著名的樹根佛頭之外，還有許多佛塔遺跡、佛像、泰國傳統木造高腳屋建築。

　　遺跡中最顯眼的應該是瑪哈塔寺，它位於古皇宮的東側，原為阿育塔雅王朝時的護國寺，始建於1374年，1767年緬甸大軍占據古城時，燒毀大部分的建築，這座寶寺也無法倖免。

古皇城區內最著名的就是Wat Ratchaburana這尊盤繞在樹根中的佛頭(Lord Buddha's Head)，據說當時緬甸軍砍下佛頭後，不小心掉在這棵菩提樹前，神奇的菩提樹竟然用樹根纏繞佛頭，不讓緬甸軍帶走，緬甸大軍看到這個景象後，嚇得落荒而逃。

> **照相時可要記得蹲下來，不可以比佛頭高喔**
> 雖然緬甸軍無情地燒毀這些文明碩果，但儘管如此，當你一走進各個佛教遺跡時，那種莊嚴神聖的感覺，仍會在參訪者的心中徘徊不去。

📷 戶外臥佛 Wat Lokayasutharam

　　位於Wat Suanluangsopsawan後面、Wat Worachettharam旁的這座臥佛，是大城最大的戶外臥佛。內部以磚塊堆砌，再以灰泥覆蓋。約有37公尺長、8公尺高，和諧地融入四周寬闊的平原。

■ **古皇城區 Ancient Palace 與瑪哈塔寺 Wat Mahathat** Time 08:00～18:00

01: 登上高塔將大城風光盡收眼底
02: 莞芭茵夏宮對岸的哥德式寺廟Wat Niwet Thammaprawat(免費參觀)

莞芭茵夏宮
Bang Pa-In Summer Palace

這是拉瑪五世的夏宮,位於昭披耶河畔。17世紀時Prasat Thong王在這裡的莞芭茵島建造宮殿。後來拉瑪四世又重新整修宮殿,拉瑪五世則增建了一棟新哥德風建築。泰皇及皇后有時會在此接待外賓或舉辦國宴。夏宮對面也很有趣,可以搭免費纜車過河,下纜車後往前直走,會看到一座好像是歐洲教堂的美麗建築,令人吃驚的是,這座安娜教堂內竟然有一座大佛像及一位老和尚。泰國人的包容性,也太無遠弗屆了吧!

Wat Phukhao Thong

這座佛塔於16世紀建造完成,為二世王時期所建,是當時最大的佛塔。建築本身共分為3層,最上層為原本貼滿20公斤黃金的大佛塔。

登上大佛塔,可欣賞大城的風光,我自己相當喜歡這個景點。

佛祖三姿勢

泰國隨處可見佛祖的雕像,你會發現大部分是立佛、坐佛、及臥佛入3種,分別代表著未悟道前的佛祖、修悟中的佛祖及悟道後的佛祖。

Ko Kret 陶瓷小島

如果有時間的話,可以搭船到Ko Kret陶瓷島,這座小島是大城著名的陶瓷島,整座村落都是做陶瓷的工坊,島民的生活其實算滿富裕的,是個有如桃花源的小村落。

昭善菩雅國立博物館
Chao Sam Phraya National Museum

這是泰國第二大博物館,將大城佛寺中的佛頭及較寶貴的藝術品都收藏在此。由於館藏相當豐富,主要以寺廟、佛頭區、木雕區、泰國藝術、泰國傳統建築來區分,其中包括15世紀的皇家寶劍,劍身以純金打造,握把為稀珍的水晶。

■ **莞芭茵夏宮** Tel (035)261-004 Web www.palaces.thai.net/bp ■ **昭善菩雅國立博物館** Add Rojana Rd. (Sri Sanphet Rd路口) Tel (03)524-1587 Time 週三～日09:00～16:00

美功鐵道市場 & 安帕瓦

　　曼谷往華欣的路上有個泰國最小的府，Samut Songkhram夜功府，當年鄭信就是在此集結軍隊，一舉擊退入侵泰國的緬甸軍。這區是昭披耶河的出海口，小運河遍布，因此有了著名的丹嫩莎杜艾水上市場。一進入夜功府，也會看到田間一堆堆白色的海鹽、歪頭魚(泰國鯖魚Pla Tuu)，甚至有年輕人在這區開起海鹽咖啡館了。而這區的生活步調仍緩慢而傳統，最著名的除了丹嫩莎杜艾水上市場外，還包括安帕瓦小鎮及奇特的美功鐵道市場。

曼谷—美功交通

■ 一日遊
可參加當地一日遊行程；多人共遊也可考慮包車，一輛車約2千泰銖。

■ 火車、小巴
1. 鐵道市場雖然有火車，但也可以從曼谷BTS捷運站Wongwian Yai 1號出口附近的Wongwian Yai火車站搭車過來，需到Maha Chai Pier碼頭，搭船到對岸Tha Chalom碼頭附近的Ban Laem火車站再轉搭另一班火車前往美功Maeklong，車資相當便宜，但較費時。
2. 較方便的是從勝利紀念碑或Ekkami東部巴士站、Mo Chit北部巴士站搭小巴過來，約90泰銖。
3. 參觀鐵道市集後，可由火車站外的便利商店前搭雙條車前往安帕瓦，每人8泰銖，約15分鐘車程。
4. 若由安帕瓦搭小巴回曼谷，會抵達較遠的南部巴士站。建議可考慮搭雙條車回美功，轉搭小巴直達曼谷市區的東部巴士站。

📷 美功鐵道市場

　　美功小鎮有個相當特別的市場，當地人稱之為Talad Rom Hub。小販們每天早上在鐵軌擺起蔬果、海鮮認真做生意，但這鐵軌還是火車正常行駛的軌道，每當火車進站鳴笛時，小販才迅速收起竹籃，待火車一過，又快手快腳地擺出商品，繼續與顧客交易。

　　火車每天進出站4次，進站時的景象較為有趣，時間為08:30、11:10、14:30、17:40。因為是熱門景點，建議提早到場卡位。

📷 安帕瓦小鎮

　　安帕瓦是座迷人的慢步調古鎮，小鎮平常相當寧靜，但一到了週末，運河邊小攤熱熱鬧鬧開張，各種美食及具當地特色的商品，吸引了許多遊客前來趕集。

　　白天除了趕集外，還可前往樹中廟Wat Bang Kung參觀，晚上則可搭船觀賞滿樹的螢火蟲。有時間的話，更推薦在河濱民宿住一晚因(如Baanrak Amphawa民宿)，早上還可體驗僧侶划船過來化緣的泰國文化。

01: 這區盛產的泰國鯖魚，又稱歪頭魚 / **02:** 美功奇特的鐵道市場
03: 入住安帕瓦河濱民宿，早上可看到和尚划船化緣的特殊文化 / **04:** 週末沿河為熱鬧的市集

北碧桂河大橋 Kanchanaburi

　　由於北碧府緊鄰緬甸，早在拉瑪一世時便開始建設以防範緬甸軍入侵，後來二次世界大戰時，日本人為軍需運輸建設了這條鐵路線，也因此犧牲了無數生命，因而有「死亡鐵路」之名。

　　雖然北碧有著如此沉重的過往，但現在的北碧府是個安適的區域，境內還有Erawan的7層夢幻瀑布、優美的水壩景致、寧和的河濱度假旅館。時間有限者可參加一日旅行團，除了遊覽死亡鐵道外，還包括竹筏行程。但更推薦安排個2、3天小旅行，好好享受這區的自然人文景觀。

圖片提供(上、下)/Tony WU

行程建議

時間較充裕者，行程可以這樣走：

■ 第一天
週末由曼谷華藍蓬火車站搭週末北碧專車；平日可由曼谷Toburi火車站搭一般車前往桂河大橋站Kwan Bridge(Kanchnaburi的下一站)，一天兩班車，07:50及13:55，約3小時車程。建議入住桂河大橋附近的河濱旅館。

■ 第二天
可參加當地行程或自行搭車前往Erawan瀑布，接著觀賞北碧著名的巨木。回市區後到Big C大超市吃吃逛逛，再回旅館泳池放鬆一下。傍晚找家河濱酒吧欣賞日落晚霞，晚餐則可到河濱餐廳用餐。

■ 第三天
可在旅館河濱吃早餐、看早班火車過桂河大橋，接著前往火車站搭10:44火車遊傳奇鐵道，每人100泰銖。可搭到最後一站後，再搭回程車回Saphan Tham Krasae站，或者直接在Saphan Tham Krasae站下車，走走崖邊的鐵道，再搭13:36的火車回桂河大橋站。下午請旅館協助安排小巴回曼谷，小巴會來旅館接客，可到曼谷巴士南站或Mo Chit北站。

🍴 Keereetara 河濱餐廳

餐廳入口位於高處,往下走到河濱是一層層掛著燈火的用餐區。料理毫不含糊,許多當地人也來這裡用餐。

💤 U Inchantree 旅館

地點非常好,步行到桂河大橋火車站僅約5分鐘。旅館採24小時入住制,並提供免費單車。雖然房間不大,但整體環境悠閒,擁有廣大的庭園及河濱景色,還可看到火車行經桂河大橋的美景,完美詮釋北碧的小鎮氣息。

💤 D Hostel 青年旅館

若想找便宜住宿,這是家讓人想賴在旅館一整天的優質青年旅館。這家青年旅館距離桂河大橋約3公里,較靠近傑西戰爭博物館(The Jeath War Museum)及北碧戰爭墳場(Kanchanaburi War Cemetery),同樣位於河濱,且服務人員很願意分享當地遊玩資訊。

■**Keereetara河濱餐廳** Add Bridge over the River Kwai, Kanchanaburi Tel (087)415-8111 Time 11:00～23:00 Web www.keereetara.com Trans 由桂河大橋旁步行5分鐘 ■**U Inchantree旅館** Add 443 Mae Nam Khwae, Tha Ma Kham Tel (034)521-584 Web uhotelsresorts.com Price 1,800泰銖起 ■**D Hostel青年旅館** Add 23 Moo.1, lin chang soi 1, Pak phraek Tel (096)954 -2298 Price 400泰銖起

芭達雅 Pattaya

位於泰國灣邊的濱海城市芭達雅，距離曼谷約150公里，為之前美軍駐軍時的度假勝地，後來慢慢發展出名聲響叮噹的紅燈區，許多推理犯罪小說、電影情節總會帶到芭達雅。

但由於芭達雅是距離曼谷較近的濱海區，曼谷人週末會選擇到此度假，近年也發展出許多優質大型度假旅館，再加上幾個大型樂區在此設點，只要安排得宜，是個適合親子旅遊的濱海城市。

曼谷—芭達雅交通

■ 包車
由機場或市區包車到芭達雅，一趟車約1,500泰銖起。

■ 巴士
由Ekkamai站外的東部巴士站或Mo Chit北部巴士站搭大巴或小巴，車資為108泰銖起，車程約2小時。

■ 火車
2018年試營運的芭達雅班次，可由華藍蓬火車站搭車，車程約2.5小時以上，一天兩班早班車(較推薦06:45的快車，09:13抵達)。

市區交通

■ 雙條車
市區穿梭不息的藍色雙，條車為主要交通工具，可隨上隨下，且固定路線及費用，每人一趟10泰銖，下車按鈴，直接給司機10泰銖即可。芭達雅主要道路為單行道，市區雙條車也主要分為南、北兩條路線：一為往北的Pattaya Sai Song Rd.(Pattaya Sai 2 Rd.)；另一條為往南的海灘路Beach Rd.。南部的中天海灘及市區，算是不同區域，需要在Walking Street附近的South Pattaya Rd.與Sai Song路口的學校前換雙條車，同樣是一趟10泰銖，若是在碼頭外搭白色雙條車，則是20泰銖。

一趟10泰銖的市區雙條車

■ Grab計程車
芭達雅市區各處也叫得到Grab，雖然費用不像曼谷與清邁那麼親民，多人共乘仍是便利的選項。

■ 租摩托車
方便的交通方式，一天約200～250泰銖，海灘路上可找到許多租車行。記得帶國際駕照及國內駕照，騎車時務必戴安全帽，並攜帶證件。

芭達雅換匯可到設了好幾個點的T Money匯兌處

📷 芭達雅沙灘區 Pattaya Beach &
芭達雅紅燈區 Pattaya Walking Street

　　芭達雅市區的沙灘區，白天可躺在沙灘上悠閒享受大海、玩水上摩托車、飛行傘。晚上則可到著名的紅燈區Pattaya Walking Street，街上各式各樣燈紅酒綠的主題酒吧，還真是個開眼界的地方。這是合法的紅燈區，街上也有駐警，不需太擔心安全問題。

📷 Royal Plaza 購物中心&信不信由你主題館

　　位於紅燈區不遠處的Royal Plaza購物中心，內部設有來自芝加哥的信不信由你主題館(3樓，Ripley's Believe It or Not Museum)，展出各種新奇的事物以及刺激的恐怖屋，相當適合大小孩及青年遊客到此瘋玩個半天。

📷 眞理寺 The Sanctuary of Truth

　　泰國富商所打造的木雕之城，位於芭達雅北區。城內木雕藝術主要想展現各宗各教融合於一堂的萬神殿，除了精湛的木雕工藝外，眞理寺還特別為觀光客設了泰拳、擊劍及傳統歌舞表演、小小動物園等。

■ **Royal Plaza** Add 218 Moo 10 Beach St. Time 11:00～23:00 ■ **眞理寺** Add 206/2 Moo 5, Soi Naklua 12 Time 08:00～18:00 Web sanctuaryoftruth.com Ticket 450泰銖、兒童票225泰銖 Trans 由Terminal 21搭車約15分鐘

📷 中天沙灘區 Jomtien Beach & Cartoon Network Amazone

南部的中天沙灘區雖然也有些燈紅酒綠的酒吧，但比芭達雅市區少一些，長住在芭達雅的外國人多住在這區。相當推薦Rompho市場外的小吃夜市。

近年新的大型度假旅館及親子樂園，大多設在中天沙灘以南沿岸，像是以亞馬遜為主題的卡通樂園Cartoon Network Amazone、專為遊客所設的水上市集、

MIMOSA Pattaya村莊型人妖秀商場、著名的The Glasshouse玻璃屋濱海餐廳，和冰淇淋吃到飽的Movenpick Siam度假旅館。

📷 小珊瑚島(格蘭島) Koh Larn

位於泰國灣上的小珊瑚島，一般又以其音譯為「格蘭島」，距離芭達雅約7公里。島長約長4公里、寬2公里，以其美麗的白沙灘及湛藍的海域吸引無數遊客前往。

島上主要有6處沙灘，公船抵達的Tawaen Beach是遊客最多的一區，可玩香蕉船、水上摩托車等水上活動，或者租一張100泰銖的沙灘椅在沙灘上發呆，岸邊也有多家海鮮餐廳；私家船抵達的則是Samae Beach，島上的住宿、餐廳多聚集在這兩個沙灘；Tien Beach則是較優質的沙灘區，可悠閒戲水、享受大海。若住在島上，也可到Phra Tam Nak山上看日落。

■ **中天沙灘區Jomtien Beach & Cartoon Network Amazone** Trans 這些區域距離市區約半小時車程，多人同遊包車會比較划算，或可租摩托車前往 ■ **小珊瑚島** Trans 由芭達雅市區的Bali Hai碼頭搭公營大船到Tawaen Beach，每人僅30泰銖，約45分鐘船程。另也可搭私營大船到Samae Beach，每人150泰銖；或搭小型快艇，一趟2,000泰銖起，約20分鐘即可抵達 Info 雨季期間務必先查詢氣候再上船。島上可租摩托車，或搭雙條車到各區觀光

ⓕ Central Festival Pattaya Beach 大型購物中心

品牌及餐飲最齊全的購物中心，想買東西可來這家，且購物中心位於市區容易抵達的地點，樓上就是Hilton Hotel，非常推薦這裡的高空酒吧Horizon，可飽覽芭達雅美麗的海岸線及夜景，是完全不同於曼谷市區的高空景觀。

高空酒吧Horizon壯觀的海岸線夜景

ⓕ Central Marina 購物中心

走進這家購物中心才發現，原來商場也可以如此可愛。商店的店鋪設計成繽紛小屋，販售的多是較親民、品質也不差的商品。1、2樓還有大家到泰國必逛的BIG C大型超市。這座商場主要族群為年輕族群及親子遊，商場內還設有載

著孩子逛商場的小火車，美食區也貼心設計開放式兒童遊戲區，讓父母可悠心用餐。晚上商場外還有個迷人的小市集。

ⓕ Terminal 21 Pattaya 新購物中心

Terminal 21將曼谷的成功經驗，複製到芭達雅來了，商場的規模更大，包含更多藥妝品店及按摩店，且有別於曼谷分店，新增了巴黎樓層。樓上同樣設有Grand Center Point 旅館，晚上可到The Sky 32高空酒吧看景，著名的Tiffany人妖秀就在Terminal 21對面。

Pattaya

■ **Central Festival Pattaya Beach** Time 11:00～23:00 Web centralfestive.co.th
■ **Central Marina** Add Moo 9 Muang Pattaya Time 11:00～23:00
■ **Terminal 21 Pattaya** Time 11:00～23:00 Web terminal21.co.th

🍴 The Sky Gallery Pattaya 濱海餐廳

　　南芭達雅往中天海灘的山後灣區，有片清淨的度假區，這區最推薦的地方當屬超好躺的The Sky Gallery Pattaya。餐廳位置得天獨厚，前有開闊的海景、沙灘，餐廳內則是一片大樹護蔭的綠草地。早上、中午可過來吃早午餐，傍晚適合看日落小酌、晚餐(傍晚建議先預約)。這附近的山上還有家路邊攤咖啡車Coffee Break，位置適合遠眺芭達雅市區及海景。

Coffee Break路邊攤咖啡車的地點，可欣賞到美麗的芭達雅

🍴 頌塞泰式餐廳

　　位於Central Marina附近的頌塞泰式餐廳，為芭達雅市區老牌餐廳之一，提供上百種菜肴，價位合理，其中最著名的是以泰式威士忌料理的火山烤雞。

🍴 芒果糯米及小吃餐飲區

　　距離紅燈區不遠處，有個聚集了多家小吃的餐飲區，除各式平價熱炒外，還有著名的金媽媽芒果糯米，對面另一家蓮姐芒果糯米也很棒。半夜想找吃的，也可到24小時營業的張龍記餐廳。

■**The Sky Gallery Pattaya濱海餐廳** Add 400/488 M.12 Pratamnuk Rd. Tel (092)821-8588 Time 08:00～23:45 Web theskygallerypattaya.com Trans 從南芭達雅搭Grab，約180泰銖
■**頌塞泰式餐廳** Add 463/22 Thanon Pattaya Sai 1 Tel (038)410-458 Time 12:00～22:30
■**芒果糯米及小吃餐飲區** Add Central Pattaya Rd.與Pattaya Klang Soi 16交接口

🍴 J'Toum Seafood & Preecha Seafood 濱海餐廳

這兩家位於中天海灘區的餐廳，是當地人相當推薦的海鮮餐廳，價格比較實在、餐點又美味，可嘗到許多這區特有的料理，像是蝦醬炒臭豆。餐廳Preecha還位在沙灘區，因而更受遊客喜愛。靠近Renaissance旅館還有家著名的懸崖餐廳Rimpa Lapin，同樣擁有絕佳的用餐位置。

👣 7 Spa Luxury Pattaya

曼谷許多知名的按摩中心在芭達雅幾乎都設有按摩中心，7 Spa算是芭達雅當地按摩中心少數能突破重圍的一家，原因無他，這裡提供家傳按摩技術，使用優質的按摩精油，藥草球的草藥都是當天新鮮現做，且環境與服務非常好，是很值得推薦的一家。

01

02

03

01: 藥草包的藥草都是當天現做的 / **02,03:** 優雅潔淨的按摩房

■**J'Toum Seafood & Preecha Seafood** Add 4ambon Bang Sare Time 11:00～22:00
■**7 Spa Luxury Pattaya** Add 7 Thap Phraya Soi 10 Tel (085)234-7777 Time 10:00～23:00
Web 7spaluxury.com Trans 訂套裝療程可享免費接送，或由市區前往中天沙灘的雙條車，在Citrus Parc Hotel 旅館前下車，按摩中心就在旅館旁的小巷內

芭達雅住宿特輯

　　芭達雅度假旅館的分布區域還滿長的，再加上當地交通不如曼谷市區方便，交通費也不便宜，因此比較推薦這兩個區域：

■Central Marina商場這區：最推薦設計旅店Siam@Siam、Grand Centre Point Terminal 21、平價旅店Red Planet及Ploen Place Residence。

■Royal Garden Plaza到Central Festival這區，推薦Avani度假旅館、Hilton高級旅館。

　　從高速公路的交流道下來，會先到北芭達雅路，這裡就是Central Marina這區；接著是Central Festival到Walking Street這區；再來則是較安靜的中天沙灘。

　　計畫前往Cartoon Network Amazon親子旅遊者，可以考慮中天沙灘再往南的區域，這附近有冰淇淋吃到飽且設施完善的Movenpick Pattaya，以及Renaissance、U Pattaya這兩家價位不是太高的度假型旅館。這區離鬧區有一段距離，旅館大多會提供幾班接駁車。若想安靜度假，The Sky Gallery周區相當適合，如Cozy Beach Hotel、Royal Cliff Grand Hotel，距離市區的Central Festival也不是太遠。

01,02,03: 設計色彩強烈的Siam@Siam設計旅店，高空酒吧也很棒
04,05: 設有廣大戶外泳池及水道的Movenpick度假旅館

246

AVANI Pattaya Resort 度假旅館

　　緊鄰著Royal Garden Plaza的Avani度假旅館,是市區最棒的度假型酒店之一,設施完善,有著充滿泰式風情的庭園,泳池即坐落在這庭園中,還設有適合兒童遊玩的滑水道及各種娛樂設施。

　　旅館位於市中心,到附近用餐、購物都方便;想享受大海,對面就是沙灘區;想購物,隔壁就是購物商場,商場2樓設有完善的遊樂設施及信不信由你主題館,旅館內除了著名的鐵板燒日式料理外,晚上的海鮮自助餐也相當受歡迎,很適合不想太奔波的家庭旅遊。

01:豐盛的早餐 / **02:**吃到飽的海鮮自助餐,每人可享用一盤烤海鮮,並任吃吧台上的各種泰式、日式料理和甜點

Nonze Hostel 膠囊旅館

　　設備完善的平價膠囊旅館,交通便利、又面海,過馬路就是沙灘,距離燈紅酒綠的Walking Street約10分鐘路程,前往格蘭島的碼頭就在Walking Street的盡頭,要到市區其他地點,只要跳上路上隨處可見的雙條車,就可輕鬆抵達。

　　雖然這是膠囊旅館,但設備齊全、又具設計感,每個膠囊空間裡,貼心設計了置物櫃、梳妝台、保險箱,房間裡還有熨斗及個人鎖櫃、冰箱,共用浴室漂亮又方便使用,而公共休息區也很舒適。

■**AVANI Pattaya Resort 度假旅館** Add 218/2-4 Moo 10, Beach Rd. Tel (038)412-120 Web avanihotels.com ■**Nonze Hostel 膠囊旅館** Add 23 Moo.1, lin chang soi 1, Pak Phraek Tel (096)954 -2298 Price 400泰銖起

羅永府 Royang

芭達雅區屬於春汶里府Chong Buri，往南緊鄰的就是羅永府Royang，距離曼谷約185公里，南臨泰國灣，這裡有大家最熟知的沙美島(Koh Samet)及夢島(Koh Men)。羅永海鮮可是泰國鼎鼎有名，魚醬Nampla及蝦醬也是泰國主婦的首選，泰國知名的水果榴槤、山竹、蛇皮果、紅毛丹，也產自這區，5～6月產季還會熱鬧舉辦水果節。

最近泰國政府積極進行老社區改造，羅永府就有好幾個成功的案例，遊客可租單車遊訪這些老社區，並前往壯觀的紅樹林參觀。

📷 沙美島

整座沙美島已列為自然國家公園，因此登島須購買門票。

沙美島長9公里、寬4公里，島上交通最推薦自租摩托車，1天約300泰銖，押金1千泰銖，或搭雙條車。騎摩托車環沙美島約1小時。

島上有潔白的沙灘及美麗的海灣，還適合潛水活動，傍晚可到西岸奧普爾海灘Ao Phrao看日落，晚上則可在最熱鬧的鑽石海灘Hat Sai Kaew大啖海鮮、看火舞表演。這是距離曼谷最近的小島，因此吸引了許多遊客前來放空度假。

曼谷—羅永府交通

由曼谷市區Ekkamai(E7)站2號出口的東巴士站(Eastern Bus Terminal)，搭大巴到羅永Rayong的Banphe碼頭或是Koh Samet，車程約3.5小時，或由芭達雅搭巴士到班佩，轉搭船前往沙美島，約40分鐘船程。

尖竹汶府 Chanthaburi

春汶里府北邊及東邊接的就是尖竹汶府Chanthaburi，距離曼谷約250公里。「Chantha」梵文的意思是「月亮」，「Buri」則是「城市」，也就是「月亮之城」。這地區在泰國的歷史中有著相當重大的意義。話說1765年緬甸大軍來襲，鄭信帶著僅存的500人軍隊退守尖竹汶府，並在此重整東南沿岸的軍馬，1767年10月再度北上反撲，終於成功擊退緬甸軍，收復泰國、建立吞武里王朝。

由於這區緊鄰柬埔寨，拉瑪五世時法國也曾占領這區，留下一些歐洲建築，包括泰國最大的主教堂，其內部設計，可真令人以為到了巴黎。這裡還以寶石著稱，老街上熱絡交易的商品，可是一顆顆的寶石！而Khao Kitchakut國家公園在泰國人心中是一座聖山，山上崖邊有顆大石，僅乾季時開放信徒半夜上山朝聖。除了城市景觀外，這區往南的Trat達叻外海，還有以自然景觀保護完整著稱的象島(Koh Chang及Koh Kut)。

曼谷—尖竹汶府交通

由Mo Chit北部巴士站搭小巴，或由曼谷搭曼谷航空至Trat機場。

1 BTS捷運與MRT地鐵

共分為3種系統，目前票不可互用，BTS捷運卡為Rabbit Card(兔子卡)。MRT所推出的Mangmoom Card(蜘蛛卡)，未來將通用BTS、MRT、機場捷運、昭披耶河船。MRT是在地下行駛的地鐵，以華藍蓬火車站為起點，連接18個地鐵站，目前仍在延展中，未來也可通往古城區銜接到對岸。

MRT紫線主要是暖武里(Nonthaburi)地區，往Siam Gypsy Junction夜市及Central Plaza Westgate(近大林江水上市集)較方便，但仍需轉搭計程車或摩托車。

BTS是在空中行駛的捷運，又分為兩線，連接市區主要購物商業區域，一是Sukhumvit線，另一條是連結河對岸到市區的Silom線，而連接到ICONSIAM新商場的黃金線也將通車。

BTS捷運系統

BTS(Bangkok Mass Transit System)捷運系統，普稱為「Sky Train」

Tel (02)2617-7340 Time 06:00～00:00 Web www.bts.co.th Price 單程票：16～44泰銖，依距離而定。**1日票(1DayPass)：**每張140泰銖，當天內可無限搭乘BTS捷運。，另還有30天的Smart Pass。**Rabbit Card儲值卡：**1張200泰銖，含50泰銖手續費及100泰銖的儲值、50泰銖押金。用完後可再儲值，每次最多可儲值4,000泰銖，儲值費用有效期為兩年，卡片有效期為5年，每次儲值便會再從新的儲值日算起延展5年。會經常使用捷運者，建議購買儲值卡，因為捷運的購票處常大排長龍

Step by Step 輕鬆搭BTS

BTS將有3條路線，一張票可以轉搭這3條線，目前不可搭乘MRT地鐵線或機場捷運。如要轉搭MRT或機場捷運，須先出站再買票進站。

1 查看地鐵圖
進地鐵站後，查看地鐵圖目的地站名及列車行駛方向(看行駛方向的終站站名)，如需換路線者，要先看好轉接站站名。(如：從Nana站到Saphan Taksin站要在Siam站換車)

2 到自動購票機購票
地鐵圖各站上標有16、25……59的價錢，查看旁邊的地圖，按票價鈕。

3 投錢
投入零錢。這裡的櫃檯只提供換零錢的服務，並不售票。沒有零錢購票者，請先到櫃檯換零。

4 刷卡進站
刷卡並取回磁卡後進入車站，到正確方向的月台候車。

5 出站
出地鐵站前可先看牆上的地圖，了解自己要去的地方應從哪一個出口比較快，或可詢問服務台。

MRT地鐵系統

MRT(Mass Rapid Transit Authority of Thailand)地鐵，普稱為「MRT」

Tel (02)264-5200 Time 06:00～00:00 Web www.bangkokmetro.co.th Price **單程票**：16泰銖起／**儲值卡**：180泰銖，含50泰銖押金、30泰銖手續費及100泰銖的儲值

Step by Step 輕鬆搭MRT

MRT藍線，在Chatuchak Park、Sukhumvit及Silom這3站和BTS交接。如要轉搭BTS，須先出站再買票進站。

1 查看地鐵圖
進地鐵站後，查看地鐵圖目的地站名及列車行駛方向(看行駛方向的終站站名)。

2 到自動購票機購票
直接在觸碰式螢幕上點選目的地站名，看不懂泰文，可先在螢幕上點選「English」轉到英文畫面。(櫃檯也可買票)

3 投錢
依據顯示金額投入零錢。

4 取票
MRT的票不像BTS是磁卡，是像台灣捷運單程票所使用的代幣(token)。

5 過代幣
將代幣放在閘門上的感應區刷一下，門就會開了。

6 月台上候車
入地鐵站後先看清楚要到哪個方向的月台候車。上車前再次確認車窗上的路線標示。

7 準備下車
每一站都會有廣播，最好先記住目的地的前一站站名，人多時可先到門口等候。

8 出站
地鐵站內有招牌指示各出口的路名，或是重要標的物名。

☑ SARL機場捷運

機場線簡稱SARL，總長28公里，時速為160公里。機場線市區線CityLine，車程30分鐘，停靠8個站，票價15～45泰銖，視搭乘的距離而定。

機場線與市區的BTS及MRT線都有銜接站。Makkasan站接MRT藍線的Phetchaburi站，從機場線捷運站到MRT捷運站有天橋連接，便利許多。由這裡搭一站就可以到BTS的Asok站。而機場線的終站Phaya Thai，搭電梯下一層樓就是BTS Sukhumvit線的Phaya Thai站，由此可轉搭到Siam商圈或市區其他地方，拿大行李者，建議買完票後由左手邊進站，有電梯上月台。

機場線官方網站：www.bangkokairporttrain.com

Step by Step 輕鬆搭SARL

↑ รถไฟเข้าเมือง Train to City

1 跟著標示走
依循Train to City標示搭電梯到最下面的樓層。

2 購票
可在人工櫃台或自動售票機購票。

3 進出站
刷票幣進站，出站時投入票幣即可。

4 至候車月台候車

3 市區巴士

最便宜的交通方式，不過路線較複雜，一般遊客會遇到不曉得要在哪裡下車的問題，可善用Google Map即時定位功能。公車分為冷氣車跟非冷氣車，價錢為7泰銖起。冷氣公車為8～20泰銖。上車後，會有車掌過來收錢，只要告知目的地即可。

雖然大部分的車掌都不會說英文，不過因為觀光客比較少搭公車，所以大部分車掌對觀光客都很好，到站會自己過來提醒喔！但最近公車也開始裝設刷卡機，未來車掌恐將消失。

Info　曼谷巴士路線查詢：
www.transitbangkok.com

4 摩托車計程車

機動性很高，很多趕時間的商務人士塞車時間會改搭這種交通工具。現在制度相當完善，捷運站外、巷口均設有車行排班，依距離制定固定費用(10泰銖起)，很適合2公里內的短程接駁。

如何辨識：穿背心(藍、橘、紅、綠等)就是摩托計程車(Motocycles Taxi)。

搭乘時要注意安全，兩腳不要張太開。

Price　10泰銖起價，短程合理價格在10～40泰銖之間

5 計程車

　　五顏六色的計程車，讓曼谷街頭繽紛不少，不同顏色代表著不同的車行，雖然普遍來講全綠色車身的計程車較有信譽，但還是很難保證不遇上想騙觀光客錢的司機。計程車起跳價是35泰銖，之後每公里約5.5泰銖起。高速公路的過路費要請客人付費，由機場啟程則另加50泰銖。

　　所幸現在有了Grab叫車系統，較不擔心被騙、繞路、拒載等問題。只要先購買可上網的電話卡，網路連線後開啟App叫車程式，輸入起點及終點，即可看到車資，確定後叫車，等待附近的Grab司機接受載客，抵達目的地後，依據司機App所顯示的金額付款就可以了。

曼谷的計程車費相當便宜，多人共乘比搭地鐵還划算(只要不是塞車時間或被騙)。Siam區到大皇宮或到高山路約100～120泰銖。

★ 下午5～7點(尤其週五及下雨天)是交通尖峰期，避免搭計程車，改搭捷運(雖然也很擠，但至少不會塞在路上動彈不得)。

★ 晚上9～10點是換班時間，很多司機都急著回家不載客。

★ 上車前記得先問司機是不是按錶計費(只要說「Meter？」即可)，如果不是的話，通常會開比較高的價錢。上車後還要提醒司機按錶，有些司機會假裝忘記，抵達後大敲一筆。

★ 交通尖峰時間司機大都不願意跳錶計費，開的價錢通常是跳錶的2倍，這時就要多問幾台，或者直接談好對方可接受的價錢。

★ 大部分計程車司機都不會說、看英文或看地圖，有些還會假裝看不懂地址而大繞路，最好請旅館服務人員先寫成泰文拿給司機看，或打電話請對方跟司機說明如何抵達。

★ 大部分計程車都是瓦斯車，油氣費不貴，所以車費才能這麼便宜。

6 嘟嘟車

　　有趣的交通工具，不過因為曼谷空氣品質差，座位又比較窄，其實坐起來並不是非常舒適。價錢也沒個定價，都要自己跟司機講價。基本價格是3公里60泰銖。

短程搭一次嘟嘟車體驗一下就好，以要花在講價的時間及舒適度來講，倒不如直接搭計程車。

7 渡輪

　　昭披耶河公船及空盛桑運河快船，也是曼谷人相當重要的交通工具之一，尤其是尖峰時間，可避免塞車，節省交通時間。對遊客來講，由Chit Lom站的水門區可搭空盛桑運河快速抵達古城金山寺附近。由BTS站Saphan Taksin站下方的Sathorn碼頭，則可搭昭披耶河公船沿線遊玩中國城、臥佛寺、大皇宮、高山路等主要景點。由Sathorn碼頭還可搭免費接駁船，到Asiatique河濱夜市及沿岸各大旅館。

Time 06:00-18:40　　Web www.chaophrayaexpressboat.com

Price 各船班依照船上的旗幟顏色分路線，橘旗船每站都停，不知道要搭哪種船，上橘旗船就對了，每趟船票為15泰銖

超復古船票

大部分的渡輪只行駛到19:30，18:30以後船班就會減少。有些船站沒有售票處，可上船後再購買，會有穿藍色制服的「船」掌小姐過來問你要坐到哪裡，依她告訴你的船資付費即可。有時候會有穿白色制服的人上來查票，查到沒買票會罰錢喔！

8 昭披耶河觀光船

藍旗船為觀光船，船上提供講解服務，且停靠遊客會去的River City、中國城Ratchawongse、花市碼頭Pakklong Taladd(Yodpiman)、鄭王廟Wat Arun、文青碼頭Tha Maharaj、皇家船展覽館Thonburi Railway、高山路Phra Arthit。單程票為50泰銖，一日票為180泰銖。

Time Sathorn碼頭到Phra Arthit 09:00～17:30；Phra Arthit碼頭到Sathorn 09:30～18:00，16:00及16:30的船班也到Asiatique碼頭　Web www.chaophrayatouristboat.com　Info 網路可訂購雙人或4人家庭優惠票

9 開車

除非是習慣左駕、塞車路況者，否則並不建議在曼谷開車旅行。曼谷市區有許多單向道。尖峰時間盡量避免在市區行駛。

10 步行

由於泰國是左駕，過馬路要特別小心，一開始不習慣要看哪一邊時，最好兩邊都看了以後再踏出步伐過馬路。夜晚避免單獨行走暗巷或比較荒涼的地區。

11 水上計程船

水上人家的長尾船，通常一條船1小時800泰銖起，約可搭4～5人。

12 國內長途巴士

公共巴士比較便宜，服務品質也相對比一般私人巴士差。分為冷氣車及普通車兩種，路線有北、東、南、東北線，各線巴士都在不同位置。主要巴士站有靠近Ekkamai地鐵站的東部長途巴士站、靠近Mo Chit地鐵站的北部巴士站，以及另一岸的南部巴士站Sai Dai Mai。

13 火車

路線共有4條國內線：北、東、南、東北線。大部分火車由華藍蓬火車站出發(MRT Hua Lamphong站2號出口)，部分南部列車由Thonburi Station發車。外國人購票請到2號英文櫃檯，站內有許多熱心的服務人員，有問題可問他們。車型分為普通車(ORD)、柴油火車(DRC)、快車(RAP)、快捷火車(EXP)及特快捷火車(SP EXP)。車廂則分為有電扇的一般車廂及有冷氣的1、2等車廂，長途特快車及快車也有臥鋪。

Tel (02)222-0175
Web www.railway.co.th/english

■泰國簡史

泰國已有700多年的歷史和文化，原名「暹邏」(Siam)。西元1238年建立了素可泰王朝，慢慢走向統一國家，先後經歷了素可泰王朝、大城王朝、吞武里王朝(鄭王)和卻克里王朝(又稱曼谷王朝，也就是現今泰國王朝)。

從16世紀起，歐洲各國大舉入侵。幸好，19世紀末的曼谷王朝拉瑪五世善用外交手腕，才得以與英、法約定暹邏為英屬緬甸和法屬印度支那之間的緩衝國，讓暹邏成為東南亞唯一沒有淪為殖民地的獨立國家。

20世紀後，人權主義高漲，1932年6月，人民黨發動政變，建立君主立憲政體，所以現在的王室家族雖可享有崇高的地位，但其實並沒有政治實權。1938年鑾披汶執政，1939年6月將暹邏更名為泰國(Thailand)，也就是「自由之地」的意思。後來，又曾恢復暹邏的國名，1949年5月才又改為泰國，一直沿用至今。

小說《安娜與國王》的國王是哪位啊？

泰國拉瑪九世王與五世王(也就是電影裡安娜的學生)，被視為是泰國最英明的兩位國王。拉瑪五世在任內進行了許多改革：包括設立內閣制、重劃行政區，廢除600年的奴隸制度，開始採行西曆、興建鐵路、編修法典、廢除奴隸制度等，目前在曼谷看到許多偉大的建築，大部分也是拉瑪五世時期建造的。

> 《安娜與國王》：1862年安娜‧李奧諾文斯(Anna Leonowens)應暹邏王拉瑪四世的邀請，由新加坡到曼谷擔任58名子女及妻妾(包括後來的國王拉瑪五世)的家庭教師，後來她將此經歷寫成回憶錄《安娜與國王：曼谷皇宮6年回憶錄》，從這本書可以清楚的了解暹邏王室的後宮內幕。1944年時，英國作家瑪格麗特‧蘭登將此作品改編成小說《安娜與國王》而大受歡迎，後來也改編成音樂劇與電影(茱蒂佛斯特、周潤發主演)。

■地理位置

泰國面積約50萬平方公里(跟法國差不多大)，人口約6千多萬，位於中國和印度之間的中南半島，北臨緬甸、東北接寮國、東為柬埔寨，南接馬來西亞，為佛教國家。溫和的國情，一直是東南亞地區宗教、文化和多個民族的匯集地，至今仍是東南亞國家的交通集散地。

■時間

泰國所使用的佛曆，以佛祖釋伽牟尼圓寂後一年為紀元之始，比西曆早543年(西元1990年為佛曆的2533年，宋甘節泰國新年、水燈節等傳統節慶均依佛曆而行)。

■貨幣

泰國貨幣以銖(Baht)為單位，簡寫為「B」或「THB」。每銖等於100沙丹(satang)。目前流通紙幣幣值有1,000(灰色)、500(紫色)、100(紅色)、50(藍色)、20(綠色)、10(棕色)；硬幣則有10銖、5銖、1銖及50沙丹與25沙丹。貨幣上的正面都是泰皇的頭像。

泰國於2018年4月起陸續發行以拉瑪十世王瓦吉拉隆功陛下為主題的新貨幣，印有已故泰皇蒲美蓬的舊泰銖仍然可以使用。

■氣候與服裝

基本上曼谷有3季，熱(10～2月)、很熱(6～9月)、非常熱(3～5月)，最佳旅遊時節是11～3月，氣候較涼爽、穩定。泰國的常年氣溫在19～38度之間，平均溫約28℃；濕度在66%～82.8%間。曼谷最熱的月分是5月，可能高達38度。以下為各月分的氣候、服裝搭配及2019年節慶日期：

■語言

泰文為官方語言，一般商家會講簡單的英文。全國各地道路，均豎立泰文及英文對照的標誌。

■宗教

佛教就像是維繫泰國社會和諧及主掌泰國文化的軸心。大部分泰國佛教家庭的男性一生中，都會接受剃度一次，且通常會選在避雨節期間，以留在寺廟中靜修。

月分	氣候	服裝	溫度	特殊節日
1月	1.適合旅行的涼爽季節 2.晚上可能到19度	晚上出門帶薄外套	26℃	1/1新年 1/15～17蘭坎亨國王日
2月			27℃	2/19萬佛節
3月	炎熱的夏季	防曬用品、清涼衣物	29℃	
4月			30℃	4/6～8開國紀念日 4/13～16宋甘節泰國新年潑水節
5月			30℃	5/1勞動節 5/19～20佛誕節
6月	1.常有午後雷陣雨的雨季 2.旅遊淡季，一般旅館多有折扣	防曬用品、防雨衣帽或雨傘(百貨公司的冷氣很強，要帶薄外套) 雨季時最好穿不怕水的鞋子，常會瞬間淹水	29℃	6～8月中夏季特賣
7月			28℃	7/18守夏節 7/28國王華誕
8月			28℃	8/12皇后誕辰/母親節 6～8月中夏季特賣
9月			28℃	
10月	1.適合旅行的涼爽季節 2.12～4月適合潛水等海上活動	防曬用品、晚上出門帶件薄外套	27℃	10/23五世皇紀念日 燈船遊行/解夏節 10/13九世皇逝世紀念日
11月			27℃	泰曆12/15水燈節
12月			27℃	12/5九世皇冥誕、父親節 12/10行憲紀念日

表格整理／吳靜雯

■實用APP手機程式

Grab
叫車程式

Booking.com
旅館訂房程式

Eatigo
購買優惠餐券

Google Map
找路、規劃行程不可少

Agoda
旅館訂房程式

■實用網站

【泰國觀光局網站】
網址：www.tourismthailand.org

【泰國鐵路局】
網址：www.railway.co.th
　　　www.thailandrailway.com

【愛泰中文網】
網址：www.rakthai.idv.tw/phpbb2/index.html
各種泰國文化、商務、旅遊、音樂資訊。

【泰友營】
網址：www.thailandfans.com
香港專營泰國旅遊資訊網站，常有優惠券。

【背包客棧】
網址：www.backpackers.com.tw
背包客最愛，許多網友提供行程、住宿建議，
幾乎各種泰國及曼谷旅遊資訊都可在此找到。

【曼谷各區地圖】
網址：www.thaiwaysmagazine.com
　　　www.bkkpages.com
只要輸入所在位置(地址或地鐵站)，就可以查
詢附近的商家、餐廳、SPA、活動資訊及地圖。

■當地旅遊資訊

【Bangkok 101英文雜誌】
在書店報攤都可找到，有曼谷市區的旅遊資
訊、餐廳、夜店及活動訊息。

【Vision Thai中文電子報】
提供最新泰國生活及旅遊訊息。

■ 機票與航班

航班：飛曼谷來回票價常有特惠票，飛行時
間約3小時30分。由國際機場進入曼谷市區約
30～40分鐘。可上各大旅遊網比價，曼谷幫也
常有套裝特惠行程：
・**易飛網** www.ezfly.com.tw
・**易遊網** www.eztravel.com.tw

廉價航空：現有虎航(Tiger Air)、酷鳥航
(Nok Scoot)、泰國獅航、泰越捷直飛曼谷。
・**虎航**：服務好，座椅為皮椅，好睡。
・**酷鳥航**：波音777大型飛機。

　廉航都是單程購票，可依自己喜歡的時段購
買，例如搭酷鳥航早班機到曼谷，虎航晚班機
回台灣，或酷鳥凌晨班機清晨抵達台灣直接去
上班等。以下為廉航的飛行時間表：

泰越捷航空
www.vietjetair.com 每週一、三、五、六、日 台中－曼谷BKK 14:30～17:15 曼谷BKK－台中 09:00～13:45 註：飛往曼谷蘇納普機場(BKK)，而不 是DMK廊曼機場
泰國獅航
www.lionairthai.com 台北－曼谷廊曼機場 10:55～13:45 曼谷廊曼機場－台北 03:30～08:00
虎航
www.tigerair.com
酷鳥航
www.flyscoot.com/zhtw

■ 機場

　泰國的國際機場為Suvarnabhumi
Airport(BKK)，大部分國際班機都由這
裡起降。另一個是1914年啟用的舊機場
Don Mueang(DMK)，平價航空將改此起
降。機場交通請參見P.264。

平價航空VS.一般航空

若很早就確定旅遊日期，可提早預訂平價航空的機票，通常可買到來回約5千元的特優惠價。但平價航空的缺點是：

● 行李限制相當嚴格：訂機票時要預先訂行李託運(現場才加購行李，費用較高)。7公斤內的隨身行李免費辦登機手續時，重量限制很嚴格，甚至入關登機時，若隨身行李太大，還會被要求秤重。

● 沒有影音設備。

● 餐點需另外加購(先預訂套餐較划算)。

若是一個月內的旅遊，可考慮搭乘一般航空，來回機票約新台幣1萬左右，行李限重至少有20公斤，若要更改時間，通常是免費的；反之平價航空的機票條件則有許多嚴格限制。

線上登機服務好便利

現在許多航空都有提供線上登機服務，登機前可先在家上網辦理登機手續，好處是可先選擇自己喜歡的座位，到機場辦理行李託運的速度也較快。

■海關規定

遊客進入泰國時，攜帶物品價值不超過8萬泰銖可免稅，走綠色通道即可通關，否則須至紅色通道申報關稅。

✗ 盜版著作物品不准攜帶入境。

○ 旅客可可攜帶1公升酒、250克菸草或200支煙，以及其他私人用品(例如1台照相機、1台攝影機，個人佩戴珠寶裝飾品等)出境。

✗ 即使是同團隊友、領隊或導遊要求，亦不應受託帶行李，以防挾帶毒品、槍械等違禁品。

■退稅

泰國的商品稅是外加7%，上街都要記得帶護照或護照影本喔，填退稅單時需要。

退稅資格

1. 在可退稅的店一次消費超過2千泰銖。
2. 非泰籍的外國遊客，且停留時間不得超過180天。
3. 須為搭乘國際航空公司入境者。
4. 需在購買物品後的60天內離境。

退稅申辦程序

得按步就班才能拿到退稅，建議提早到機場辦理，尤其是中午時段，人比較多。

Step**1.** 在標示有「Vat Refund for Tourists」的商店購物。

Step**2.** 在同一家商店一天內消費金額超過2,000泰銖。

Step**3.** 要求店員提供「VAT Refund」退稅單(需填寫台灣的英文地址、護照號碼及簽名)，並將發票附在表格上。

Step**4.** 在最後離境的機場辦理退稅手續。**到櫃檯辦理登機手續前，先到入關前的退稅櫃檯複查退稅單及購買商品。**記得一定要做這個動作，否則入關後就無法辦理退稅。

Step**5.** 入關後再到退稅櫃檯完成最後的退稅手續，機場兩側各設了一個退稅櫃台。

Step**6.** 退稅可選擇領取現金或支票，或將退稅金退到信用卡。可領取美金、歐元這類主要國際貨幣的現金，不過須扣手續費，最推薦的是退到信用卡。

註：可至此網站計算退稅金額：vrtweb.rd.go.th

須先持退稅單、收據及未用過的退稅商品至海關處取得蓋章，才得以至退稅公司櫃檯辦理退稅。

■國際金融卡及西聯緊急匯款

出國前可先到銀行開通國際提款功能，出國後可以在各地的ATM即可直接提領該地的貨幣使用，提領一次手續費約220元。遇到緊急情況需要用錢，可請台灣親友至台灣的京城銀行匯款，對方匯款後，只要到泰國隨處可見的西聯服務處，出示護照及匯款時設定的提款密碼即可提款。

若遇到緊急情況需要用錢，這種方式很有用，可請在台的親友當天匯款，當天就可提領。

提款機旁貼有這些標示的就是可用國際金融卡提款

開卡方法

Step1. 到銀行開通國際提款功能，並設定4位磁卡密碼

Step2. 抵達當地後尋找貼有跟你持的金融卡背後相同標籤的提款機，像是「Cirrus」或「Plus」，才表示那一台提款機接受你的金融卡提款

Step3. 收好提款收據

■銀行與匯兌處

泰國銀行營業時間：
週一～週五08:30-15:30、週六、週日休息

銀行休息時，可以到曼谷市區及各大景點附近的兌換車，像是高山路就有這樣的銀行兌換車，營業到22:00)，是泰國銀行直營的匯兌處。

著名景點晚間會有這樣的行動兌換車

■匯率 1台幣＝1泰銖(THB)

泰銖幣值與台幣差不多，所以可直接視作台幣。國內可兌換的金融機構有盤谷銀行(Bangkok Bank)、台灣銀行等。沒時間到銀行換匯者，可至台灣銀行網站進行線上換匯，設定好換匯金額及貨幣，並匯款後，即可在預約的機場服務櫃檯，或任何自己所選的分行領取貨幣。

盡量避免在台灣或曼谷機場現金換匯，匯率差。最建議的方式是先在台灣換5千泰銖，攜帶新台幣到泰國曼谷或清邁市區再至SuperRich這類的私人匯兌所換匯較划算(P.259)。

· **SuperRich Add：**67,69 Ratchadamri Rd.
Time：週一～週六09.00～18.00(Big C每天10:00～20:00) **Web：**www.superrich1965.com

· **旅遊匯率相關網站：台灣銀行牌告匯率**
ebank.bot.com.tw

機場的Super Rich在機場捷運站的售票處後面，比其他匯兌處好許多，可直接以台幣換。若看不懂匯率算法，可請服務人員算給你看再確定要不要換錢

各區匯兌處總整理

Siam區	**Super Rich** ● Central World對面Big C旁邊的小巷內，或Chitlom捷運站(橘色招牌匯率稍差) ● 機場捷運站售票處後面，設有橘色及綠色招牌匯兌處，往後走一點的綠色招牌匯兌處匯率較好 ● Siam捷運站內新設綠色Super Rich ● 可下載SuperRich App查詢匯兌地點及匯率 **Siam Exchange** ● Siam Discovery對面BACC側後面 **Twelve Victory** ● 恰圖恰商場JJ plaza內
Nana／ Asok區	**Vasu** ● 就在Nana站1號出口，匯率並不比SuperRich差 ● 週一～五09:00～18:00、週六09:00～17:00 **Siam Exchange** ● 蘇坤蔚路16巷與18巷之間
Sala Daeng／ Silom區	**Thaniya Spirit** ● Body Tune出來右轉，往紅色日本藥妝方向直走，在第二條巷子口即可看到，牛角烤肉店隔壁的隔間 ● 62/7 Thaniya Rd. ● 09:30～21:30

■旅行支票

旅行支票是最安全的貨幣，購買旅行支票請先在上款簽上與護照相同的簽名，這樣比較不會被盜用，等匯兌時再簽名於下款。如果遺失的話，可在當地直接補發。但不推薦此種貨幣，到當地需先換為泰銖，且匯兌會收一筆手續費。

注意：記得購買時就先將所有的旅行支票號碼記好(也可以email到自己的信箱備份或與旅行支票分開放)，萬一遺失要補發的話，會比較快速。

使用方法

1. 到銀行買美金旅行支票

2. 抵達曼谷就可直接在匯兌處換成泰銖

注意：購買旅行支票時以大額旅支為佳(像是1張1,000美金)，因為手續費是以兌換張數及次數收取的。即使不收手續費，匯率也相當差。

■信用卡

另一種不需要帶太多錢在身上的方法是使用信用卡。較大筆的款項可以選擇使用信用卡支付，小額則以現金付款，國際刷卡會收取手續費。泰國信用卡還算普及，一般大型旅館(小旅館或民宿可能不接受信用卡)、餐廳、商場或店家普遍接受「VISA」(威士卡)、「Master」(萬事達卡)，有些也接受「Diners Club」(大來卡)、「American Express」(美國運通卡)或「JCB」。

注意：記得至少帶2張信用卡出國，如果有任何一張有問題的話，還有另一張備用。

■時差

比台灣慢1小時，也就是將台灣時間減1小時，台灣7點=泰國6點。

■電壓

200電壓。台灣為110電壓，不過大部分的手機及電腦，相機充電器均為萬國電壓，並不需要另外接電壓轉換器。

大部分插頭為這種可插圓頭及跟台灣一樣的扁頭插座

■營業時間

國營機關是08:00～17:00；商場是10:00～21:00或22:00。

公用電話　　　機場有這種可以用信用卡
　　　　　　　打電話、上網的電話機

若已有Sim卡,可到便利商店架上選取方案,再拿到櫃檯結帳

■電訊

從曼谷打國際電話要先撥001→再撥國碼(例如台灣是886)→接著撥打區域號碼及家用電話號碼(去0)或行動電話號碼(去0)。

公用電話

公共電話可用硬幣(1泰銖起)或電話卡(50泰銖)。可在便利商店購買國際電話卡。

手機

台灣手機可以直接在泰國漫遊,出國前先開通國際漫遊及國際直撥功能就可以打國際電話,但費用較高。購買當地易付卡會便宜很多,目前有「AIS」。建議國內先上網訂購或到泰國在機場購買可上網的Sim卡,既可打電話,又隨時方便上網查地圖或資訊。

各家電信公司也推出方便的遊客套裝,如True及DTAC都提供7天299元　無限上網方案(只是超過一定流量,速度就會慢許多)。若是超過7天,則可考慮30天無限上網的方案。

可在機場或便利商店、市區門市購買,並請店員協助裝設Sim卡。

DMK機場拿行李後的出口也有免費的Sim卡(只是常被拿光了),之後再自行到便利商店或門市加值,再按簡訊選擇方案。

撥打方法

- **打回臺灣**：+(或泰國國際冠碼001)→886→(區域號碼不加0)→(電話號碼)
- **泰國國內互打**：用行動電話打泰國家用電話都要加區域號碼(曼谷為02);泰國家用電話打泰國行動電話都要加行動電話代碼01;行動電話之間撥打直接撥號碼即可
- **台灣撥到曼谷**：002、009或其他電信公司的國際撥通碼→66→區域號碼(曼谷02,去0)→電話號碼

■安全

旅客服務中心熱線：1672

可以在泰國任一個角落撥這通電話查詢資料或尋求協助。共提供3種外國語言服務：英、法、德文。手機直撥或找到公共電話,投入1元泰銖即可撥打。旅遊資訊查詢時間08:00～20:00。

觀光警察服務熱線：1155

24小時服務。

台灣駐曼谷經濟文化辦事處：(02)6700-200～9

處理簽證、護照遺失或一般問題等事項。

Add：20th Fl., Empire Tower, 195 South Sathorn Rd.

Web：www.taiwanembassy.org/TH

Trans：搭乘機場巴士(Airport Express),AE1線於Silom Soi 6(Bangkok Bank)下車,再步行約15分鐘

台灣駐曼谷經濟文化辦事處24小時緊急聯絡專線：081-666-4006或081-666-4008

僅提供車禍、搶劫或有生命危險的意外救助專用,一般情況請勿撥打。

■簽證、護照

前往泰國的旅客需辦理泰國簽證，可以選擇出發前先到泰國辦事處辦理簽證，或者到曼谷機場或邊境辦理落地簽證(Visa on Arrival)。現在落地簽證的手續已簡便許多。這兩種簽證的優缺點如下：

表格整理 / 吳靜雯

一般簽證	落地簽證
停留時間較長，可停留30～60天	只可停留15天，最多可延1次
費用1,200台幣	費用2,000泰幣
單次入境簽證隔天即可拿到	有時會遇到其他國家的班機降落，人數較多時，需耐心等候
有問題可以先在國內處理好	如果沒有辦法順利拿到落地簽證，就無法入境

備註：自2008年1月14日起，持觀光簽證入境泰國之外國遊客，在泰國境內停留不得超過60天。

若須停留60天以上，簽證到期前一週需到移民署辦理延簽，最多可再延一個月，延簽費用為1,900泰銖，需備護照、簽證頁、入境海關蓋章頁及出入境卡影本、照片一張、護照正本、申請表格。

若是會在曼谷停留，接著轉機到其他國家，停留時間少於7天者，可辦理過境簽證(改為850泰銖)，或辦理多次出入境簽證)。

若已辦好單次泰國旅遊簽證，先停留泰國，接著到第三國旅遊，然後會再回到泰國者，可在機場辦好登機手續、進入海關後，前往海關辦公室辦理再入境簽證(Re-Entry Visa)，費用為1,200泰銖，需準備護照、簽證頁影本、照片一張。

■簽證辦理地點

泰國貿易經濟辦事處

【台北辦事處】
地址：台北市松江路168號12樓
電話：02-2581-1979
時間：週一～週五09:00～12:00
領件：早上09:00～11:30送件，隔天下午16:00～17:00取件(到場後至櫃檯領取號碼牌，速度滿快的)，或隔日起週一～週五09:00～11:00，14:00～17:00領件

辦理需備文件

1. 6個月以上效期之護照正本
2. 申請書
3. 6個月內2吋照片1張
4. 身分證正反影本1份
5. 簽證費台幣1,200元

附註：簽證規定時有更改，申請前請事先去電詢問。

一般簽證

Step**1.** 到服務櫃檯領取申請書

Step**2.** 填寫申請書，所有欄位都要以英文書寫，例如住宿地址、出生地、旅遊目的，辦事處牆上貼有英文拼音對照表；簽名欄位需本人簽名

Step**3.** 將照片訂在申請書上，現場有提供剪刀裁剪身分證

Step**4.** 填寫完後拿給櫃檯人員檢查，沒問題直接領取號碼牌

Step**5.** 等候叫號辦理

Step**6.** 簽證官查看無誤後，到另一櫃檯付款並領取收據

Step**7.** 隔天下午4～5點即可回來領取號碼牌等候，憑收據拿護照及簽證。

附註：
(1)泰國政府有時會推出免簽證費的優惠，請注意泰國觀光局的公告。
(2)委託辦理簽證的話，需寫一份委託書，委託人要蓋章簽名、附上身分證正本。若你要幫朋友辦泰國簽證，而你自己也是申請人之一，就不需要委託人寫委託書。
(3)2010.10.1起開始嚴格執行白底6個月近照。

落地簽證辦理方法

旅客前往泰國辦理落地簽證者，需準備以下資料：

1. 須為適用落地簽國家之國籍人士，國籍要跟護照上是同一個國家。(持台灣籍護照可辦理落地簽證)
2. 護照正本最少須超過6個月以上(包含停留在泰國的15天)。
3. 停留期限不得超過15天。
4. 須出示已確認的15天內回程機票(自抵達泰國當天算起)。
5. 明確的住宿地點，例如旅館的訂房資料，或其他停留地址。
6. 最近6個月內拍攝的4X6公分照片乙張(也可以在櫃檯旁的快拍站拍攝)。
7. 不是被泰國政府列入黑名單的對象。
8. 落地簽證費每人2,000泰銖(只接受泰銖，但機場內的匯率非常差，建議先在國內換好泰銖)。
9. 旅客須出示在泰期間足夠之生活費，每人至少1萬泰銖，每一家庭至少2萬泰銖。
10. 填寫簽證表格(現場有中文填寫示範)及完整之入、出境表格。

備註：以上資料如有任何一項不符規定，簽證官有權利不發給簽證，並馬上遣返回國。

線上申請落地簽證

現在泰國也開放線上申請落地簽證，其實還是跟一般落地簽證一樣，只是先上網填好表格，抵達蘇萬納普機場後，繳交列印出來的申請表、簽證費、照片。

網址：www.immigration.go.th/content/online_serivces

■ 蘇萬納普機場交通

不塞車到機場約30～60分鐘，視交通狀況及所在地點而定，最好提早出發。

機場捷運

行李輕便者，可搭捷運到市區，再轉搭計程車或市區捷運到旅館(請參見P.249)。

機場捷運City Line

機場巴士

可搭機場巴士到BTS站或高山路。可到最下層的救護站外搭巴士(552)到BTS的Udom Suk站，僅需35泰銖(06:00～20:30)。

計程車 適合2～4人自助旅行

到曼谷市區跳錶約220～300泰銖(另需付45+25=70泰銖過路費)，機場1樓大門外就有計程車乘坐服務處，自行從機器上抽取號碼單，號碼單上印有你要搭的計程車的資訊。高速公路需經過兩站收費站，由乘客支付。千萬要記得上車前先跟司機確定是不是跳錶的。

小提醒

出機場前可先購買Sim卡

航廈內也有通道直達Amari機場旅館

■ DMK廊曼機場交通

可搭乘機場巴士或計程車到市區。現在幾乎所有平價航空均已移到廊曼機場(Don Mueang International Airport, DMK)。這是位於市區北邊的舊機場，由市區搭計程車約需40分鐘車程，車費約200泰銖。也可搭捷運到Mo Chit站轉搭A1公車，約20分鐘車程。A1號公車每20分鐘一班車，07:30～00:00，每人30泰銖，廊曼機場的巴士站位於6號門口外。

A1巴士

如何搭機場巴士

Step 1

出航廈6號出口，即可搭乘A1巴士到Mo Chit捷運站，可由此轉搭BTS捷運。(07:30～24:00，30泰銖)

Step 2

抵達捷運站後，下車往前走就可看到捷運站入口階梯，或到對面搭MRT地鐵線。

■入境程序 機場內的標示都有簡體中文了

Step 1.

依照「Immigration」以及「Baggage Claim」標示走。

Step 2.

持護照及入境單到「Foreign Passport」的海關櫃檯檢查。

Step 3.

看「Baggage Claim」看板找到搭乘班機的行李帶號碼。

Step 4.

到該行李帶等待行李。

Step 5.

不需申報者直接從綠色通道出去，需通報者到紅色通道申報。

Step 6.

出海關依標示找地鐵站、巴士站或計程車站。

DMK廊曼機場退稅解析

Step 1
登機櫃檯第一排的後面，即可看到海關退稅處。

Step 2
辦理登機前，先到這裡出示退稅商品、蓋完章後，再去登機櫃檯辦理登機、託運行李。

Step 3
入關後，再到退稅服務處辦理現金或信用卡退稅。

廊曼機場內也有家滿是泰國小老闆、泡麵、榴槤冰淇淋等零食的商店，但機場價格都較高

■出境程序

Step1.

看電視看板尋找自己班機的Check in登機櫃檯。

Step2.

海關外的退稅辦公室，就在入海關門旁

辦理登機及託運行李，如需退稅者可先到退稅辦公室辦理，再回來辦理登機。

Step3.

持護照及登機證過海關，要脫外套，皮帶、金屬物品，手提電腦要拿出來檢查。

Step4.

依照登機證上的登機門前往候機。

Step5.

如還有時間可先在免稅商店逛街，記得注意登機時間，泰國機場很大喔，可往登機門方向逛過去，免得最後跑得上氣不接下氣。

廊曼機場免稅商店。

■入出境表格填寫範例

正面

背面

■小費

旅館小費可給20泰銖或1美金。

■飲用水

不可飲用生水，最好購買礦泉水喝。

■生病

小毛病可以到藥房買成藥，大部分藥師會說英文；胃痛可以服用五塔標行軍散。

有中文翻譯的醫院

- **Bangkok General Hospital**
  Add： 2 Soi Soonvijai 7
  Tel： (02)310-3456

- **康民醫院 Bumrungrad Hospital**
  Add： 33 Sukhumvit 3 Wattana
  Tel： (02)667-1000

■郵局

營業時間：一般郵局週一～週五08:00～16:30、週六09:00～12:00，大型郵局週一～五08:00～20:00、週六08:00～13:00。

■會話

手指泰文

請問到哪裡可以搭乘Taxi前往市區？
ไปนั่งเท็กซี่ได้ที่ไหนครับ ส่งตามแบบนั้น

可以刷卡嗎？
รูดกาดได้ไหม

可以再便宜一點嗎？
ลดได้ไหมครับ

請問廁所在哪裡？
ห้องน้ำอยู่ไหนครับ

小辣
เอาไม่เผ็ดมาก

265

曼遊路線規劃建議

三五好友按摩掃貨行程

住宿：可參考旅館篇的購物交通最便利，及超值經濟旅館

Day 1

機場 → 旅館 → EmQuartier逛街、Audrey或中餐 → at ease或Refresh@24按摩(若跟好姐妹出遊可到BHAWA或Coran做全套Spa) → 大倉或華爾道夫酒店下午茶 → 高空酒吧

Day 2

週末可到恰圖恰市集 → 中午到Laemgate海鮮吃到飽用餐 → Ari站Body Tune按摩 → 泰國文化中心站拉差達火車夜市 → 金東尼人妖秀或暹邏劇場

Day 3

旅館 → 美功鐵道市場 → 安帕瓦 → 晚上搭船賞螢火蟲 → Asiatique夜市或ICONSIAM新河濱商場 → 搭接駁船回Saphan Taksin站，吃王子戲院豬肉粥 → The Dome Sky Bar高空酒吧

Day 4

旅館 → BTS Saphan Taksin站轉搭昭披耶河公船 → 9號碼頭大皇宮 → 文青碼頭用餐 → 8號碼頭鄭王廟、臥佛寺、暹羅博物館 → 臥佛寺按摩 → 藍鯨咖啡館及日落餐廳 → 中國城或高山路

Day 5

Siam暹邏站百貨公司及Central World、水門區掃貨→ Siam Paragon內Greyhound Cafe或Cafe Chilli用餐 → 搭機回台

漫遊愜意文青路線

住宿：Here Hostel、Phranakorn Nornlen、The Yard Hostel、U Sathorn

Day 1

機場 → 古城區旅館 → Rattanakosin展覽館及當代美術館 → Methavalai Sorndaeng泰國餐廳 → Mont吐司 → 金山寺日落 → 鬼門炒麵、螃蟹粉絲煲及高山路小吃 → Phra Sumen文青街

Day 2

古城旅館 → 曼谷國立歷史博物館 → 大皇宮 → 文青碼頭午餐 → 8號碼頭鄭王廟、臥佛寺、暹羅博物館 → 日落餐廳 → Nana Coffee Roasters及TEP文化酒吧或中國城小吃

Day 3

搭空盛桑運河船到金湯普森泰絲博物館 → BACC → Siam Discovery及Siam Center → Siam Square → Central Embassy 6樓Open House複合式書店用餐 → TCDC設計中心、Warehouse 30文創基地或ICONSIAM新商場 → 拉差達火車夜市

Day 4

Chu或Casa Lapin早餐 → EmQuartier及Emporium逛街 → The Commons Roast午餐 → Ekamai古董店及Thong Lo區 → Thong Lo晚餐及小酒吧聽音樂，或Silom區Moon Bar高空酒吧、Convent Rd.小吃街
註：河濱古城文青路線請參見P.17

Day 5

K Village及Big C掃貨 → 搭機回台

家寶同樂慢遊路線

住宿：請參見住宿篇P.82、86(公寓式旅館)

Day 1

機場到旅館 → Siam Paragon及Laem Charoen海鮮餐廳用餐 → Siam Square One的Let's Relax或BHAWA按摩 → Central World Nara或Central Embassy美食街

Day 2

Saphan Taksin捷運站轉昭披耶河公船 → 9號碼頭大皇宮 → 8號碼頭臥佛寺按摩 → 臥佛寺、鄭王廟 → Harmonique晚餐／中國城小吃

Day 3

嫩莎杜艾水上市場 → 美功鐵道市場 → Asiatique夜市

Day 4

烹飪課程→ EmQartier及Emporium逛街 → Refresh@24或at ease平價按摩或溫泉按摩或Coran按摩 → Baan Khanitha泰國餐廳用餐

Day 5

旅館附近百貨公司超市或Big C掃貨 → 搭機回台

親子旅遊行程路線

曼谷好幾家商場大手筆打造讓人驚喜連連的兒童遊樂主題區，當戶外溫度飆高時，也不怕沒地方去。讓我們來看看曼谷有哪些適合親子旅遊的地方。

■Siam Paragon(SeaLife海洋世界、KidZania職業體驗城)
■Central Embassy(Open Playground兒童遊樂區)
■Emporium(Imaginia室內遊樂場較適合小小朋友、直排輪練習場)
■Gateway(Snowtown雪中世界)
■The Street Ratchada (BOUNCE Thailand兒童體能訓練場，較適合大小孩)
■MEGA Bangna(The Marvel Experience Thailand漫威英雄體驗館)
■K Village(旁邊的Funarium兒童遊樂場，適合4-12歲兒童)

小孩可以吃什麼

印象中好像所有泰國菜都是酸酸辣辣的，孩子怎麼吃？
其實也有許多不辣的食物，像是最常見的米粉湯麵、雞肉飯、鳳梨炒飯等，這些都是零辣度的食物。而且泰國還有許多可愛的甜點咖啡館，連大人都愛，更遑論孩子了。親子住宿推薦請參見住宿篇P.78。

Emporium百貨最新打造的Imaginia

占地1,400公尺的Imaginia，是曼谷為小孩子打造的快樂天堂。這廣大的空間裡總共分為19個區域，包括放置了全球各地知名畫作的小藝廊、書洞區、夢幻的聲音雲、互動式的時間之流滑道、影子森林、小小DJ區。後面還設置直排輪練習場。

Emporium最新打造的EmPlayground區

Add Emporium百貨3樓EmPlayground區 **Web** www.imaginiaplayland.com **Price** 100～480泰銖(視身高而定)，13歲以上陪同者200泰銖 **Trans** BTS線Phrom Phong站，2號出口直通Emporium百貨

Playtime
(Ekamai Park Lane)

Ekamai捷運站周區的Park Lane購物商場中,現在打造了一座設置了有趣的攀爬網、隧道等探險設施的遊樂場、攀岩牆、電子車、烹飪區,大人則可以安心地在一旁按摩(特別適合2～6歲小朋友。)

Add Parklane Ekamai, 18 Sukhumvit 63 Rd. **Tel** (02)382-0077 **Time** 週一～四09:00～18:00、週五～日09:00～19:30 **Web** www.playtime.co.th **Price** 成人130泰銖、兒童250～390泰銖(視身高而定,常推出特價優惠)

Snowtown冰雪城

同樣在Ekamai捷運站可直通的Gateway百貨公司樓上現在也有一座Snowtown冰雪城。要認真地租借雪靴,因為裡面是真的冰雪世界!另外還可以租手套、雪撬等。

Add Gateway Ekamai 5樓 **Price** 100泰銖,可玩30分鐘,之後每15分鐘加收20泰銖

BOUNCE Thailand 兒童體能訓練場

位於EmQuartier 4樓及The Street Ratchada購物中心內的BOUNCE Thailand,是相當推薦的大小孩遊樂場。主要分為Clip 'n Climb及X-Park兩部分,內設有許多體能訓練設施,

如攀岩、忍者所需的攀爬戰鬥技能訓練等,不但具有挑戰性,又相當安全。

Add 139 Ratchadaphisek Rd. **Time** 10:00～22:00 **Price** 490泰銖起 **Trans** Thailand Cultural Center站步行約4分鐘 **Info** 適合3歲以上或125公分以上的孩童

曼谷杜喜動物園或曼谷野生動物園Safari World

市區杜喜區就有個動物園,否則可以到郊區的野生動物園。野生動物園是全泰國最大的一座,可近距離餵食長頸鹿,觀察動物生態。除了陸地的動物外,還可搭上叢林遊船認識親水性動物。園內還有有不同的表演秀、餐廳,是座可以玩上一整天的大型樂園。

Add 99 Ramindra 1 Rd. **Tel** (02)914-4100 **Time** 週一～四09:00～18:00、週五～日09:00～19:30 **Web** www.safariworld.com **Price** 700泰銖、兒童450泰銖、100cm以下免費 **Trans** 從市區搭計程車約40～50分鐘車程

兒童探險博物館Children Discovery Museum

就在恰圖恰市場附近,室內有許多寓教於樂的科學探險設施,室外還可以讓小朋友開心玩水、小吊橋等探險設施(記得帶替換衣服)。可以10:30左右到恰圖恰市場,逛完後由7區藝術區出來,再到兒童探險博物館內參觀避暑。

另也可到泰國文化中心站的Art in Paradise 3D藝術博物館。請參見P.200。

Add Soi 4, Kamphaeng Phet Rd., Chatuchak **Tel** (02)246-6144 **Time** 10:00～16:00 **Price** 免費,入場登記名字即可 **Trans** BTS線Mo Chit站或MRT線Chatuchak Park站,出站後步行約5分鐘

世界主題之旅 57

Traveller's 曼谷泰享受 新第四版

作　　者	吳靜雯
總 編 輯	張芳玲
發想企劃	taiya旅遊研究室
編輯部主任	張焙宜
企劃編輯	太雅出版社
主責編輯	張敏慧
特約編輯	江孟娟
修訂主編	林云也
修訂編輯	賴怡伶
美術設計	蔣文欣
插畫繪製	蔣文欣
地圖繪製	蔣文欣
修訂設計	許志忠

太雅出版社
TEL：(02)2836-0755　FAX：(02)2882-1500
E-MAIL：taiya@morningstar.com.tw
郵政信箱：台北市郵政53-1291號信箱
太雅網址：http://taiya.morningstar.com.tw
購書網址：http://www.morningstar.com.tw
讀者專線：(04)2359-5819 分機230

出 版 者　　太雅出版有限公司
　　　　　　台北市11167劍潭路13號2樓
　　　　　　行政院新聞局局版台業字第五○○四號

總 經 銷　　知己圖書股份有限公司
　　　　　　台北：台北市106辛亥路一段30號9樓
　　　　　　TEL：(02)2367-2044 / 2367-2047　FAX：(02)2363-5741
　　　　　　台中：台中市407工業30路1號
　　　　　　TEL：(04)2359-5819 FAX：(04)2359-5493
　　　　　　E-mail：service@morningstar.com.tw
　　　　　　網路書店：http://www.morningstar.com.tw
　　　　　　郵政劃撥：15060393 (知己圖書股份有限公司)

廣告刊登　　TEL：(02)2836-0755太雅廣告部
　　　　　　E-mail：taiya@morningstar.com.tw

法律顧問　　陳思成律師

印　　刷　　上好印刷股份有限公司　TEL：(04)2315-0280
裝　　訂　　大和精緻製訂股份有限公司　TEL：(04)2311-0221

四　　版　　西元2019年02月01日
定　　價　　390元

(本書如有破損或缺頁，退換書請寄至：台中市工業30路1號　太雅出版倉儲部收)

ISBN　978-986-336-293-7
Published by TAIYA Publishing Co.,Ltd.
Printed in Taiwan

國家圖書館出版品預行編目資料

Traveller's曼谷泰享受／吳靜雯作.
— 四版. — 臺北市：太雅，2019.02
面；　公分 . —（世界主題之旅；57）
ISBN　978-986-336-293-7（平裝）
1.旅遊　2.泰國曼谷
738.2719　　　　　　　　　　107021298

編輯室：本書內容為作者實地採訪的資料，書本發行後，開放時間、服務內容、票價費用、商店餐廳營業狀況等，均有變動的可能，建議讀者多利用書中的網址查詢最新的資訊，也歡迎實地旅行或是當地居住的讀者，不吝提供最新資訊，以幫助我們下一次的增修。聯絡信箱：taiya@morningstar.com.tw

填線上回函，送 "好禮"

感謝你購買太雅旅遊書籍！填寫線上讀者回函，
好康多多，並可收到太雅電子報、新書及講座資訊。

每單數月抽10位，送珍藏版 「祝福徽章」

方法：掃QR Code，填寫線上讀者回函，
就有機會獲得珍藏版祝福徽章一份。

別上祝福

別・心情

填修訂情報，就送精選 「好書一本」

方法：填寫線上讀者回函，並提供使用本
書後的修訂情報，經查證無誤，就送太雅
精選好書一本 (書單詳見回函網站)。

＊同時享有「好康1」的抽獎機會

**Traveller's
曼谷泰享受**
(新第四版)

t.cn/E4fCswf

＊「好康1」及「好康2」的獲獎名單，我們會
於每單數月的10日公布於太雅部落格與太
雅愛看書粉絲團。
＊活動內容請依回函網站為準。太雅出版社保
留活動修改、變更、終止之權利。

太雅部落格 http://taiya.morningstar.com.tw

有行動力的旅行，從太雅出版社開始

太雅22週年慶

登錄發票，抽好禮，
首獎 CASIO 美肌運動防水相機

凡於 **2019.1.1-9.30** 期間購買太雅旅遊書籍（不限品項及數量）上網登錄發票，即可參加抽獎。

精緻好禮等你拿
登錄發票

抽 好禮

CASIO美肌運動
防水相機
（型號：EX-FR100L）

首獎
3名

普獎
100名

M Square旅用瓶罐組
（100ml*2＋50ml*2＋圓罐*2）

掃我進活動頁面

活動時間	2019/01/01～2019/09/30
發票登入截止時間	2019/09/30 23:59
網址 taiya22.weebly.com	中獎名單公布日 2019/10/15

活動辦法

● 於活動期間內，購買太雅旅遊書籍（不限品項及數量），憑該筆購買發票至太雅22週年活動網頁，填寫個人真實資料，並將購買發票和購買明細拍照上傳，即可參加抽獎。

● 每張發票號碼限登錄乙次，即可獲得1次抽獎機會。

● 參與本抽獎之發票須為正本(不得為手開式發票)，且照片中的發票上須可清楚辨識購買之太雅旅遊書，確實符合本活動設定之活動期間內，方可參加。

  *若電子發票存於載具，請務必於購買商品時告知店家印出紙本發票及明細，以便拍照上傳。

◎ 主辦單位擁有活動最終決定權，如有變更，將公布於活動網頁、太雅部落格及「太雅愛看書」粉絲專頁，恕不另行通知。